ATTAC: O QUE QUEREM OS
CRÍTICOS DA GLOBALIZAÇÃO

Christiane Grefe
Mathias Greffrath
Harald Schumann

ATTAC: O QUE QUEREM OS
CRÍTICOS DA GLOBALIZAÇÃO

tradução:
Luiz Repa

EDITORA
GLOBO

Copyright © 2002 by Rowohlt-Berlin
Verlag GmbH, Berlin
Copyright da tradução © 2005 by Editora Globo S.A.

Todos os direitos reservados. Nenhuma parte desta edição pode ser utilizada ou reproduzida – em qualquer meio ou forma, seja mecânico ou eletrônico, fotocópia, gravação etc. – nem apropriada ou estocada em sistema de bancos de dados, sem a expressa autorização da editora.

Título original:
Attac – was wollen die globalisierungsgegner?

Preparação: Maria Sylvia Corrêa
Revisão: José Godoy e Ana Maria Barbosa
Capa: Estúdio Darshan
Foto de capa: Vo Trung Dung / Corbis Sygma / Stock Photos
Foto de contracapa: Serra Antoine / Corbis Sygma / Stock Photos

Dados Internacionais de Catalogação na Publicação (CIP)
(Câmara Brasileira do Livro, SP, Brasil)

Grefe, Christiane, 1957-
    Attac: o que querem os críticos da globalização / Christiane Grefe, Mathias Greffrath, harald Schumann ; tradução Luiz Repa. – São Paulo : Globo, 2005.

    Título original: Attac – was wollen die globalisierungskritiker?
    ISBN 85-250-3975-6 (Ed. Globo)
    ISBN 3-87134-451-6 (ed. original)

    1. Globalização 2. Integração econômica internacional 3. Movimentos de protesto I. Greffrath, mathias. II. Shcumann, Harald. III. Título

05-1452   CDD-303.482

Índice para catálogo sistemático:
1. Críticas : Globalização : Sociologia 303.482
2. Globalização : Críticas : Sociologia 303.482

Direitos de edição em língua portuguesa para o Brasil
adquiridos por Editora Globo S. A.
Av. Jaguaré, 1485 – 05346-902 – São Paulo – SP
www.globolivros.com.br

Esse livro é uma obra coletiva. Não obstante, os autores individuais assumem a responsabilidade pelos seguintes capítulos, respectivamente:

HARALD SCHUMANN: "A globalização segue um falso programa".

MATHIAS GREFFRATH: "ATTAC — como tudo começou" e "Democratas de todos os países".

CHRISTIANE GREFE: "ATTAC-Alemanha: usina de formação e 'grupo de combate das ONGs'".

Sumário

Alguma coisa está acontecendo 13
O novo movimento não veio do nada 17
Quem é e o que quer a ATTAC? 24

A GLOBALIZAÇÃO SEGUE UM FALSO PROGRAMA

O sistema financeiro — o curto-circuito programado 38
A mãe de todas as crises 44
O Consenso de Washington — loucura com método 47
O FMI e a Rússia — criminalidade governamental
  em nível máximo 54
A crise asiática ou o FMI sabota a globalização 58
"Utilizando o FMI como triturador" 72
Os credores fazem caixa 76
Conglomerados à caça de barganhas 80
Democratizem o FMI! 85
Poder em vez de mercado — a ordem monetária global ... 91
Areia na engrenagem — a luta pela taxa Tobin 99
Offshore — as "zonas de luz vermelha do capital" *105*

Comércio iníquo — o regime da OMC em prol dos
    direitos dos mais fortes *114*
Para quebrar a mecânica da desigualdade *125*

ATTAC — COMO TUDO COMEÇOU *141*
Uma campanha de alfabetização econômica *144*
Instigando a política *147*
Os parlamentos despertam *152*
Os guardiões da tarefa central *157*
É preciso amar o caos *163*

ATTAC-ALEMANHA — USINA DE FORMAÇÃO E "GRUPO
DE COMBATE DAS ONGS" *167*
"É chique agora ser membro da ATTAC" *171*
Finalmente saindo do abandono político *175*
Os attacianos assam pequenos postos de trabalho *183*
ONG? Rede? Movimento? Associação? *191*
Discutir, implementar, resultado! *197*
Alerta sobre o supermercado temático *202*
"De modo algum são meros excêntricos" *208*
"Vocês são uma concorrência muito oportuna" *211*

DEMOCRATAS DE TODOS OS PAÍSES... .... *219*
As dores do crescimento na Europa *223*
First Things First — Next Things Next *227*
Porto Alegre: fórum civil, conferência especializada,
    mercado de possibilidades *231*
Um plano Marshall global — e seu financiamento *236*
É hora de atravessar as portas *240*
Sociedade mundial de grande fôlego *244*

QUATRO TESTEMUNHAS HISTÓRICAS DO NOVO MOVIMENTO . . 249
O banqueiro — Thomas Fischer 249
A conselheira — Susan George 259
O veterano — Daniel Cohn-Bendit 267
A voz do Sul — Walden Bello 274

ATTAC: O QUE QUEREM OS CRÍTICOS DA GLOBALIZAÇÃO

ALGUMA COISA ESTÁ ACONTECENDO

NAS CAMISETAS, "CONTRADIÇÃO", e nas faixas, "Um outro mundo é possível". No dia 20 de julho de 2001, 200 mil homens e mulheres percorreram as ruas de Gênova. Setecentos grupos do movimento civil internacional haviam convocado a manifestação: organizações do Terceiro Mundo, movimentos pelo perdão das dívidas, grupos de proteção ao meio ambiente, sindicatos, movimentos cristãos do Norte e do Sul, cientistas críticos de todos os países europeus, das Américas, da Ásia.

Equipados com apitos, cartazes, máscaras e globos terrestres de todos os tamanhos, eles investiram-se contra uma economia que perdeu o prumo em todo o mundo — 34 milhões de desempregados só nas nações ricas, 2 bilhões de pessoas com renda abaixo de 2 dólares por dia, em tendência de piora; a desproporção entre os lucros dos malabaristas financeiros, os bilhões de impostos que os privilegiados sonegam por meio de paraísos fiscais, e as quantias comparativamente pequenas necessárias para combater a mais cruel miséria sobre o planeta: a desnutrição, a ignorância, as doenças. Com cantos e coros, os manifestantes exigiram estrepitosamente o perdão das dívidas dos países em desenvolvimento, o controle dos mercados financeiros, um imposto sobre a especulação, uma reestruturação do comércio mundial e medidas contra o desemprego. Eles protestaram contra a destruição do Estado de bem-estar social, o processo de patentear a vida, a exploração exaustiva da natureza. Em suma: contra a globalização.

Nos pórticos do Palazzo Ducale reuniam-se, entrementes, os destinatários do protesto: os líderes políticos das sete nações mais ricas do mundo, juntos com seu parceiro russo. Protegidos como se estivessem numa guerra civil, os chefes de Estado, ministros e seus funcionários deliberavam. Nas fronteiras da Itália, aqueles que eram suspeitos de integrar a manifestação e que queriam entrar no país passavam por uma forte fiscalização; muitos com bons antecedentes eram mandados de volta. Ao longo de quatro dias, o tráfego aéreo para Gênova esteve suspenso, trens contornaram a cidade a grande distância. Em Gênova, os metrôs ficaram parados, os habitantes do centro não puderam receber visitas e abrir suas janelas. Dez mil policiais e 5 mil soldados estavam de prontidão, mísseis de defesa antiaérea protegiam o local da conferência, e mergulhadores vigiavam o navio de luxo *European Vision*, onde dormiram os participantes do G-8. O centro histórico da cidade foi declarado "zona vermelha" e separado por uma cerca metálica de quatro metros de altura, atrás da qual os poderosos do mundo faziam suas profissões de fé — "vazias como troncos de árvore", segundo as palavras do chanceler alemão —, pela prosperidade de todos mediante o livre-comércio mundial e pelo combate à pobreza, para depois financiar a luta contra a Aids na África somente com um quarto da soma que o secretário-geral da ONU Kofi Annan havia exigido uma semana antes, qualificando-a de indispensável.

"Quem é contra o livre-comércio é contra os pobres." Esta foi a mensagem de George W. Bush aos manifestantes;[1] seu representante na Europa, Tony Blair, negou-lhes a legitimação democrática.[2] "A questão sobre o mundo mais justo é o tema da cúpula. Na realidade dever-se-ia organizar um manifestação de aprovação", ditou, mal-humorado, o ministro do Exterior alemão Joschka Fischer, do Partido dos Verdes, aos jornalistas presentes no edifício.[3] Com essa frase, Fischer sugeriu que todos os políticos de boa vontade querem a mesma coisa. Por que então o tumulto?

Sim, por quê? Os problemas mundiais não são de fato reconhecidos mundialmente? Os críticos são ouvidos até por executivos de altíssimo escalão e políticos de ponta, por exemplo, como os convidados do Fórum Econômico Mundial, realizado anualmente na luxuriosa Davos, mas neste ano de 2002 transferido para Nova York, ou como os presentes nos pórticos das conferências sobre comércio mundial. Bem, as opiniões divergem, porém, não se trabalha com o mesmo objetivo? Por que então cada vez mais tantas pessoas, das mais diversas procedências e faixas etárias, aceitam o risco de serem chamadas de arruaceiras e identificadas aos "blocos pretos"? Por que aceitam viajar de uma cúpula à outra, em vez de aguardar o processo de discussão entre representantes eleitos, o qual já começou faz tempo? Por que esses cidadãos desconfiam dos parlamentares e dos ministros, se estes refletem sobre as soluções e perscrutam os compromissos entre as nações a fim de encontrar a maneira de controlar politicamente a globalização, a princípio puramente econômica?

Porque esses cidadãos vêem nesses compromissos nada mais que declarações de intenções floreadas. Pois os líderes das princi-

1. *Der Spiegel*, 30/2001.
2. Idem.
3. Idem.

pais nações industriais não apresentaram nada até agora, apesar de todas as profissões de fé. Após a crise financeira asiática, que empurrou milhões de pessoas à pobreza absoluta, eles prometeram um reforma da ordem financeira mundial. Até hoje nada aconteceu. Apesar de todos os pronunciamentos dos ministros das Finanças dos Estados-membros da OCDE, o clube das nações industriais ricas, segundo os quais eles iriam secar os paraísos fiscais, todas as iniciativas correspondentes fracassaram, sobretudo por conta da resistência dos Estados Unidos. E apesar dos números incontestáveis sobre a crescente diferença de riqueza entre o Norte e o Sul, assim como no interior das próprias nações abastadas, seus governos seguem, tanto hoje como ontem, com a ajuda do FMI (Fundo Monetário Internacional), dirigido por eles, e da OMC (Organização Mundial do Comércio), o curso da liberalização, da desregulamentação e da privatização — para o proveito do capital financeiro e dos conglomerados transnacionais.

A política abdicou. É o que sentem muitos observadores críticos em todo o mundo — e vários desses críticos se encontram há muito tempo nas próprias burocracias das organizações econômicas mundiais. E também nos partidos e nas igrejas. Uma semana antes da manifestação contra a cúpula do G-8, quase 100 mil leigos e associações católicas percorreram a cidade portuária, liderados pelo cardeal Tettamanzi, e seus lemas eram idênticos àqueles escandidos no dia 20 de julho. O próprio papa havia criticado, algumas semanas antes, a dominação do capital no mundo. A manifestação dos conservadores dos valores morais transcorreu de forma pacífica e acabou deparando com o silêncio de todas as grandes mídias. Pelo menos foi o que aconteceu na Alemanha, onde apenas um editorial cínico do *Frankfurter Allgemeine Zeitung* criticou o "romantismo turvo" com que os eternamente atrasados ainda não teriam compreendido que a "política não é o *metier* que imprime seu selo ao mundo".[4]

No dia 20 de julho, em Gênova, irrompeu também a violência. Milhares de manifestantes se entregaram a uma sangrenta batalha com a polícia. O jovem italiano Carlo Giuliani morreu atingido por uma bala da polícia, centenas de pessoas foram parar em hospitais. Uma minoria acabou difamando os objetivos da maioria. Mas o alto grau de desorganização da polícia de Gênova e a brutalidade com que maltratou centenas de manifestantes pacíficos e desarmados ocupou a imprensa européia durante semanas, antes que todo o debate viesse a sumir na obscuridade dos comitês de investigação de Berlusconi. Em Bruxelas, novas diretrizes para o combate à violência foram decididas, e a próxima cúpula do G-8 foi transferida para uma vila montanhosa do Canadá.

O NOVO MOVIMENTO NÃO VEIO DO NADA

Gênova atingiu a política européia como um choque — mas a confrontação de modo algum surgira do nada. Pelo contrário, os protestos contra a presunção de poder do clube G-8 foram, no momento, a última etapa de uma espiral que envolvia protesto civil, violência, esclarecimento e debate público desde a virada do milênio — e que também já tinha uma pré-história. Geralmente despercebido pelo *mainstream* político, o novo movimento se formou já na primeira metade dos anos 1990. Ele era — graças aos novos meios de comunicação representados pelo correio eletrônico e pela internet — o primeiro movimento social realmente inter-

4. Thomas Schmid, "Trübe Romantik". In: *Frankfurter Allgemeine Zeitung*, de 21 de julho de 2001.

nacional. Ligada de maneira tênue, a coalizão de grupos de defesa do meio ambiente, do Terceiro Mundo, organizações para os direitos humanos e sindicatos tinha por objetivo denunciar a desigualdade de poder existente entre os defensores dos interesses públicos e os dos interesses econômicos, assim como o esvaziamento da democracia provocado pelas instituições internacionais. Um processo que a maioria dos governantes, inclusive os políticos críticos, e as mídias mal haviam percebido.

Abril de 1998, sala dos fundos de um restaurante freqüentado por proeminentes de Berlim. O presidente do SPD [Partido Social-Democrata da Alemanha], naquela época ainda Oskar Lafontaine, encontra-se com uma dúzia de escritores e jornalistas para falar sobre as possibilidades da política de esquerda na era da globalização. Com expressão alarmada, o dono do estabelecimento atravessa a porta, tendo atrás um grupo de jovens vestidos com roupas negras, os homens com cabelos bem curtos, as mulheres com cabelos exoticamente montados. "Nós ouvimos, aqui estão os representantes do povo", diz o líder com suavidade e firmeza. Os guarda-costas reagem nervosos. "Senhor Lafontaine, senhor Thierse, o que os senhores podem nos dizer sobre o MAI?" O político do SPD do Leste alemão admite de imediato e sem subterfúgios que a sigla lhe era desconhecida. O presidente, e especialista em finanças, da socialdemocracia fala um pouco mais, mas é evidente que ele não tem muito a dizer, pois habilmente devolve a questão. Em seguida, o grupo ouve da boca do rapaz de preto uma rápida e concentrada palestra sobre as negociações da OCDE acerca do MAI – Multilateral Agreement on Investments [Acordo Multilateral sobre Investimentos], que em todo o mundo deve colocar o direito do investidor acima das leis trabalhistas, ambientais e sociais dos Estados e que, portanto, resulta em uma transferência global dos direitos públicos de soberania às empresas multinacionais.

Ao longo de três anos, representantes governamentais haviam negociado em Paris, atrás dos portões da OCDE. Os parlamentares de todos os países não suspeitavam de nada, e a imprensa não estava informada sobre o plano de golpe de Estado global por parte das sociedades do capital. Então, no inverno de 1997-98, um pequeno grupo de feministas canadenses teve acesso ao complicado projeto contratual, em um volume de centenas de páginas, e o colocou na internet. O "Comitê Alemão de Resistência ao MAI" — constituído por pouco mais do que o círculo de amigos da feminista coloniana Maria Mies, professora emérita de sociologia[5] — havia difundido uma tradução, mas a imprensa continuou a mostrar pouco interesse, assim como o Parlamento. Ele repercutiu somente entre movimentos civis isolados, grupos ligados às igrejas e do Terceiro Mundo — e entre aqueles estudantes vestidos de preto, da Universidade de Humboldt.

Não era só o MAI que deveria ser decidido sem os cidadãos, sem nenhuma influência, observação e controle externos. Anteriormente, uma ampla reordenação econômica do mundo já havia sido colocada em marcha sem nenhum debate público. E sem controle parlamentar — embora os contratos de comércio mundial coloquem em questão os textos constitucionais das democracias do Norte e do Sul. Em 1995, na cidade de Washington, pouco antes de o Congresso norte-americano votar os contratos do Uruguai sobre livre-comércio, os quais levaram à fundação da OMC, a organização de Ralph Nader, Public Citizen, ofereceu um prêmio de 10 mil dólares para cada membro do Congresso que pudesse cer-

---

5. Maria Mies, *Globalisierung von unten – Der Kampf gegen die Herrschaft der Konzerne*. Rotbuch, Hamburgo, 2001.

tificar com sua assinatura que leu os contratos e que estava em condições de responder dez perguntas simples a seu respeito. Ninguém se inscreveu.

A luta contra o MAI já era, portanto, uma reação a essa decisão. Dessa vez deu-se a eclosão, mais precisamente no país de origem das liberdades civis, a França, onde a *"gauche rouge"* [a esquerda vermelha] dispõe ainda de alguns intelectuais fortes na mídia e órgãos de publicação situados fora dos nichos e onde os socialistas acabavam de chegar ao poder. Setenta organizações — sindicatos, comitês de cidadãos, ONGs — protestaram, e o governo acabou nomeando uma comissão que fez uma leitura crítica do texto contratual. Em outubro, ela se retirou das negociações da OCDE. O acordo estava perdido.

Depois do fracasso das negociações em torno do MAI, os vitoriosos, os representantes de ONGs da América, da Ásia e da Europa, iriam provocar um segundo incêndio. Jamais os editoriais políticos poderiam imaginar que grupos tão diferentes como sindicalistas norte-americanos, entre os quais os caminhoneiros e os metalúrgicos (não exatamente famosos pelo internacionalismo), grupos cristãos de proteção ambiental que há tempos analisavam a exploração do Sul pelo Norte, agências de ajuda ao desenvolvimento que acumulavam doações, protetores da natureza que protestam contra o extermínio das tartarugas marítimas pelos imensos navios pesqueiros e contra a plantação de soja geneticamente modificada, poderiam estabelecer uma coalizão entre si. Os interesses protecionistas dos sindicatos norte-americanos e as necessidades de proteção às jovens nações industriais do Sul, as exigências universalistas dos protetores da floresta tropical e dos defensores dos direitos humanos e as esperanças de crescimento de Estados em desenvolvimento — como eles iriam se juntar?

Mas havia o bastante para uma forte aliança. Em 1º de dezembro de 1999, 50 mil pessoas manifestaram-se pelas ruas de Seattle, bloquearam os cruzamentos e a praça diante do palácio do Congresso. Eram protetores do meio ambiente e sindicalistas, estudantes e cristãos, trabalhadores mexicanos e consumidores californianos, bioagricultores e zapatistas de Chiapas, membros do Greenpeace, portuários e representantes dos caminhoneiros. Quatro dias mais tarde, as negociações dos ministros do Exterior na OMC foram interrompidas. Uma segunda vitória, mas para quem dessa vez?

Analisadas com sobriedade, as manifestações não foram a razão do fracasso da "rodada do milênio" da OMC, que deveria abrir a brecha para o livre-comércio total, mas sim os interesses opostos das nações negociantes. Os Estados Unidos e a Europa não puderam entrar em acordo sobre as subvenções agrárias, os franceses queriam proteger sua indústria cinematográfica, os países em desenvolvimento rejeitaram a introdução de normas trabalhistas e a proibição do trabalho infantil; além disso, esses países estavam indignados com a condução ultrajante da negociação e a arrogância dos Estados do Norte, que os excluíam das discussões importantes, de maneira inteiramente aberta ou com truques a respeito da pauta do dia. E, no entanto, Seattle foi "um divisor de águas", para usar os termos da ativista indiana Vandana Shiva, que luta há anos contra a destruição da cultura agrária hindu por parte das multinacionais da agricultura. Em comum, as 1.500 ONGs de todo o mundo que aderiram à declaração de Seattle exigiram sobretudo "uma moratória de todas as negociações que aumentem o alcance e o poder da OMC. Durante essa moratória, é preciso haver um exame detalhado e fundamental dos acordos existentes [...] para oferecer (às sociedades) a oportunidade de alterar o curso e de desenvolver um sistema internacional alternativo, humano e eficaz das relações de comércio e investimento". Essa incumbência destinada aos parlamentos e aos políticos das nações é corroborada desde Seattle com ênfase crescente:

• Em janeiro de 2000, mil pessoas protestaram contra o Fórum Econômico Mundial em Davos.

• Em abril de 2000, 20 mil cidadãos tentaram paralisar, com bloqueios formados por pessoas sentadas ao chão e com correntes humanas, a reunião do começo de ano do Banco Mundial e do Fundo Monetário em Washington.

• Em setembro de 2000, cerca de 9 mil manifestantes se reuniram em Praga contra o Banco Mundial e o FMI.

• Em dezembro de 2000, 60 mil cidadãos demonstraram seu protesto contra outras liberalizações na Europa, durante a cúpula da União Européia em Nizza.

• Em abril de 2001, 25 mil pessoas fizeram frente a uma zona de livre-comércio pan-americano durante a cúpula econômica dos 34 estados americanos em Quebec.

• Em junho de 2001, 20 mil manifestantes em Göteborg foram às ruas, novamente por ocasião de uma cúpula da União Européia. Ali ocorreram também confrontações violentas com a polícia.

Como conseqüência dessas manifestações — e da torrente de livros com críticas à globalização que chegavam ao mercado na segunda metade dos anos 1990 — o movimento de crítica à globalização ganhou cada vez mais poder de estabelecer temas. A exploração dos recursos genéticos do Terceiro Mundo pelas múltis da agricultura e dos alimentos e seu nexo com o planejado acordo TRIPS [Tratado Internacional de Propriedade Intelectual] da OMC; os efeitos devastadores da liberalização dos mercados financeiros e a privatização de serviços públicos — esses e outros temas antes ignorados ou negligenciados foram encontrando progressivamente o caminho para as mídias. Porém, na maior parte das vezes, acabavam ficando à sombra dos combates de rua entre a margem violenta dos manifestantes e a polícia. Não só em Gênova essas confrontações foram de fato encenadas pelos governos. Em Praga, a população foi solicitada pelas autoridades a permanecer em casa enquanto durasse a conferência inteira e a preparar estoques de alimentos, as escolas foram fechadas por uma semana, o FBI e a Scotland Yard impingiram ao governo tcheco seus especialistas para a luta contra os "anarquistas". No momento da manifestação, a cidade estava vazia; somente a polícia escutava as palavras de ordem e somente as mídias podiam amplificá-las.

Sem dúvida, os "blocos pretos", formados por manifestantes adolescentes, são um problema, inclusive para os organizadores. Mas não é preciso ser nenhum paranóico da conspiração para supor que, por trás da produção de pânico por parte da imprensa e dos porta-vozes políticos, por trás da mobilização de serviços secretos para supervisionar "grupos dispostos à violência" e restringir a liberdade de viajar de manifestantes com bons antecedentes, há também a intenção de desviar a atenção das irregularidades contra as quais se manifesta e de acuar a crítica no canto da criminalidade. "É como se nos preparássemos para a guerra civil", comentou o presidente tcheco Václav Havel a respeito da cooperação entre "estrategistas de segurança" e imprensa. "Há muitas pessoas que não sabem o que o FMI e o Banco Mundial fazem nem têm idéia dos argumentos dos críticos; mas todo o mundo está informado de quantos porretes e jatos d'água estão à disposição da polícia."

Quem é e o que quer a ATTAC?

Levada por esse redemoinho político mundial e reforçando-o ao mesmo tempo, uma organização chamada ATTAC colheu 110 mil assinaturas para a introdução de um imposto mundial sobre a especulação, animando o debate com a exigência de reestruturar as instituições financeiras globais. ATTAC é a sigla para "Association pour une Taxation des Transactions Financières pour l'aide aux Citoyens" [Associação para uma Taxação de Transações Financeiras para auxílio aos Cidadãos]. Foi fundada em 1998 e se desenvolveu num espaço de dois anos, deixando de ser uma voz abafada no debate econômico-político da França. Falecido em janeiro de 2002, o sociólogo Pierre Bourdieu bradou, em 12 de dezembro de 1995, aos funcionários públicos grevistas na Gare de Lyon: "Só se pode combater eficazmente a tecnocracia internacional se ela é desafiada em sua área de origem, o da ciência econômica, e se se opõe ao saber mutilado de que ela se serve um saber que tem mais respeito pelos seres humanos e pelas realidades que estes enfrentam".[6]

Isso soa um pouco acadêmico, mas a ATTAC, que teve início como um movimento de intelectuais, conseguiu em poucos anos esclarecer centenas de milhares de pessoas sobre o império das finanças mundiais, supostamente acessível apenas aos especialistas, sobre os contratos comerciais e sobre as especulações cambiais, imunizando-as contra o discurso público da "globalização como destino".

E não só na França. Organizações da ATTAC foram fundadas em trinta países até hoje, sobretudo na Europa, mas também no Canadá, no Senegal e no Brasil. Em cada grande manifestação

---

6. Citado segundo Hans-Peter Martin/Harald Schumann. *Die Globalisierungsfalle*. Reinbek, 1996.

contra as injustiças e as devastações da ordem financeira global, podem ser vistas as bandeiras da ATTAC; foi esta rede que mobilizou uma parte considerável dos 200 mil manifestantes em Gênova. Além disso, a ATTAC é a voz européia mais importante no Fórum Social Mundial de Porto Alegre, que neste ano de 2002 se realiza pela segunda vez e no qual 100 mil delegados de ONGs de todo o mundo buscam uma alternativa à globalização do capital financeiro e dos conglomerados transnacionais. Após o choque de Gênova, a ATTAC se tornou querida da mídia. Não havia discussão sobre o G-8, sobre a política de desenvolvimento, os mercados financeiros e a privatização para a qual os seus representantes não eram convidados. Em poucas semanas, a ATTAC-Alemanha cresceu em 300%.

Por que justamente esse grupo desempenha um papel de tanto destaque no enxame colorido das organizações? Por que tantas pessoas começam a estudar as sempre tão abstratas relações políticas e científicas e as condições de países que elas nunca visitaram? Por que elas se tornam politicamente ativas, entram em contato com outros grupos, na Europa e mesmo em continentes longínquos? E não se trata somente de pessoas que sempre foram engajadas, mas também de cidadãos que antes se preocupavam apenas com sua vida particular. Que experiências se escondem por trás de seus gritos de "O mundo não é uma mercadoria!"? O que eles querem alcançar? Essas são as questões deste livro.

Inicialmente, queremos tratar das razões de fundo, das razões econômicas e políticas que levaram ao protesto mundial contra a globalização. Este livro tem início, portanto, com uma análise dos processos e das decisões na política monetária e financeira que iriam desencadear as crises dramáticas da última década; da crescente pobreza também nos países do Terceiro Mundo que haviam tomado o caminho do desenvolvimento com sucesso, além de analisar também a desigualdade crescente e a nova insegurança no

Norte. Neste mesmo capítulo são discutidos o surgimento não-democrático da ordem econômica global e suas conseqüências — bem como o sentido e as chances das tentativas de reforma propostas pela ATTAC e por outros críticos da globalização. No segundo capítulo, descrevemos as raízes francesas da ATTAC. No terceiro, a história de seu sucesso na Alemanha. No quarto, discutimos as perspectivas e as dificuldades para a construção de um movimento internacional da ATTAC. No quinto capítulo, apresentamos comentários feitos em entrevistas com proeminentes "testemunhas históricas" do novo movimento: Thomas Fischer, o "Chief Risk Officer" do Deutsche Bank; a conselheira da ATTAC, Susan George, o sociólogo tailandês e renomado representante do Focus on the Global South, Walden Bello, e Daniel Cohn-Bendit, o deputado verde do Parlamento europeu, que conhece bem a associação da ATTAC da França e da Alemanha.

Aqueles que não querem discutir os seus objetivos gostam de desqualificar a ATTAC e outros grupos como "inimigos da globalização". De fato, esses grupos são críticos de uma globalização que em todo o mundo impõe o direito do mais forte. Contra isso, eles colocam sua exigência de democratizar as instituições globais que escrevem as regras do crescimento conjunto da humanidade. Ou, nas palavras do presidente francês da ATTAC, Bernard Cassen: "Trata-se apenas de retomar em nossas mãos o nosso futuro".

A GLOBALIZAÇÃO SEGUE UM FALSO PROGRAMA

QUANDO UM COLEGA ALEMÃO lhe telefonou de manhã para alertá-lo, Harald Guttmann não teve ilusões: "As perspectivas são nulas", percebeu ele de imediato. Ele não será mais empregado no futuro. Quem perde o emprego após 33 anos como mecânico e como futuro representante dos empregados em uma fábrica de pneus não tem mais muitas opções no mundo do trabalho. Após um ano de auxílio-desemprego com cerca de 60% do salário anterior, é iminente cair na assistência social.

A raiva de Guttmann é tão grande quanto desesperada: "Arbitrariedade, é pura arbitrariedade". Sem ensaio prévio, ele é capaz de relatar a história da empresa durante uma hora. "Ainda no ano passado, o chefe de direção nos prometeu o contrário. Nós agüentamos todas as reduções, e agora eles fecham a loja", conta ele, podendo descrever sua visão das coisas apenas com um termo histórico: "Eles dominam como senhores feudais".[7]

7. Conversa em 10 de dezembro de 2001.

* * *

Traiskirchen, Áustria, 6 de dezembro de 2001. Em Hannover, sem justificativas mais detalhadas, a direção da empresa de pneus Continental decidiu dar um fim a 105 anos de história da fábrica na cidade de 14 mil habitantes, situada vinte quilômetros ao sul de Viena. Cerca de 1500 pessoas perderão seu emprego nos próximos dezoito meses, e mais mil ficarão sem trabalho nas empresas fornecedoras. O número de desempregados na região duplicará. O mesmo destino aguarda simultaneamente outros trabalhadores da Conti na fábrica sueca de Gislaved. Nos meses precedentes, o machado já havia caído sobre duas outras fábricas européias. Em Herstal, Bélgica, quinhentos, na cidade escocesa de Newsbridge, oitocentos produtores de pneus tiveram de buscar novo trabalho.

Nesse processo, o conglomerado obteve na Áustria uma excelente vantagem. Por apenas 440 milhões de schillings — que corresponde a cerca de 40 milhões de euros conforme os valores atuais —, a Continental S. A. havia comprado outrora a fábrica de Traiskirchen do patrimônio público austríaco, e para isso embolsara ainda três vezes a quantia de subvenções estatais. Os balanços da empresa comprovaram até o ano precedente um lucro de meio bilhão de euros. "Com o dinheiro, eles constroem agora a fábrica *high tech* em Otrokovice, na Eslováquia, já que os acionistas ainda não estão com a barriga cheia", protesta Guttmann — manifestando com poucas palavras a clara distribuição de poder entre os líderes modernos do conglomerado e seus empregados em todo o mundo.

Os empregos no negócio de pneus de modo algum desaparecem sem substituição. Na República Tcheca, na Eslováquia e na Romênia, onde o salário pago é 90% menor, novas e grandes fábricas estão em construção há tempos. Em todo o mundo, o conglomerado emprega pouco menos de 60 mil trabalhadores em mais de

135 localidades, da China até a Argentina. Ao menos dois terços da produção de pneus deve ser feita futuramente em localidades que apresentam baixos salários — um "passo inevitável" na visão da diretoria do conglomerado. A concorrência global escreve as regras do jogo.

Resistir é inútil, crê o próprio representante dos trabalhadores da Conti alemã, Michael Deister. A "corrida para baixo" já teria "começado há anos". Basta chegarem as ameaças de fechamento e os funcionários fazem ofertas de diminuição dos custos, em seguida a direção pergunta às outras fábricas: "E o que vocês têm a oferecer?". A qualquer momento vem o fim. "Locais de custos altos" só podem ser mantidos com "produtos de alta qualidade", reconhece Deister, e pneus normais não contam nisso. Se essas fábricas não fossem fechadas, "então todo o conglomerado estaria em perigo". "Mas onde isso vai dar?", replica com amargura o colega de comissão de Deister na Áustria. Ele vê regiões inteiras "se deteriorarem, convertendo-se em asilos de indigentes", e o resto tem de "trabalhar como na América: metade do salário, trabalho em dobro. É esse o futuro da Europa?".

Por que não? Há coisas piores. Os argentinos, por exemplo, fazem há muito tempo considerações semelhantes. Para muitas pessoas, no setor de *front* da globalização, está em jogo a comida e o abrigo do dia seguinte.

Buenos Aires, 12 e 13 de dezembro de 2001. Ressoa pelas ruas o barulho ensurdecedor de 100 mil tampas de panela sendo golpeadas umas nas outras, de buzinas e sirenes. O protesto ruidoso, outrora uma forma de ação contra a ditadura dos generais, é o prelúdio para a greve geral, já a nona em dois anos. Táxis e caminhões de fura-greve ardem ao fogo. Famílias esfomeadas saqueiam supermercados, filiais de banco consomem-se nas chamas. Os aeroportos estão fechados, ônibus e trens paralisados, o lixo se empilha nas ruas.

Reduções maciças dos salários, mais de 30% de desemprego, suspensão no pagamento das pensões e o colapso do sistema de saúde público levam ao desespero as pessoas do país, outrora o sétimo mais rico do mundo. Com ódio crescente, a população argentina se levanta em novas ondas de protesto contra a ruína econômica de seu país.

Eis o resultado de uma política econômica e monetária radicalmente favorável ao mercado e a serviço dos privilegiados. Contra toda racionalidade econômica, uma aliança de tecnocratas do Fundo Monetário Internacional e políticos argentinos aferrados ao poder tinha vinculado, havia dez anos, o peso argentino ao câmbio do dólar na proporção de um por um. Para cada peso em circulação, era preciso registrar nas contas do Banco Central um dólar da reserva de divisas provenientes da receita em exportações. Com isso, o câmbio fixo estava objetivamente garantido. Essa estratégia, é verdade, freou a inflação. Mas, ao mesmo tempo, as taxas alfandegárias sobre importação caíram drasticamente, e o fluxo das mercadorias importadas deixou de joelhos a produção local. Além disso, a liberação da circulação monetária abriu todas as portas para a evasão de capital dos privilegiados. Ano após ano, quantias bilionárias de dois dígitos escorreram para contas no exterior.

O autor da "terapia de choque", um fundamentalista do mercado com diploma em Harvard, chamado Domingo Cavallo, foi ministro da Economia e das Finanças ao longo de seis anos e desfruta da mais alta estima na indústria financeira global. Afinal, em paralelo com a exposição do país ao choque monetário permanente, seu governo privatizou quase todo o patrimônio público. Empresas telefônicas, sociedades petrolíferas, bancos, grande parte da infra-estrutura estatal, inclusive a rede rodoviária, passaram para os monopolistas privados a preço vil e acabaram, na maior parte, em mãos estrangeiras.

Para manter o regime de câmbio fixo mesmo após o fim da liquidação e apesar da evasão de capital e do retrocesso da receita em exportações, o governo assumiu um gigantesco volume de dívidas em moedas fortes. A carga de juros sobre mais de 130 bilhões de dólares de dívida externa devorou uma parcela cada vez maior das minguantes receitas. Por conseguinte, os regentes cortaram radicalmente — sempre sob a orientação do FMI — gastos públicos, sobretudo à custa do sistema educacional, social e sanitário.

"Jamais em tempos de paz uma nação foi tão inescrupulosamente destituída de suas riquezas como a Argentina", lamenta o economista Enrique Blasco a respeito do enriquecimento sem escrúpulos dos seus colegas de profissão no poder.[8] Quando, sob a pressão das contínuas manifestações em massa na semana de Natal, o ministro da Economia Domingo Cavallo e seus cúmplices no governo desocuparam finalmente seus postos, eles deixaram atrás de si um monte de destroços. Centenas de milhares requerem vistos para a Europa e para os Estados Unidos; o outrora país da imigração perde suas melhores cabeças.

Assim, a Argentina vai ao fundo porque sua integração ao mercado mundial foi organizada unilateralmente em favor dos poderosos. Mas na torrente de notícias que vêm da economia globalizada, esta não passa de um episódio banal. Em contrapartida, políticos e líderes da economia em todo o mundo atestam ao mesmo tempo as dimensões históricas de um outro acontecimento. A China, escreve a revista norte-americana *Business Week*, "torna-se a superpotência da produção".

---

8. Citado segundo Romeu Rey, "Zusammenbruch in Zeitlupe". In: *Frankfurter Rundschau*, de 15 de dezembro de 2001.

* * *

Pequim, 11 de dezembro de 2001. Após mais de uma década de negociações com os Estados industriais, a China se torna oficialmente, nesse dia, membro da Organização Mundial do Comércio (OMC). Com um bombardeio de programas especiais de TV e rádio, programas de treinamento e pequenos discursos, os líderes da nação mais populosa do mundo, chamados ainda de comunistas, preparam seu povo para uma nova época. "De agora em diante, não há mais volta", declara o periódico do partido, o *Jornal do Povo.*

Dentro de cinco anos, prescreve o novo acordo, o país de mais de 1 bilhão de habitantes abrirá a maior parte de seu mercado para produtos estrangeiros. Ao mesmo tempo, as empresas de todo o mundo no setor de telefonia, da produção de automóveis, bancos, seguradoras e em outros setores até então rigidamente regulados, inclusive no ramo das mídias, poderão investir com ampla liberdade.

Em contrapartida, muito mais mercadorias devem sair das fábricas da China para o mercado mundial, esperam os chefes do Comitê Central, festejados tempestuosamente como "reformadores". No futuro, todos os Estados-membros da OMC não poderão mais erguer nenhuma tarifa alfandegária e nenhuma regra especial contra as exportações da China.

As conseqüências, esperam os especialistas de todas as tendências políticas, irão abalar profundamente tanto a economia mundial como a própria China. Em quase vinte anos, o império gigantesco multiplicou em quatro vezes seu desempenho econômico, com uma mistura de liberalização interna e controle estatal de investimentos. Tudo isso aconteceu sob um estrito isolamento em relação aos mercados financeiros globais e com pesados impostos para investidores estrangeiros. Apesar disso, chineses do exterior e empresas dos Estados Unidos, do Japão e da Europa investiram mais de 360 bilhões de dólares em centros produtivos da China.

Com salários mensais entre cem e duzentos dólares, os trabalhadores da China são incomparavelmente eficientes e já produzem 3,5% das exportações mundiais. Com a liberação das tarifas e das regras alfandegárias, os timoneiros da economia esperam uma expansão dessa parcela para 20%. "A China se converte na mesa de trabalho prolongada do mundo", exulta Jörg Wuttke, lugar-tenente do conglomerado Basf em Pequim. "Desenvolvimento e *design* se realizam na Europa, a produção migra para a China", prevê, e nessa visão de futuro ele está de acordo com inúmeros executivos ocidentais.

Se esses prognósticos se confirmarem, as antigas nações industriais aguardarão duros revezes, já que elas possivelmente perderão mais vagas de trabalho na produção do que ganharão com os pedidos vindos da China. Mas muito maiores são os temores de outros países em desenvolvimento, que também constroem seu futuro econômico com base em força de trabalho barata, mas que nem de longe têm como oferecer mercados e infra-estrutura comparáveis. O arco da angústia devido à pressão sobre os preços a ser provocada pela China abrange das manufaturas nos Estados da América Central até as fábricas de costura da Índia e de Bangladesh, passando pelas siderúrgicas da África do Sul. Mesmo na China, milhares de empresas estatais devem racionalizar-se de maneira radical ou declinar da disputa com a concorrência estrangeira. Considera-se que uns 30 milhões de postos de trabalho estão sob grave ameaça. O futuro chefe da Volkswagen, Bern Pischetsrieder, avalia essa perspectiva segundo uma profecia sinistra: o ingresso na OMC "terá na China um efeito semelhante à queda do muro na Alemanha Oriental", disse ele ao apresentar o novo modelo do Pólo em Xangai — uma convulsão que poderia dilacerar rapidamente o gigante do rio Amarelo.

Sobre uma grande parte da população rural chinesa, contando ainda 900 milhões de cabeças, paira a ameaça de um brutal desarraigamento. Importações de alimentos baratos dos Estados Unidos e de outros países com produção excedente podem matar a renda, de qualquer modo já escassa, de milhões e milhões de agricultores. Mas já agora uns 80 milhões de desterrados percorrem as cidades em busca de trabalho. Enquanto uma pequena classe média de novos-ricos celebra sua ascensão com excursões pelas novas ruas de *shopping* em Xangai ou em Xenzen, do milagre econômico chinês mundialmente aclamado, a quatro quintos da população nada mais resta do que a sobrevivência nua e crua. "Há quinze anos, havia na China apenas diferenças de renda insignificantes. Hoje nós estamos no topo da escala mundial no que se refere à oposição entre pobres e ricos", constata Wang Hui, redator-chefe da revista *Dushu*, um dos poucos periódicos críticos no país.[9]

Local: Terra, dezembro de 2001. Desemprego crescente, divisão social, insegurança econômica cada vez maior para um número cada vez maior de pessoas — essas são as mensagens vindas da economia globalizada em todo mundo. Da América Latina até o Japão, passando pela Europa ocidental e pelo mundo islâmico, forma-se por isso a resistência contra a integração global — embora com finalidades as mais diversas. A ATTAC e centenas de outros grupos e organizações no Norte e no Sul defendem reformas políticas na ordem mundial do comércio e das finanças, as quais configurariam o crescimento conjunto dos mercados mundiais de modo a ser proveitoso para todas as pessoas.

Mas o êxito desses críticos da globalização é ainda modesto, comparado com a potência de um outro movimento bastante dife-

---

9. Citado segundo Georg Blume, "Polo für die Massen". In: *Die Zeit*, de 13 de dezembro de 2001.

rente. Em quase todos os Estados industriais, e mais ainda em numerosos países em desenvolvimento, nacionalistas e populistas de direita registram uma popularidade como nunca antes. Legislação xenófoba e isolamento em relação a produtos estrangeiros parecem ser a ordem do dia para muitos cidadãos inseguros. Idéias de segurança e espírito de hostilidade definem a agenda política. E, com a impressão de aumento da violência dentro e entre as nações, governos de todas as cores buscam refúgio expandindo o aparelho policial e redirecionando os recursos públicos para o armamento militar. Com a "fragmentação crescente, o mundo volta as costas para a globalização", alerta Stephen Roach, o renomado economista-chefe do banco de Wall Street Morgan Stanley. Segundo ele, a perspectiva de um revés global no crescimento conjunto das nações e de seus mercados é iminente.[10]

Mas tudo deveria ter sido bem diferente. A globalização é "a chance de promover com mercados abertos o crescimento econômico, de utilizar com mais eficiência os recursos, de melhorar as condições de vida e o bem-estar das pessoas". É desse modo que Rolf-E. Breuer, há seis anos chefe do Deutsche Bank, líder de um dos mais poderosos institutos financeiros do mundo, formula o credo dos globalizadores, presentes nos conglomerados e nos governos.[11]

Isso não é de modo algum falso. A fusão ilimitada de mercados, de empresas e fluxos de informações encerra, de fato, o potencial de superar a divisão da humanidade em pobres e ricos e eliminar as causas das guerras. O êxito fantástico de países antigamente pobres como a Coréia do Sul, Taiwan ou a Malásia comprova que a transferência de capital e tecnologia, organizada empresarialmente, das nações prósperas para os Estados do Sul pode contri-

10. Stephen Roach, "Back to borders". In: *Financial Times*, de 28 de setembro de 2001.
11. *Süddeutsche Zeitung*, de 1ª de setembro de 2001.

buir mais para superar o subdesenvolvimento do que todo o auxílio estatal ao desenvolvimento — supondo que reste aos governos ali a possibilidade de controlar o processo com base em limitações tarifárias e no controle da circulação de capital em seu interesse. O mesmo se aplica ao asseguramento da paz. A integração econômica da Europa foi, sem dúvida, o programa de paz mais eficaz da história da humanidade. Que soldados alemães voltem a atacar de surpresa a Polônia ou a França é uma idéia tão disparatada que nem sequer é defendida por fantasistas da extrema direita. Isso pode ser alcançado alhures — supondo que os frutos da integração econômica beneficiem não somente uma pequena elite, mas também amplas camadas da população.

Porém essas enormes possibilidades da globalização ameaçam se perder, visto que os governos das nações economicamente fortes da Europa e da América do Norte não configuram o processo de formação de redes globais de modo que as vantagens da divisão mundial do trabalho levem, de fato, ao sucesso econômico e à prosperidade crescente para todos.

Antes, é o contrário que ocorre. Sem dúvida, o crescimento conjunto da economia mundial alcançou uma dimensão que estilhaça todas as experiências históricas. No ano 2000, o valor de todas as mercadorias e serviços comercializados internacionalmente já correspondia a mais de um quarto da produção mundial inteira. Ainda em 1970, essa parcela ficava somente em 10%. Em paralelo, os conglomerados operantes em espaço transnacional se desenvolveram, constituindo redes de alcance verdadeiramente global. No ano 2000, a UNCTAD, a Conferência das Nações Unidas sobre Comércio e Desenvolvimento, já contava 63 mil desses conglomerados, com 800 mil sucursais em todo o mundo. Só no ano 2000 eles investiram internacionalmente 1,3 bilhão de dólares. Entre as cem maiores unidades econômicas do mundo, passaram a constar nesse meio tempo 52 conglomerados, e apenas 48 Estados. As quinze maiores empresas do mundo chegam a controlar, medida pelo valor de suas transações, mais atividade econômica do que os sessenta Estados mais pobres do planeta.[12]

Porém a ampliação do comércio foi acompanhada de um retardamento drástico do progresso econômico real. Entre 1960 e 1980, a renda *per capita* média mundial subiu ainda em 83%. Nas duas décadas seguintes, a taxa de aumento desceu exatamente para 33%. Esse freio no crescimento atingiu os países em desenvolvimento de modo particularmente duro. Na América Latina, onde a renda *per capita* cresceu 75% de 1960 a 1980, os vinte anos seguintes trouxeram nada mais que 6%. Na África negra, a fração despencou de maneira ainda mais radical. Se lá o desempenho econômico aumentou em mais de um terço nos vintes anos até 1980, desde então ele caiu 15%. Mesmo nas nações bem-sucedidas do Sudeste asiático as taxas de crescimento nas últimas duas décadas ficaram bem abaixo daquelas da época anterior.[13]

A falta de crescimento faz com que haja uma escalada de conflitos por distribuição em todo o mundo — e quase sempre à custa dos mais fracos. Esse fenômeno não pode ser explicado pelos ciclos conjunturais. Os choques do preço do petróleo nos anos 1970 chegaram a causar crises muito maiores do que os colapsos semelhantes nas duas décadas seguintes. O que foi então que deu errado?

---

12. UNCTAD, *World Investment Report 2000*. Genebra, 2001.
13. Mark Weissbrot et alii. *The emperor has no growth*. Center for Economic and Policy Research. Washington, 2001.

O SISTEMA FINANCEIRO —
O CURTO-CIRCUITO PROGRAMADO

A MESMA QUESTÃO JÁ ESTAVA, 57 anos atrás, na ordem do dia da comunidade internacional. No fim de junho de 1944, na instância de veraneio Bretton Woods, do estado norte-americano de New Hampshire, 730 delegados de 44 nações se encontraram para discutir sobre uma ordem econômica mundial capaz de resistir às crises. O *spiritus rector* da conferência foi o economista britânico John Maynard Keynes, que, junto com o secretário do Tesouro norte-americano, Harry Dexter White, projetou as linhas fundamentais dos futuros tratados.

Os dois homens consideravam o fluxo incontrolado de capital uma das causas centrais da dramática crise econômica mundial dos anos 1930. Antes desse colapso, norte-americanos e europeus haviam defendido ferreamente a liberdade da circulação de capital, na crença de que apenas a proteção dos interesses dos abastados e proprietários de capital poderia manivelar novamente os investimentos e os mercados — uma crença que ainda hoje muitos economistas e a maioria dos governos tomam por dogma intocável.

Porém, o deslocamento constante de enormes quantidades de capital entre os espaços monetários começou gerando o *boom*, para depois provocar o desabamento. Em vez de fluir dos Estados Unidos, o país com excedente comercial, para a Europa deficitária, o "capital especulativo", como o denominava Keynes, tomou a direção inversa, exatamente no momento em que na Europa ele se tornou necessário com a maior premência.

Por isso, escreve Keynes, "nada é mais certo do que regular o livre movimento dos fundos de capital". Caso contrário, ele sempre "inverteria (a meta) com a velocidade de um tapete mágico, e esses movimentos têm o efeito de atrapalhar todo negócio ordeiro". Os controles necessários, esclareceu White, seu parceiro norte-americano, "significam, no entanto, menos liberdade para os possuidores de capital líquido. Mas essa limitação seria exercida justamente no interesse dos povos".[14]

Esse era um dos pontos centrais do tratado que os diplomatas e os economistas rubricaram após três semanas de trabalho intensivo. As moedas de todos os países-membros foram atadas ao dólar em câmbio fixo, e surgiu o Fundo Monetário Internacional (FMI), que colocava à disposição dos Estados créditos-ponte em caso de déficits na balança comercial e de pagamentos. O artigo IV do tratado do FMI exigia expressamente, de cada Estado que pretendesse esses recursos, que ele deveria exercer controle para evitar um escoamento acelerado de capital. "Em resumo", relatou Keynes posteriormente, "nós alcançamos uma harmonia extraordinária. Como experimento de cooperação internacional, a conferência foi um sucesso excepcional."

O otimismo era justificado. A ordem financeira estável possibilitou uma melhora sem precedentes. Nos 25 anos seguintes, o desempenho da economia nos Estados industriais ocidentais cresceu o triplo com 4% ao ano. E a falta de liberdade da circulação de capital deu asas à liberdade do comércio mercantil com taxas de crescimento que ficaram bem acima disso.

Contudo, o sistema trazia em si o gérmen do fracasso. Pois, diferentemente do que propôs Keynes, o governo norte-americano, ascendendo ao patamar de superpotência, impediu que também o Banco Central dos Estados Unidos ficasse comprometido com a estabilização do câmbio. O sistema de Bretton Woods encadeou

---

14. Citado segundo Marcello de Ceco, "Origins of the post-war payments system". In: *Cambridge Journal of Economics*. Março 1979, pp. 49 ss.

a economia de mercado ocidental, acontecesse o que acontecesse, à boa vontade dos norte-americanos em não alinhar sua política monetária aos interesses nacionais. Com a escalada da guerra do Vietnã, no entanto, o então presidente Richard Nixon mandou pagar, a partir de 1969, os ônus do armamentismo com a impressão de notas, inundando o mundo com dólares baratos. Ao mesmo tempo, o governo britânico promoveu a construção de um mercado de capitais descontrolado, chamado na época euromercado, na *City* de Londres.

A inflação da moeda-base e a mobilização de capital líquido para fins especulativos fizeram com que o sistema finalmente explodisse. Os bancos ofereceram às empresas européias créditos em dólar a juros baixos, os quais elas converteram em marco pelo câmbio fixo. Desse modo, o marco e outras moedas da Comunidade Européia ficaram sob constante pressão de valorização, que o Banco Central alemão buscou compensar com recorrentes compras de dólar. Quando a defesa contra as ondas especulativas não podia mais ser financiada, os governos da Comunidade Européia levaram ao túmulo oficialmente o pacto monetário com os Estados Unidos, liberando os câmbios e a circulação de capital.

O colapso do sistema de Bretton Woods abriu caminho para a ascensão explosiva de um ramo da economia que passou a influenciar o destino da humanidade como nenhum outro: a indústria financeira global. Libertos de todos os controles fronteiriços, bancos, seguradoras, fundos e departamentos financeiros dos conglomerados transnacionais desenvolveram o comércio com divisas e papéis de crédito, tornando-o com folga o negócio mais transacionado do mundo. A internet não havia nascido ainda, mas os agentes dos mercados financeiros dispunham desde muito tempo de uma rede eletrônica a abranger o mundo, um *cyberspace* do mundo financeiro, onde em questão de segundos fortunas em importância de bilhões são deslocadas de um espaço monetário a outro, de uma forma de investimento a outra.

Dívidas a longo prazo por dívidas de curto prazo, *bonds* em dólar por títulos de crédito em euro, créditos em iene a juros baixos por dólar ou mesmo apostas sobre o câmbio futuro do won coreano: toda transação antes somente imaginável é possível e — supondo-se possibilidades de lucro — efetivada. O mercado está em atividade 24 horas no dia-a-dia das bolsas. De Tóquio e Hong Kong a Nova York e Chicago, passando por Frankfurt e Londres, o jogo com os valores varre o planeta todo dia.

Só o negócio com títulos de crédito, isto é, dívidas documentadas de Estados e empresas, alcançou desse modo, até o ano de 1999, um volume anual de 23 bilhões de dólares, 250 vezes mais que as transações do ano de 1970. No mesmo ano, os negociantes de divisas registraram em média, a cada dia de negócio, transações de 1,2 bilhão de dólares.[15] Com isso, os altos números de transações, como os especialistas observam com razão, não reproduzem a quantidade de capital líquido disponível. Com freqüência, os negociantes movimentam o mesmo dinheiro várias vezes ao dia, ora em uma direção, ora em outra. Sob um bombardeio permanente de informações as mais diversas, o processo de descobrir o preço correto requer uma ação constante, um processo que os participantes gostam de designar como *"educated gambling"*, um jogo de azar para experientes.

Contudo, as altas transações assinalam a quantidade colossal de capital disponível não relacionado à economia real, que, segundo as estimativas da empresa de consultoria McKinsey, alcançou um volume de mais de 80.000 bilhões, ou seja, de 80 trilhões de

---

15. Bank für Internationalen Zahlungsausgleich, *Jahresberichte 2000 und 2001*. Basel.

dólares, mais do que o triplo do Produto Interno Bruto anual dos 31 países industriais organizados na OCDE.[16] A abundância de dinheiro improdutivo é o resultado de um círculo econômico vicioso, que se soltou com a liberalização. Ela acopla as economias nacionais umas às outras, gera incerteza monetária e empurra para cima os juros reais dos mercados de capital. Em conseqüência, os rendimentos do capital subiram, enquanto os salários estagnaram e até os investimentos caíram. Assim a fortuna monetária cresceu entre as empresas e as pessoas privadas muito mais rápido do que a economia em seu todo. A profusão de capital líquido, que nem é investido nem consumido, oferece a matéria-prima para o inchaço do setor financeiro e para a formação cada vez mais freqüente de bolhas especulativas nos mercados de papéis.

Questionados sobre o proveito de seu jogo bilionário diário, os malabaristas financeiros reclamam sempre, nas salas de negócio da indústria financeira, que somente por intermédio de seu trabalho o capital disponível flui para onde ele é investido da maneira mais produtiva, trazendo desse modo os mais altos retornos. Mas isso não é sequer a meia verdade. Pois o entrelaçamento dos mercados financeiros globais alcançou há muito tempo um grau de complexidade que nem mesmo os mais experientes negociadores podem penetrar. A grande maioria das mudanças cambiais não segue de forma alguma os desenvolvimentos econômicos efetivos nos diversos países, mas antes os (pré)conceitos dos negociantes, as indicações dos principais dirigentes políticos do mercado, sobretudo aquelas do presidente do Banco Central dos Estados Unidos, do secretário do Tesouro norte-americano, e as classificações do FMI e das agências de *rating* privadas, que — às vezes por arbítrio próprio — avaliam se Estados e empresas são ou não dignos de receber empréstimos.

16. McKinsey & Co. *Der entfesselte Markt*. Frankfurt, 1997.

Desse modo, é totalmente indiferente se as respectivas informações e análises têm de fato fundamento ou não. Para a maioria dos agentes, tampouco conta o que eles próprios pensam. "É decisiva a expectativa sobre o que os outros pensam", explica um negociante experiente do Deutsche Bank em Frankfurt. Pois a soma de todos os julgamentos determinará por fim o curso. Em conseqüência, em todo o planeta, milhares de especialistas financeiros altamente qualificados aplicam o dinheiro de seus clientes segundo o princípio dos lêmingues*: siga sempre a massa senão você se perde. Assim, a decisão sobre investimentos dos negociantes individuais surge de um cálculo inteiramente racional. Mas no coletivo a armada eletrônica de negociantes suscita regularmente cursos cambiais da mais completa irracionalidade — um fenômeno que os economistas gostam de tratar com eufemismos, chamando-o de "excessos dos mercados". Como uma espécie de curto-circuito sempre a se repetir, o afluxo abundante e a subseqüente retirada abrupta do capital internacionalmente móbil interrompem ou destroem inúmeras vezes a estrutura econômica de regiões inteiras do mundo.

Em 1972, Arthur Burns, o então chefe do Federal Reserve, o Banco Central norte-americano, alertou em vão, antes do colapso do regime de Bretton Woods, que o desencadeamento dos mercados financeiros iria "com certeza trazer miséria para a humanidade" e "uma vez começado, seria muito difícil de findar".[17] Vinte e oito anos e 88 crises monetárias e financeiras depois, o prognóstico sombrio encontra uma confirmação brutal. Somente desde 1995, as crises do mercado financeiro em pelo menos dez Estados levaram centenas de milhões de pessoas ao desemprego e à pobreza.[18]

* Pequenos roedores encontrados na tundra ártica.

17. Citado segundo Steven Solomon, *The confidence game*. Nova York, 1996, p. 294.

18. México em 1995, Tailândia, Indonésia, Coréia do Sul, Filipinas e Malásia em 1997, Brasil e Rússia em 1998, Equador em 1999, Argentina em 2001.

Não por acaso, mas como conseqüência dessa má economia que dura décadas, o protesto dos críticos da globalização se acendeu, antes de tudo por causa do desenvolvimento abortivo dramático próprio do sistema dos mercados financeiros mundiais e das instituições responsáveis por ele. Os argumentos a favor de uma reforma radical desse sistema destrutivo são avassaladores.

A MÃE DE TODAS AS CRISES

O trajeto rumo à era das crises financeiras começou logo depois da liberação da circulação de capitais e dos câmbios. Entre 1974 e 1982, por conseqüência da nova liberdade monetária, os empréstimos dos bancos ocidentais ao estrangeiro subiram cinco vezes mais, indo de 200 bilhões a 1 trilhão de dólares. Mais da metade disso foi concedida — com o apoio enérgico dos governos ocidentais — às ditaduras da América do Sul e da África, que investiram em projetos ambiciosos de industrialização, requerendo para tanto, em grande estilo, aplicações e tecnologias dos países industriais.

Mas, a partir de 13 de agosto de 1982, todos esses templos prestigiosos dos ditadores não eram mais do que símbolos, vertidos em concreto, de um gigantesco erro especulativo. Nesse dia, o então ministro das Finanças mexicano Silva Herzog declarou a seu colega norte-americano Don Regan, com palavras inequívocas, que ele necessitava de dólares, de muitos dólares. Do contrário, seu presidente declararia na segunda-feira seguinte uma moratória por tempo indeterminado. "A situação era clara", narrou mais tarde McNamara, suplente de Regan, "se os bancos deles não abrissem na segunda, então os nossos seriam fechados na terça."[19]

19. Citado segundo Solomon, p. 193.

Era o prelúdio da primeira catástrofe financeira global da era pós-Bretton Woods: a crise da dívida latino-americana e africana, que até hoje não terminou. Nos meses seguintes, os países endividados anunciaram, um atrás do outro, pedidos de socorro. A metade de todos os créditos internacionais estava em risco, e o mundo bancário ocidental remou por mais de um ano à beira do colapso. "Se um dos bancos dos Estados Unidos fosse quebrado, todo o sistema de pagamento mundial ficaria paralisado", constatou o então chefe do Deutsche Bank, Wilfried Gutth.

No entanto, os banqueiros de maneira nenhuma haviam concedido qualquer crédito que seja sem reflexão. Eles haviam aproveitado a nova liberdade monetária simplesmente para levar a fortuna de sua clientela aonde ela prometia os rendimentos mais elevados. E a maioria dos devedores podia ser considerada inteiramente sólida. O México obteve boas receitas com seu petróleo, e não menos o Brasil e a Argentina, com o *boom* de seus setores agrários.

Porém não foram calculadas as ações recíprocas transnacionais no novo comércio mundial de dinheiro. Pois, ao mesmo tempo, o Banco Central norte-americano estabeleceu uma política radical no combate à inflação, elevando os juros básicos a mais de 20%. Isso deveria quebrar os surtos dos preços, provocados pelas crises do petróleo, e a propagada mentalidade inflacionária, que causava transtornos aos possuidores de grandes fortunas. Mas o choque dos juros não gerou somente uma recessão nos países industriais, pressionando a demanda por matérias-primas e os seus preços, ou seja, os bens de exportação dos países endividados. Ao mesmo tempo, a política de juros altos triplicou os custos das dívidas em dólar. Pesou ainda mais o fato de os juros altos desencadearem uma corrida mundial atrás de dólares. Sempre que recursos monetários estivessem disponíveis, eles eram reestruturados nas aplicações em dólar. Só no ano de 1981, a moeda norte-americana se valorizou — em média — 34% frente a todas as demais divisas. Estados menores e suas moedas foram bem mais atingidos. O peso mexicano perdeu, em somente seis meses, até 60% de seu valor externo por causa da corrida ao dólar. De repente, o governo mexicano tinha de obter, a serviço da dívida, receitas em peso em uma quantidade duas vezes maior do que anteriormente.

Na maior parte da discussão política posterior sobre essa primeira crise da dívida, os governos corruptos da América Latina e da África e seus projetos prestigiosos não-rentáveis foram apontados como os principais responsáveis. Mas, com isso, principalmente os líderes da América do Norte desviavam a atenção da própria culpa: sem a impiedosa política de juros altos da administração Reagan, a crise não teria acontecido. A triplicação da carga de juros, a fuga de capital e a queda cambial das próprias moedas: com a combinação desses três fatores, causados pela política monetária norte-americana, era inevitável que os países em desenvolvimento, que, como o México, haviam em grande estilo investido a crédito em sua industrialização, rumassem para a bancarrota do Estado. O mesmo teria ocorrido ainda que todos os projetos fossem calculados com correção e executados sem as perdas com o dinheiro sujo.

Dessa maneira, os apologistas da livre-concorrência monetária aprenderam em pouco tempo como o não-sistema criado por eles era arremessado a uma crise internacional, devido à política monetária dos Estados Unidos, orientada por seus interesses nacionais — um padrão que desde então se repete continuamente de uma forma ou de outra. Da recessão provocada pelo "superdólar" e da crise da dívida dos anos 80 até o *débâcle* asiático de 1998, passando pela miséria financeira japonesa depois de 1990 e pela segunda catástrofe mexicana no ano de 1995 — foram sempre as decisões solitárias de tecnocratas financeiros e dos bancos centrais dos Estados Unidos, do Japão e da União Européia, não controlados democraticamente e orientados unicamente pelos interesses nacionais, que rechaçaram repetidas vezes o desenvolvimento da economia mundial e, com ele, o combate da pobreza e do desemprego. No entanto, até hoje essa descoberta é rejeitada pelos regentes do mundo do dinheiro. Em vez disso, eles transformaram justamente a instituição cuja tarefa era na realidade evitar tais crises no instrumento para suscitar e intensificar catástrofes econômicas: o FMI. Com sua ajuda, o *débâcle* das dívidas dos anos 1980 converteu-se em mãe de todas as crises seguintes.

O Consenso de Washington — loucura com método

Na época relativamente pequena, a burocracia do FMI, que funcionava na 19th Street de Washington, em alguns blocos de edifício a oeste da Casa Branca, já não tinha mais nenhuma função durante os anos 1970. Já não havia mais necessidade de transferir créditos-ponte aos países-membros do FMI, a verdadeira finalidade da fundação da organização, desde que os câmbios ficaram livres e somente as abundâncias e os déficits de pagamento alteravam os valores das moedas. Mas, agora, o que estava em jogo novamente eram os créditos-ponte, dessa vez para o México. E o governo Reagan, com o então secretário do Tesouro, Don Regan, e o presidente do Banco Central, Paul Volcker, enfrentava o problema de não poder disponibilizar os recursos necessários a partir de seus cofres, sem consultar o Congresso dos Estados Unidos. Simultaneamente, porém, Volcker e sua clientela entre os bancos queriam manter sob controle o processo de negociação necessário. O FMI se apresentava então como veículo adequado. Afinal, os Estados Unidos eram os maiores cotistas dele e tinham assim a palavra final.

Em setembro de 1982, ávido por nova importância, o então chefe do FMI, Jacques de Larosière, aproveitou a proposta de assumir formalmente a administração da crise e de negociar com os países endividados as receitas que lhes permitiram continuar solventes. De início, ele e os seus colaboradores pensavam ainda que se tratava de um trabalho sério. Por conseguinte, planejaram um tempo de preparação de quatro meses, já que não possuíam, até então, nenhuma experiência com os países em desenvolvimento. Mas Regan, o secretário do Tesouro norte-americano, deixou claro como ele imaginava o que deveria ser o trabalho do FMI. Quando o diretor responsável pelo Fundo anunciou, durante uma reunião noturna sobre a crise, um programa de ajuda ao México para o inverno, Regan berrou-lhe que ele era "um desgraçado que não batia bem da cabeça". Se não fosse encontrada imediatamente uma solução para o México, haveria "uma crise em todo esse sistema financeiro de merda".[20]

Larosière, como tantas vezes fizeram os seus sucessores mais tarde, dobrou-se e apresentou logo em seguida um programa que, no essencial, fora formulado pelos funcionários da Secretaria do Tesouro dos Estados Unidos. O México tinha de se comprometer, para ter acesso ao crédito do FMI, a reduzir radicalmente os gastos do Estado e pôr os juros em pesos a uma altura tal que era mais compensador aplicar dinheiro em pesos mexicanos do que em dólar, estabilizando desse modo o câmbio. Nos anos posteriores, acrescentaram-se outras condições. O país era obrigado a liberalizar o mercado de capitais, privatizar as empresas estatais e a abrir seus mercados às mercadorias estrangeiras.

20. Citado segundo Solomon, p. 216.

Dessa maneira, uma nação em um estágio de desenvolvimento muito diferente dos Estados Unidos foi impiedosamente forçada a realizar a mesma política do rico vizinho do Norte. Com isso, o país entregava sua indústria regional desprotegida a uma concorrência norte-americana bem superior, e perdia o controle sobre seu endividamento externo e sobre sua política monetária. Em contrapartida, o governo mexicano recebeu repetidas vezes novos créditos do FMI, oriundos dos cofres dos bancos centrais dos países industriais, com os quais eram saldados juros da dívida junto aos credores ocidentais.

Assim nascia o que mais tarde entrou para a história com o nome de "Consenso de Washington". Sempre que um país quisesse reivindicar os créditos do FMI e do Banco Mundial, nutridos pelos recursos dos bancos centrais dos países-membros, ele era obrigado ferreamente a adotar os mesmos princípios: liberalização do mercado para importações do exterior, privatização das empresas estatais, desregulamentação dos mercados de capital e trabalho.

De acordo com esses princípios, Larosière, Volcker, Regan e todos os seus sucessores até hoje exerceram uma guerra monetária suja em torno das dívidas dos países em desenvolvimento. Não se trata, de modo algum, de fortalecer economicamente as nações devedoras e tornar pagáveis os ônus. Pelo contrário, os administradores oficiais dos mercados monetários se preocupam prioritariamente em que os credores sejam servidos, e que os países envolvidos criem condições atrativas para as empresas estrangeiras.

Na execução dos contratos respectivos, os guerreiros monetários conheceram desde o início poucos escrúpulos. Foi documentada, por exemplo, a manobra de extorsão contra o Brasil no verão de 1983. Nesse momento, os generais de Brasília já estavam em retirada. O *débâcle* causado pela dívida e as receitas econômicas do FMI impeliram a população às barricadas. Nos bairros pobres de São Paulo e do Rio de Janeiro, milhares saquearam os supermercados. A sigla FMI foi traduzida pelos manifestantes como "fome e miséria internacional" — uma acusação que foi repetida desde então por milhões de vítimas.

Por isso, o governo militar brasileiro pediu em Washington um adiamento do pagamento, mas Volcker e seus colegas europeus foram plenamente contra. Em negociações secretas nos mais altos níveis, os banqueiros apertaram os parafusos por ordem do Estado. No Rio, o negociador chefe do Citibank, Bill Rodhes, procurou o ministro da Fazenda em seu apartamento privado. Em Paris, Larosière inquiriu o poderoso Delfim Neto, o até hoje mais importante maquinador da política econômica brasileira.

Nessa ocasião, relatou o jornalista norte-americano e amigo próximo de Volcker, Steven Salomon, o presidente do FED pintou "a imagem forte segundo a qual o Brasil seria completamente apartado do fornecimento de alimentos vitais e de outras importações, se ele se decidisse se tornar pária dos mercados financeiros", deixando de pagar seus créditos pendentes.[21] Sob uma tal pressão, o regime de Brasília cedeu à custa da população.

Indiretamente e sem nenhuma intenção, o *establishment* financeiro dos Estados Unidos e o seu FMI promoveram, assim, a rápida retirada dos generais do poder, um processo que se repetiria de modo surpreendente quatorze anos mais tarde com Suharto, o ditador da Indonésia.

Porém, junto com esse surto de democratização forçada, a estratégia do FMI e dos Estados Unidos infligiu danos incomensuráveis. As medidas econômicas destruíram os sistemas educacionais e sociais, de qualquer modo já debilitados. Ao mesmo tempo, os Estados atingidos continuaram impedidos de construir um mer-

---

21. Citado segundo Solomon, p. 244.

cado de capitais próprio e independente, e de estabelecer um nível de juros em que se tornassem possíveis investimentos de longo prazo a custos aceitáveis para a base da própria moeda e para as poupanças internas. Em vez disso, foram prescritos, por tempo indeterminado, juros altos, que de fato atraíram capital externo, mas gerando dependência duradoura. Conseqüentemente, o desenvolvimento econômico estagnou, e a montanha de dívidas continuou a aumentar, já que as economias nacionais não podiam de forma alguma prosperar sob essas condições. Para a América Latina e para a África, os anos 1980 foram a "década perdida", contra cujas conseqüências a maior parte das nações atingidas se bate até hoje.

Assim, com a aprovação tácita dos europeus e dos japoneses, o governo dos Estados Unidos transformou o Fundo no principal cobrador de dívidas dos grandes bancos e investidores ocidentais, e simultaneamente impediu, desde os meados dos anos 80, um desenvolvimento bem-sucedido de todos os Estados atingidos. E estes eram muitos. Ao FMI e à sua instituição irmã, o Banco Mundial, coube desde então o papel de porteiro onipotente que vigia o acesso dos países pobres ao mercado internacional de capitais.

Sempre que um governo do Sul quer financiar usinas ou universidades, estradas ou ferrovias com a ajuda de capital externo, os credores potenciais tornam os respectivos contratos dependentes da prévia anuência do FMI e do Banco Mundial. Várias vezes, os governos dos países prósperos vincularam ao cumprimento das condições do FMI até mesmo os pagamentos de auxílios diretos para o desenvolvimento. Por isso, a importância das duas instituições financeiras mundiais é bem maior do que sinaliza o mero volume de créditos administrados por elas. Por conseguinte, subscrevendo os assim chamados programas de ajuste estrutural, quase todas as nações do Sul, com exceção da China, Índia, Taiwan e

Malásia, se submeteram anos a fio às regras do Consenso de Washington — uma concepção que suscitou, comprovadamente, resultados catastróficos.

Essa concepção aposta, a despeito das condições nacionais respectivas, na redução radical do aparelho estatal e na abertura aos agentes privados e ao mercado mundial. Tanto faz se se trata da Tanzânia, marcada pela paisagem rural, da Argentina, um velho país industrial, ou da Rússia, um gigante em matérias-primas caracterizado pelo comunismo — os programas do FMI seguem sempre o mesmo padrão. Uma política que coloque nas próprias mãos o desenvolvimento interno, a consideração das particularidades nacionais, a formação e a construção de novas indústrias tornam-se, desse modo, impossíveis.

A ideologia tosca que os executores do fundamentalismo de mercado defendem é documentada pelo caso Nicarágua. Contando quase 5 milhões de habitantes, o pequeno Estado da América Central se tornou necessariamente dependente de créditos ao desenvolvimento depois da guerra civil, forçada pelo governo dos Estados Unidos, e da queda dos sandinistas. Na ocasião, os tecnocratas do FMI impuseram a demissão de mais de 200 mil funcionários e trabalhadores do serviço público e das empresas estatais, o que representa 10% de toda a força de trabalho do país. Entre outras coisas, o programa de alfabetização dos sandinistas, projetado para durar por um longo período, praticamente paralisou.

Ao mesmo tempo, os novos detentores do poder, sob a orientação do Banco Mundial, criaram as chamadas zonas francas, nas quais a indústria têxtil internacional, isenta de impostos e isolada do mundo externo por cercas de arame farpado, manda produzir jeans e camisetas para o mercado americano e europeu. As matérias são importadas da China, as máquinas vêm do Japão ou da Alemanha, os técnicos, de Taiwan. A Nicarágua fornece apenas matéria-prima humana: 40 mil operários que trabalham sob condições geralmente desumanas e por salários de fome, abaixo de cinquenta centavos de dólar por hora. Eles não desfrutam de direitos trabalhistas. A mera tentativa de se organizar é punida pelos chefes de fábrica com a demissão imediata. "Não somos trabalhadoras, somos meras escravas", descreveu uma das costureiras à revista *Spiegel* sobre suas condições de vida — uma situação que há muito tempo tornou-se prática não somente na Nicarágua.[22] A Organização Internacional do Trabalho (OIT) já contabiliza umas novecentas zonas semelhantes, do México a Bangladesh, onde cerca de 27 milhões de pessoas trabalham sob condições geralmente indignas.[23]

Diante desse cenário, os colaboradores da Confederação Internacional de Sindicatos Livres (ICFRU)[24] perguntaram aos tecnocratas financeiros de Washington por que então o Banco Mundial e o FMI, com suas numerosas condições para fornecer crédito, não exigiam também dos governos parceiros a garantia de liberdade de organização, para dar aos ocupados, na maioria mulheres, pelo menos a chance de lutar por melhores condições de trabalho. A resposta do presidente do Banco Mundial, James Wolfensohn, revela oportunamente toda a dupla moral da política do FMI e do Banco Mundial. Exigir direitos trabalhistas seria impossível, afirmou Wolfensohn, porque o Banco "nunca se intromete na política nacional".[25]

Mas é exatamente isso que acontece a todo momento. Durante as duas décadas passadas, o FMI e o Banco Mundial concederam,

---

22. Carolin Emcke, "Wir sind bloss Sklaven". In: *Der Spiegel*, 16/2001.
23. *Labour and social issues reating to export processing zones*. OIT, Genebra, 1998.
24. International Confederation of Free Trade Unions.
25. Citado segundo Vincent Lloyd, "Against the Workers". In: *Multinational Monitor*. Washington, setembro de 2001.

ao todo, 958 créditos condicionados, e quase sempre eles estavam ligados a profundas interferências nas estruturas nacionais. Naturalmente os governos que participam disso não são de modo algum vítimas abúlicas. Pelo contrário, representam geralmente a respectiva elite econômica ou poderosos clãs, que proporcionam para si, com sua política, lucros enormes à custa da população. Mas a bênção oficial dos programas do FMI e do Banco Mundial legitima essa espoliação, e providencia, principalmente por intermédio da privatização sempre forçada do patrimônio público, a participação dos bancos e das empresas transnacionais dos países prósperos.

O FMI E A RÚSSIA — CRIMINALIDADE GOVERNAMENTAL EM NÍVEL MÁXIMO

Após a queda da ditadura do Partido Comunista, esse processo transcorreu na Rússia de maneira particularmente impiedosa e desastrosa. Ali os conselheiros enviados pelo FMI e pelo governo norte-americano no ano de 1992 receitaram ao país, com a ajuda da gangue em torno do presidente Boris Iéltsin, então levada ao poder, uma terapia de choque econômico, da qual a Rússia não se recuperou até hoje. Em poucos meses, todos os controles de preços foram suspensos, e as tarifas sobre importação, afrouxadas. Com a abundância de rublos circulando desde os tempos da planificação econômica, isso levou a uma hiperinflação que aniquilou de um só golpe a maior parte das poupanças da população russa. Fiel à concepção do FMI, o governo de Iéltsin colocou os juros, com a reforma monetária então cogentemente necessária, em um nível tão alto que de fato pôs um fim à desvalorização da moeda, mas, ao mesmo tempo, tornou impagáveis os créditos internos. Os investimentos da indústria praticamente paralisaram, e numerosas empresas pararam de pagar os salários. Grande parte da produção entrou em colapso, ao passo que as firmas ocidentais trouxeram sem obstáculos seus produtos, do iogurte ao trator, aos mercados da Rússia.

Mas os responsáveis não puxaram de forma alguma os freios de emergência, a fim de sanear a economia interna com barreiras alfandegárias e um afrouxamento da política de juros. Em vez disso, eles colocaram a Rússia na rota do endividamento. Com a concordância do FMI, a gangue de Iéltsin vendeu de início as lucrativas empresas monopolistas da indústria energética e da telefonia a seus amigos, financiados pelos bancos dos Estados Unidos, e aceitou créditos em grande estilo — para compensar a ausência de receitas fiscais.

Se fosse apenas isso, uma superação ainda teria sido possível. Mas, acatando o conselho expresso do FMI, o governo de Iéltsin decretou também um câmbio fixo do rublo em relação ao dólar e liberou o trânsito de capital com o exterior — para a indústria financeira ocidental e para a pequena camada de pessoas que lucraram com a privatização, isso representava uma licença para pressionar a moeda. Pois, enquanto a elite corrupta amealhava, ano após ano, somas bilionárias de três dígitos em dólar nas contas da Suíça e de Chipre, os bancos da América e da Europa giravam a grande roda, jogando com as dívidas russas.

Tornou-se uma verdadeira bonança principalmente o negócio com *bonds* em rublo, correntes havia pouco tempo, os assim chamados GKOs. Com o endividamento do Estado, seus juros subiram dos 20% iniciais para chegar por algum tempo a mais de 150% — e isso sem risco cambial. Nesse processo, o Ministério das Finanças da Rússia pagou os juros acumulativos simplesmente com a venda de novos títulos da dívida. Desde o início era claro que isso em algum momento não seria mais financiável, o colapso era uma questão de tempo. Apesar disso, o então chefe do FMI, Michel Camdessus, fantasiou ainda em abril de 1998, quando milhões de russos já não recebiam mais salários havia meses, "o evidente progresso da Rússia para a estabilidade macroeconômica", a ascensão "de um setor privado dinâmico" e de um "banco central profissional sustentado no apoio do FMI".[26] Desse modo, os credores puderam se sentir seguros, apesar do irresponsável jogo com as dívidas, pois atrás do projeto encontrava-se o FMI.

E foi exatamente assim que aconteceu. Quando em julho o Banco Central de Moscou, em vista da escalada da evasão de capital, não pôde mais manter o câmbio do rublo com as próprias forças, o FMI disponibilizou um "pacote de salvação", no montante de quase 23 bilhões de dólares. Para os investidores isso era nada mais do que a última e cômoda chance de largar os insustentáveis *bonds* em rublo.

Dentro de poucas semanas, por conseguinte, as reservas de dólares emprestados ao Banco Central estavam perdidas. Para acompanhar, os administradores do FMI e seus amigos russos entabularam um acordo generoso para os credores estrangeiros particularmente importantes. Por 6 bilhões de dólares, eles puderam permutar os papéis em rublo, previsivelmente desvalorizados, por títulos da dívida de longo prazo em dólar. Isso beneficiou sobretudo os bancos de investimento dos Estados Unidos, Goldmann Sachs, Merrill Lynch e Salomon Brothers, que haviam entrado em grande estilo no jogo dos GKOs. "Com a oferta de permuta, eles podem agora embolsar suas gigantescas receitas de rublos obtidas com os juros e, ainda assim, entrar de novo nos papéis em dólar",

---

26. Michel Camdessus, "Russia and the IMF". Discurso para o *US-Russia Business Council*, de 1º de abril de 1998.

explicou um analista de finanças de Frankfurt ao jornal *Handelsblatt*. Isso significa que "o Goldmann Sachs, principal administrador da operação de permuta, passou a mão em mais dinheiro do que os grandes bancos alemães ganharam desde o fim do comunismo", irrita-se o banqueiro de Frankfurt, cuja instituição havia agido de maneira mais cautelosa do que a concorrência norte-americana.[27]

Quando os maiores especuladores se viram sem amarras, e os bilhões do FMI estavam pulverizados, a aventura terminou exatamente como todos os críticos haviam predito. A Rússia precisou suspender o pagamento de dívidas em rublo, liberar o câmbio do rublo para uma desvalorização de quase 60% e direcionar a política econômica dos anos seguintes, sobretudo a serviço da inchada dívida externa. A população russa, em nome de cujo pretenso bem transcorreu toda a operação, pagou com a recaída na pobreza em massa. O número de pessoas que têm de passar com renda de menos de quatro dólares por dia subiu em seis anos de 2 para 60 milhões; o desempenho econômico encolheu em 40%.

Certamente, a responsabilidade principal por essa decaída cabe aos colaboradores e ajudantes da gangue de Iéltsin, que tinham em mente, prioritariamente, seu próprio enriquecimento. Mas "é impossível que os especialistas do FMI não soubessem o que em Moscou qualquer porteiro sabe", lamentou o economista russo Boris Kargalitski, em uma audiência no Congresso dos Estados Unidos. Apesar disso, os guardiões das finanças mundiais de Washington teriam insistido em que a circulação de capital não deveria ser regulamentada. É evidente, portanto, que o "interesse principal dos decididores do FMI não é o sucesso da Rússia, mas a

---

27. Citado segundo Klaus C. Engelen, "Goldman Sachs macht das ganz grosse Geld". In: *Handelsblatt*, de 20 de julho de 1998.

prosperidade da comunidade financeira ocidental, que ganhou um monte de dinheiro com nossa crise".[28]

Nesse sentido, a implementação mundial do Consenso de Washington não se trata de modo algum somente de política econômica ruim e contraproducente de burocratas ideologicamente induzidos ao erro. Pelo contrário, a ideologia do fundamentalismo de mercado, que quer entregar o bem-estar da humanidade somente ao jogo de oferta e procura, serve sobretudo à imposição dos interesses da indústria em obter lucro e poder a curto prazo. Para estratégias de desenvolvimento a longo prazo, não há nenhum lugar no mundo desses jogadores que apostam por um dia ou por uma semana.

E era também o lucro rápido que estava em jogo quando as nações mais bem-sucedidas até então na era da globalização foram quebradas: os tigres do Sudeste asiático.

A CRISE ASIÁTICA OU O FMI SABOTA A GLOBALIZAÇÃO

Fiéis ao modelo japonês, as quatro nações — Indonésia, Malásia, Tailândia e Coréia do Sul — haviam conseguido nas décadas do pós-guerra pôr em marcha uma industrialização controlada pelo Estado. Com isso, elas de fato produziram para o mercado mundial, mas sua indústria prosperou sob a proteção representada pelas altas tarifas alfandegárias para importados, e o trânsito de capital com o exterior se restringiu ao desdobramento do comércio. Mediante concessões de crédito estatalmente controladas, esses

---

28. Boris Karaglitzky, "Zeugenaussage vor dem Committee on Bankin and Finacial Services". House of Representatives, 10 de setembro de 1998.

Estados construíram, desse modo, conglomerados nacionais que obtiveram tecnologia ocidental com a participação de parceiros estrangeiros. Assim eles atingiram taxas fantásticas de crescimento ao longo de décadas, presenteando grandes partes da sua população com uma prosperidade modesta.

Na Alemanha, os principais industriais não ficaram apenas em Extremo Oriente como um cenário ameaçador para as exigências salariais dos sindicatos. O chefe da Daimler-Chrysler Jürgen Schrempp chegou a recomendar, junto com Gerhard Schröder, que os alemães "aprendessem com a Ásia".[29] Mas, na realidade, o êxito dos ascendentes asiáticos se baseou principalmente no fato de que eles não se submeteram às regras do Consenso de Washington propostas pelo FMI, senão que seguiram uma política econômica que correspondia às possibilidades de suas nações. Desse modo, da perspectiva dos dirigentes do mundo em Washington, uma grave mácula se aderia ao milagre econômico asiático: a indústria financeira ocidental não havia participado do *boom*. Por esse motivo, a Secretaria do Tesouro dos Estados Unidos e o FMI, controlado por ela, insistiram pesadamente, durante os anos 1990, na abertura dos mercados de capitais dos tigres asiáticos. Certamente nenhuma das nações dependia do capital externo, as altas poupanças da população nativa bastavam plenamente para financiar o desenvolvimento industrial. Mas, por conta de suas altas taxas de exportação, os ascendentes asiáticos eram vulneráveis às restrições comerciais.

É exemplar o caso da Coréia. Diretor do departamento de mercado financeiro no Instituto de Pesquisa Econômica da Confederação Industrial coreana, Kim Se-Jin ainda se lembra bem. Em

---

29. Jürgen Schrempp, Gerhard Schröder, Siegmar Mosdorf, "Memorandum zum Asien-Europa-Gipfel in Bankok". Documentado in: *die tageszeitung*, de 28 de fevereiro de 1996.

fevereiro de 1994, quando foi enviado para Paris com uma delegação do governo, ele e seus colegas negociaram na rue de Franqueville, no quartel-general da OCDE cercado de grades, a admissão da Coréia do Sul nesse influente clube de nações ricas. A política e a indústria do país esperavam ter assim, antes de tudo, um acesso melhor aos mercados do Japão, da Europa e da América do Norte. A maioria das questões polêmicas já estava esclarecida. A Coréia abriria suas fronteiras às importações de automóveis do Japão e aos fornecimentos de computadores dos Estados Unidos, os conglomerados estrangeiros também poderiam investir diretamente no país. Os economistas da Coréia não queriam tirar do controle estatal somente o setor financeiro. Afinal a Coréia do Sul não necessitava de nenhum afluxo de capital vindo do exterior.

"Os demais países da OCDE estavam também dispostos a aceitar isso", conta Se-Jin, "mas os norte-americanos fizeram uma pressão terrível." Várias vezes ele tentou forjar um compromisso com prazos de transição de muitos anos — mas em vão. "O delegado dos Estados Unidos sempre vetava." Em casa, em Seul, o ingresso na OCDE era considerado todavia coisa decidida, com que o então presidente já havia se comprometido publicamente. "Então nós acabamos cedendo. O que nos restava?", conta Kim Se-Jin, não podendo dissimular sua consternação. "Era o começo do fim."

Outros tigres asiáticos foram expostos a pressões semelhantes. No começo dos anos 1990, foram caindo assim, uma por uma, as restrições nacionais à tomada de créditos externos e ao comércio internacional de papéis, primeiro na Tailândia, depois na Indonésia e na Malásia, e finalmente na Coréia do Sul. "Wall Street quis também ganhar com o nosso sucesso, disso os norte-americanos não faziam segredo", lembra-se Kim Se-Jin. Mas os funcionários de Washington, Tóquio, Bonn, Londres ou Paris não apontaram uma única vez para os riscos ligados a esse passo. Na preparação da onda de liberalização, jamais se falou dos padrões de capital próprio necessários para os bancos e das dispendiosas práticas de controle restantes que os príncipes financeiros do Ocidente exigem hoje tão veementemente. Por conseguinte, os países envolvidos correram perigo, sem nenhum aviso.

A Coréia foi atingida de maneira particularmente dura. Ali o Banco Central liberou, a partir do outono de 1994, a tomada de créditos em dólar por um prazo de três meses. Visto que a economia do país crescia muito rapidamente, a fome de créditos das empresas era enorme. Como bons alunos de seus professores norte-americanos, os guardiões do won estabeleceram um câmbio rigoroso contra a inflação. Para manter sob controle o ímpeto dos preços, os funcionários do Banco Central tiveram de manter alta, conseqüentemente, a taxa de juros, escasseando o dinheiro novo do Banco Central para as casas financeiras locais. Por isso, os créditos em won foram anos a fio substantivamente mais caros que as dívidas em dólar. Essa era a brecha para as estratégias de investimento, de Tóquio a Frankfurt. Em Hong Kong e Cingapura, os dois centros financeiros do Sudeste asiático, a senha do novo acordo da Coréia circulou depressa. Os *global players* do mundo financeiro instalaram especialmente, em suas casas comerciais de lá, as assim chamadas "mesas para a Coréia".

Ao mesmo tempo, surgiram em Seul, geralmente em *joint venture* com bancos europeus e japoneses, num espaço de apenas dezoito meses, trinta sociedades financeiras diferentes, os chamados *"merchant banks"*, que começaram logo a girar a grande roda. "Era mesmo muito simples", relata um dos banqueiros coreanos envolvidos, "os estrangeiros tinham o capital e nós tínhamos as empresas, que nunca puderam receber créditos o bastante." Os emissários das grandes casas financeiras ocidentais, da Crédit Lyonnais ao Commerzbank e ao Westdeutsche Landesbank, passando pelo Bank of Tokyo, sentiram-se à vontade nos escritórios dele e de seus colegas. "Eles realmente deixaram a coisa barata, exigiram exatamente 30 pontos base (0,3%) a mais do que custava na Europa." Mas, até o começo do outono de 1997, jamais se falou do cancelamento das linhas de crédito. Regularmente, de mês a mês, sucedia-se o *roll-over*, a prorrogação dos créditos em um ou três meses. Portanto, toda a comunidade financeira de Seul se sentia segura e aplicou o dinheiro emprestado como um fundo de longo prazo. Uma grande parte desaguou em negócios de *leasing* de até dez anos com máquinas e aviões, muito foi repassado também simplesmente como crédito de cinco ou dez anos para grandes conglomerados industriais do país, que desse modo financiaram a ampliação de suas fábricas. No mais tardar a partir dos meados de 1996, diz Yang, "nós todos já tínhamos mais dólares à disposição do que afinal podíamos alocar na Coréia". Então as sociedades financeiras entraram na compra especulativa de papéis estrangeiros, sobretudo de títulos públicos russos, lucrativos mas também arriscados. Assim, o conglomerado monetário dos países do G-7 conduziu, de mês a mês, até 2 bilhões de dólares para o mercado coreano. Bem na ponta disso estavam também os bancos alemães. Além do Dresdner e do Commerzbank, entraram no trem os bancos regionais estatais. Até 1997, só o Düsseldorfer WestLB emprestou mais de 2 bilhões de dólares à Coréia do Sul.[30]

Processo bastante semelhante desenrolou-se, ao mesmo tempo, também nos outros países emergentes do Sudeste asiático. Com o afluxo repentino de capital, no entanto, a política monetá-

---

30. De acordo com um estudo do Banque Parisbas, publicado no *Frankfurter Allgemeine Zeitung*, de 26 de novembro de 1997, os valores indicados ali foram de fato desmentidos pelo Dresdner Bank e pelo Westdeutsche Landesbank, mas ambos não apresentaram dados concretos próprios.

ria das nações do Sudeste asiático, originariamente com os pés no chão, ficou fora de controle. Os capatazes financeiros podiam colocar os juros na moeda nativa à altura que quisessem; por isso eles não puderam parar o *boom* de investimentos financiado com créditos. Pois a única conseqüência era que, por causa da diferença mais alta de juros, eram tomados ainda mais créditos em dólar no lugar da moeda nativa, os quais eram trocados imediatamente em won, baht, ringgit ou rúpia e investidos em novos edifícios, parques de produção ou logo em outros mercados financeiros. O então presidente do Banco Central da Indonésia fez um juízo sarcástico: "Nós havíamos começado a construir os fundamentos de nossa casa, mas de repente éramos os anfitriões de uma festa global".[31]

Contratualmente presos às promessas de liberalização feitas à OCDE e ao FMI, os bancos centrais tampouco puderam impor proibições diretas ou limites de crédito. Decerto eles poderiam ter simplesmente trocado o fluxo de capital pela respectiva moeda natal. Com isso, a quantidade de dinheiro em circulação teria crescido na mesma medida que chegava o dinheiro do exterior. Isso teria desvalorizado rapidamente o won, o baht ou a rúpia, os câmbios em relação ao dólar com certeza teriam caído. A tomada de crédito no exterior teria se tornado muito arriscada, e o afluxo teria cessado. Porém as nações envolvidas teriam de pagar essas rédeas com uma desvalorização monetária considerável. Mas desde o começo os conselheiros do FMI haviam alertado com urgência exatamente para isso. Afinal, os políticos monetários de todo o mundo tentam sempre evitar altas taxas de inflação incondicionalmente.

Desse modo, justamente o Sudeste asiático, a região com as mais altas cotas de poupança do mundo, foi se tornando, pouco a pouco, dependente de bancos e casas de investimentos do exterior.

31. Citado segundo Stephen Grenville, "Bank of Australia". Discurso de 21 de maio de 1998 na Monash Law School Foundation.

Mesmo economistas conservadores como Rudiger Pohl, presidente do Instituto de Pesquisa Econômica em Halle, comentou mais tarde, de maneira cáustica, a avidez não-profissional dos emprestadores de dinheiro ocidentais. "Era muito bonito", declarou Pohl, "o capital disponível em abundância nos países industriais não encontrava rendimentos atrativos com as suas baixas taxas de crescimento. Então que viessem os *emerging markets*." Conseqüentemente, "a Ásia foi castigada com uma *overdose* de capital, sem que se perguntasse seriamente pelos fundamentos da economia real".[32]

No entanto, até o ano de 1996, isso isoladamente não era ainda uma ameaça. A Coréia do Sul teve de despender não mais que 6% das receitas com exportações a serviço da dívida. As cotas de outros países da região eram só levemente piores. Diferentemente dos Estados da América Latina nos anos 1980, nenhum dos países que futuramente seriam atingidos pela crise estava superendividado de maneira insustentável.[33]

Também o FMI estava cheio de otimismo. De acordo com o relatório do FMI de 1997, os diretores do Fundo enviados a Seul para fazer o parecer anual "saudaram o desenvolvimento econômico total da Coréia, ainda impressionante", e "elogiaram as autoridades pelos resultados orçamentários dignos de inveja". Com um julgamento não menos entusiástico, o governo de Bangcoc também pôde se gabar. Lá "os diretores elogiaram, nos tons mais elevados, o desenvolvimento econômico impressionante da Tailândia e a macropolítica sólida, firmemente sustentada pelas autoridades".[34]

Mas tais efusões testemunhavam tão-somente, já pelo fato de o relatório do FMI ter sido impresso, a cegueira de seus autores.

32. *Handelsblatt*, de 10 de setembro de 1998.
33. Cf. Heribert Dieter, "die Asienkrise und der IWF". Institut für Entwicklung und Frieden der Gerhard-Mercator-Universität Duisburg, INEF-Report, 29/1998.
34. *IWF Annual Report*. Washington, 1997, p. 66.

Pois os ascendentes asiáticos eram então, no oceano das finanças mundiais, onde todo dia os fluxos de capital podem mudar subitamente de direção, vulneráveis com muita facilidade. Uma grande parte dos créditos, dependendo do país de 40 a 60%, estava emprestada apenas a curto prazo, ou seja, podia ser cancelada rapidamente pelos credores e ser cobrada.

E foi exatamente assim que começou, em agosto de 1997, o maior desastre da história financeira até então. Havia meses corriam boatos de que o baht tailandês teria de ser desvalorizado logo. Já em janeiro o banco de investimento de Nova York, Goldman Sachs, havia publicado um extenso relatório, em que afirmava que a moeda da Tailândia não podia mais ser sustentada, e que muitos investimentos do país financiados em dólar eram não-rentáveis.

Alguns dos grandes investidores nos assim chamados *hedge fonds* aproveitaram essa pressão para extrair lucro da desvalorização aparentemente inevitável do baht. Para tanto, eles tomaram créditos em baht em grande volume, somente para trocá-los logo em seguida por dólares. Assim inundaram o mercado com o dinheiro tailandês e pressionaram o seu valor. A fim de evitar o declínio do câmbio, o Banco Central teve de se manter com suas reservas de dólar, comprando baht. Os agressores calcularam que o Bank of Thailand não poderia agüentar por muito tempo. Se o câmbio finalmente quebrasse, eles poderiam obter baht a preço módico, pagar seus créditos e embolsar a diferença em relação ao câmbio de empréstimo como lucro. As reservas de dólar da Tailândia, obtidas a duras penas, iriam parar, por fim, em suas contas.

Nesse processo, os funcionários do Banco Central tailandês não tinham idéia de que quem eram os seus inimigos. Mesmo depois, só se soube que o fundo Quantum, do grupo de Soros, apostou 2 bilhões de dólares contra a Tailândia. Quem eram os demais, a opinião pública não veio a saber. Os *hedge fonds* agem sempre sob a incumbência de um clube exclusivo de ricos investidores, assim como de grandes seguradoras e outros bancos. Geralmente movimentam somas em escala de bilhões de dólares, já que eles multiplicam os investimentos de seus clientes com créditos altos, a fim de poder tirar também grandes lucros das pequenas variações cambiais. Mas nesse processo eles permanecem anônimos, via de regra. Fazem suas transações se desenvolverem recorrendo a negociantes dos grandes bancos de Londres e Nova York, comprometidos com a mais estrita discrição.

De início, o Banco Central da Tailândia parecia bem munido de dólares, por causa dos sucessos de exportação do país, e pôde resistir ao ataque ao longo de quase seis semanas. Mas o definhamento constante das reservas de dólar já não era mais segredo, e as notícias sobre o combate em torno do baht atraíram então cada vez mais agentes. Também um banco bávaro mandou seus negociantes apostarem 200 milhões de marcos contra a Tailândia.[35] Em fúria desesperada, o governo de Bangcoc enviou funcionários da polícia às filiais locais dos bancos de investimento estrangeiros, ameaçando com punições a difusão de falsas afirmações a respeito da instabilidade da moeda.

No entanto, tudo isso aqueceu ainda mais a corrida ao baht. Conglomerados do exterior tanto quanto simples homens de negócio, e naturalmente todas as empresas com dívidas em dólar, começaram a trocar seu baht por dólar e iene. Contra esse inimigo interno, o Banco Central de Bangcoc não tinha mais à mão, em 2 de julho de 1997, nenhum antídoto. Ele liberou o câmbio, e em pouco tempo o baht perdeu um quinto de seu valor externo. Numerosas empresas e bancos se tornaram insolventes.

Junto com a moeda da Tailândia, declinou a constelação econômica inteira da região. Da Malásia até Taiwan, toda região dispu-

---

35. *Der Spiegel*, 4/1998.

tava os mesmos compradores dos países industriais. Desse modo, era previsível que então todos se encontrariam simultaneamente sob a pressão de desvalorização se suas indústrias exportadoras quisessem continuar a ser competitivas. A especulação contra as diversas moedas tornou-se, no jargão dos negociantes, a chamada *"one way bet"*, uma barbada imperdível.

A conseqüência foi, em toda a parte, a mesma: as dívidas em dólar se tornaram extremamente caras. Mesmo empresas até então sólidas e rentáveis se transformaram em devedores duvidosos, visto que elas necessitavam então de muito mais receitas para mobilizar os juros e a liquidação em moedas estrangeiras.

Em razão disso, um governo atrás do outro clamou pelo socorro do Fundo Monetário Internacional, a fim de aumentar sua liquidez com os créditos dele. Mas os pretensos salvadores tinham outra coisa em mente. Em vez dos esperados bombeiros, as nações atingidas chamaram novos incendiários para o país.

Quando chegavam a Bangcoc, Jacarta ou Seul, os colaboradores da direção do FMI para a Ásia, sob a chefia do então diretor Hubert Neiss, de modo algum ofereciam simples ajuda financeira. Pelo contrário, eles declaravam sem muita cerimônia que toda a forma econômica anterior dos países em crise era imprestável, colocando-se como uma espécie de governo lateral. Decerto, em toda parte os representantes do FMI enfeitavam seus "pacotes de salvação" com grandes números de ajuda de crédito supostamente rápidos: 2 bilhões de dólares para as Filipinas, 17 bilhões para a Tailândia, 23 bilhões para a Indonésia, 51 bilhões para a Coréia. Mas nada disso foi imediatamente depositado, inclusive depois somente fatias de 10 a 20% das somas notificadas de fato circularam.

Antes mesmo que um só dólar que seja do FMI fosse transferido, os governos envolvidos teriam de se comprometer a sanear seu setor financeiro em curtíssimo tempo, e simplesmente declarar a falência de bancos inteiros, ainda que isso implicasse que outros bancos considerados melhores e seus clientes afundassem junto. Os especialistas do Fundo continuaram a insistir na privatização da maior parte das empresas sob propriedade estatal, na suspensão dos limites para a participação de estrangeiros nos conglomerados nacionais e na renúncia a todas as restrições aos investidores de capital do país ou do exterior. Para a Tailândia, isso significava, por exemplo, que o governo teria de declarar a bancarrota de 58 bancos e sociedades de investimento e fechá-los imediatamente, enquanto os compromissos externos deles passariam daí em diante para o Estado e seus contribuintes, por meio de uma companhia beneficiária criada especialmente para isso.

Ao mesmo tempo, os salvadores do FMI impuseram a seus clientes um rumo absurdo para a política monetária e financeira. De início, os bancos centrais se comprometeram em empurrar para cima, em mais de 20%, os juros internos. Isso significou na prática que muitas empresas ficaram superendividadas, de um dia para o outro, e que os bancos quase não puderam mais conceder empréstimos. Toda atividade de investimento que se apoiava em créditos ficou paralisada, pois com uma taxa de mais de 20% é extremamente difícil conseguir rendimentos com novos investimentos. A atividade da construção civil, a compra de equipamentos ou máquinas e mesmo o consumo diminuíram drasticamente; com demissões em massa e cortes de gastos, toda a atividade econômica foi ribanceira abaixo. Além disso, tampouco os próprios Estados puderam escapar. Embora na Ásia não houvesse dívidas públicas, ao contrário do que ocorria na América Latina ou na Rússia, e os governos tivessem grande margem de manobra, isso não teve importância para a tropa do FMI. Pelo contrário, ela exigiu impassivelmente, de acordo com o antigo modelo, que os gastos públicos fossem reduzidos de maneira radical — no caso da

Tailândia, um montante que constituía 3% de todo o desempenho econômico anterior do país. Em meio à crise, o fisco deveria arrecadar até mesmo um excedente. Por conseguinte, o que era planejado para novas estradas, hospitais, escolas ou outros projetos infra-estruturais, tinha de ser paralisado.

A lógica por trás desses assim chamados programas de austeridade era tão simples quanto irrealista. Neiss justificava o princípio medíocre de seu órgão dizendo que a meta mais importante era estabilizar o câmbio.[36] Mediante juros altos, a turma das finanças globais deveria ser atraída a fim de direcionar seu capital de investimento novamente para Bangcoc ou Jacarta. Ao mesmo tempo, o governo deveria comprovar que ele não contrairia nenhuma dívida dali em diante. No essencial, portanto, não se tratava de evitar danos econômicos que ameaçassem povos em estado de insolvência, nem de colocar novamente em movimento suas economias nacionais tão rápido quanto possível. Pelo contrário, a meta principal era dar fim à perturbação nos mercados financeiros e assegurar que não houvesse nenhum deságio no serviço dos créditos estrangeiros. Em momento algum os especialistas do FMI sequer cogitaram exigir dinheiro também de todos aqueles bancos que arcaram ao menos com a metade da responsabilidade pelo desastre, ao conceder seus créditos irrefletidamente.

É bem possível que os tecnocratas do órgão monetário mundial até mesmo acreditassem em suas receitas. Quando, por exemplo, o chefe do FMI Michel Camdessus, no dia 21 de agosto de 1997, em Washington, dirigiu-se à imprensa para comunicar os detalhes do programa da Tailândia, ele estava esfuziante de franco otimismo. Afirmou que "o pior" da crise teria sido superado, elogiando "o programa econômico corajoso" do governo de Bangcoc.

36. *International Herald Tribune*, de 4 de fevereiro de 1998.

Para ele, o crescimento econômico de fato cairia em 2,5% ao ano, mas já no ano seguinte subiria em mais 3%. De resto, todas as precauções foram tomadas, não havia por que acreditar "que outras crises financeiras vão irromper na região".[37]

O erro não poderia ter sido maior. Ao invés da esperada aquietação dos câmbios, ocorreu o contrário. Com a apresentação do programa do FMI, o valor da moeda tailandesa começou a cair ainda mais, e em novembro já era preciso pagar quase o dobro de baht por dólar do que antes da intervenção do Fundo. Camdessus e seu diretor para a Ásia deram-se por desacatados. Obstinados, mandaram seu departamento de imprensa divulgar que estavam "decepcionados" com as reações dos mercados financeiros ao pacote de ajuda internacional, e que outra queda do câmbio "não se justificaria de modo algum".[38]

Porém, em oposição aos teóricos de Washington, os empresários, *manager* e investidores de fundos calcularam o que a receita dos salvadores provocaria: uma cadeia de colapsos financeiros, falências de firmas e, com isso, uma profunda recessão. Os juros altos, supostamente atraentes, não induziram ninguém ao erro; em vez disso, aplicava-se ainda o "salve-se quem puder". Instantaneamente, todos os agentes, não importa se do país ou do exterior, viram suas incumbências sob uma outra luz. Sempre que possível, eles vendiam ações e títulos da dívida e cancelavam os créditos. "O FMI e o governo dos Estados Unidos pensaram que o princípio ortodoxo acalmaria os mercados e criaria confiança", criticou Jeffrey Sachs, o proeminente economista de Harvard. "Mas isso não aconteceu, pelo contrário, eles despertaram um magnífico pânico financeiro."[39]

37. *Handelsblatt*, de 22 de agosto de 1997.
38. *Reuters*, de 24 de agosto de 1997.
39. *Wall Street Journal Europe*, de 25 de setembro de 1998.

Em parte alguma os salvadores do FMI erraram mais a mão do que na Indonésia. Quando Neiss e seu *team* aterrissaram em Jacarta, se puseram seriamente a espremer do regime do ditador Suharto e de seu clã, no governo fazia três décadas, uma reconfiguração radical do sistema econômico anterior. Em mais de cinqüenta parágrafos contratuais, listaram um programa detalhado, que na maior parte não tinha nada a ver com a crise monetária aguda, mas que dizimava tudo o que na Indonésia incomodava, havia muito tempo, os comitentes do FMI. Não só o país deveria desistir de construir uma indústria aérea e automobilística própria, como também a exportação de madeira, o recurso mais importante do país, oriundo das florestas tropicais, deveria ser aberta para empresas estrangeiras.

Como era de esperar, Suharto e seus negociadores acataram as exigências apenas aparentemente, para em seguida recusar a implementação com todas as forças. Antes do depósito da primeira fatia do crédito prometido, eles tiveram, no entanto, de dar o primeiro passo. Por ordem do FMI, dezesseis dos bancos mais fracos fecharam suas caixas da noite para o dia. A conseqüência foi a eclosão do pânico na população urbana de Jacarta. Sem explicação, as filiais de algumas casas bancárias populares mantiveram fechadas as suas portas. De maneira significativa, seus reclames de néon ofuscante, que até então iluminavam as ruas principais, permaneceram apagados. Dali em diante, muitos indonésios deixaram de confiar em bancos. Imediatamente se formaram filas diante das caixas ainda abertas das mais de cem instituições de crédito restantes; milhões de pessoas exigiam de volta suas poupanças. "Em vez de estabelecer a confiança, os fechamentos causaram uma nova onda de evasão", admitiu mais tarde a equipe de Neiss, em um relatório interno; o sistema bancário perdeu, desnecessariamente, pelo menos 2 bilhões de dólares — uma estimativa aniquiladora, ante a qual o chefe do FMI, Camdessus, buscou se amparar na afirmação de que ele não tinha "nenhum conhecimento disso".[40] Dependente dos dólares do FMI com mais premência ainda, Suharto teve de fazer concessões outra vez. E agora os revolucionários de Washington exortaram o regime até mesmo a abandonar a subvenção dos preços da gasolina e dos alimentos, praticada fazia muito tempo, embora o abastecimento da população dependesse substantivamente dela. Os saltos arbitrários dos preços que se seguiram a isso provocaram tumultos em todo o país e, finalmente, a revolução em Jacarta. Por fim, sete meses após o começo de sua ação salvadora, aos especialistas do FMI não restou mais nada além de fugir para buscar a própria salvação. Passando por barricadas ardendo em fogo e caminhões militares capotados, eles alcançaram a duras penas, na alvorada de 14 de maio de 1998, um aeroporto militar, de onde um *charter* especialmente preparado os levou embora do país.[41]

"UTILIZANDO O FMI COMO TRITURADOR"

A destrutiva ampliação da crise financeira até se converter em recessão de modo algum era, contudo, tributária de uma concepção equivocada. Por trás disso se encontrava a intenção declarada do governo norte-americano de impingir às nações atingidas uma outra política de comércio e de investimento. Disso os estrategis-

---

40. *New York Times*, de 14 de janeiro de 1998. *International Herald Tribune*, de 15 de janeiro de 1998.
41. *Business Week*, de 1ª de junho de 1998.

tas econômicos de Washington não faziam nenhum segredo. "As dificuldades das economias dos tigres abriram uma possibilidade de ouro para o Ocidente fazer valer seus interesses econômicos", explica, por exemplo, Mickey Cantor, o então secretário de Comércio dos Estados Unidos. "Se os países buscam a ajuda do FMI, então a Europa e a América deveriam utilizar o FMI como um triturador para extrair vantagens."[42]

Os coreanos, em especial, sentiram os efeitos duros dessa estratégia. Ali os amistosos ofertantes de *"money lines"* se transformaram repentinamente, a partir de novembro, em brutais cobradores de dívida, recusando a prorrogação de grande parte dos créditos de curto prazo, que haviam crescido até 100 bilhões de dólares. Com isso, aconteceu com a Coréia o que ocorre com um banco quando todos os clientes exigem seus depósitos, em dinheiro vivo, num mesmo mês. Era iminente a bancarrota por falta de liquidez. Na realidade, o problema teria sido fácil de resolver. O FMI poderia ter sancionado uma moratória passageira e convocado uma rodada de negociação com os bancos ocidentais envolvidos, para estender os contratos de crédito.

Em vez disso, chegando ao país para atender o pedido de socorro do governo, a tropa do FMI, sob o comando de Hubert Neiss, exigiu um programa máximo. Além das medidas clássicas, como política de juros altos, aumentos de impostos, reduções dos gastos e fechamentos de bancos, os negociadores de Washington insistiram na eliminação de todas as restrições restantes às importações, na compra livre de empresas e terras por parte de estrangeiros e, por último mas não menos importante, na supressão da antiga proteção trabalhista contra demissões — o catálogo inteiro de exigên-

---

42. Citado segundo "Fund managers in a surrey state". In: *The Times*, de 5 de dezembro de 1997, Londres.

cias que a Câmara de Comércio norte-americana em Seul havia enviado a Washington[43] aparecia, então, como receita para o pretenso saneamento da economia nacional coreana.

No mais tardar a partir desse momento, a intervenção do FMI, intitulada de ajuda à crise, transformou-se em uma campanha agressiva. A tarefa do Fundo é, de acordo com o tratado de fundação da organização, "oferecer aos países-membros possibilidades de corrigir desequilíbrios em sua balança de pagamentos, sem tomar medidas que destruam a prosperidade nacional ou internacional".[44] Na Tailândia e na Indonésia, porém, comprovou-se que as condições radicais de crédito provocavam o contrário. O fato de a mesma concepção ser executada na Coréia do Sul agora, apesar dos resultados ruins em outros lugares, prova que os generais das finanças de Washington não se importam com o bem-estar da população envolvida.

Eles haviam dado início a uma guerra monetária não declarada, e Camdessus, o chefe do FMI, representava, de pronta vontade, o oficial do *front*. "Se o senhor não aceitar todos os pontos que eu tenho aqui na minha lista, não haverá *stand-by credit*", declarou ele ao então ministro das Finanças coreano.[45] E o presidente norte-americano Bill Clinton telefonou pessoalmente para seu colega de cargo em Seul, deixando claro que os mercados financeiros iriam "punir severamente a Coréia", se as negociações continuassem a demorar. Já na semana seguinte o país se tornaria insolvente, afir-

---

43. Nichola Bullard, Walden Bello, Kamal Malhotra, "Taming the tigers". Studie des Instituts Focus on The Global South. Bangcoc, março de 1998.
44. O vice-presidente do FMI, Stanley Fischer, chamou a atenção expressamente para esse tratado em um discurso sobre a crise asiática. "The Asian crisis – a view from the IMF", Address at the Midwinter Conference of the Bankers Association for Foreign Trade. Washington, 22 de janeiro de 1998.
45. *Wall Street Journal*, de 3 de março de 1998.

mou ele, e portanto o contrato do FMI deveria ser fechado até segunda-feira.[46] O presidente Kim Young Sam passou adiante a ordem de Clinton, e na noite de segunda o contrato estava assinado. Pela garantia de pôr à disposição, em caso de necessidade, até 51 bilhões de dólares oriundos dos cofres do Fundo, do Banco Mundial e de vários países industriais, a Coréia do Sul se comprometia em implementar todas as medidas exigidas.

"Agora a Coréia foi tomada por nossa Secretaria do Tesouro e é controlada por ela, esse é o lado positivo da crise", regozijou-se Rüdiger Dornbusch, economista do Massachusetts Institute of Technology (MIT) e um dos linha-dura entre os conselheiros do então secretário do Tesouro dos Estados Unidos, Robert Rubin.[47] Só depois chegou a Seul uma primeira fatia do crédito. Com 5,6 bilhões de dólares, ela era, no entanto, tão pequena que foi consumida em poucos dias. De novo, o pacote do FMI atiçou o pânico, em vez de abafá-lo. O economista de Harvard, Martin Feldstein, antes disso presidente do conselho econômico de Bill Clinton e hoje um dos mais contundentes críticos do FMI, desvendou a mecânica da estratégia insana do Fundo. A tarefa era "dar aos coreanos um crédito-ponte temporário" e "convencer os credores de que a falta de divisas significava uma carência provisória, não uma insolvência duradoura. Ao destacar as debilidades estruturais, a retórica do Fundo, no entanto, transmitiu justamente a impressão contrária", diagnosticou Feldstein, atestando que o FMI cometeu um "abuso de poder". Os credores "concluíram conseqüentemente que a Coréia não poderia pagar as suas dívidas, até que a reorganização radical da economia fosse efetuada".[48] Não admira,

---

46. *Financial Times*, de 15 de janeiro de 1998.
47. Em uma entrevista para a emissora de televisão CNBC, em 8 de janeiro de 1998.
48. Martin Feldstein, "Refocussing the IMF". In: *Foreign Affairs*, março/abril de 1998.

portanto, que os bancos estrangeiros retirassem então, dia a dia, cerca de 1 bilhão de dólares da Coréia. Em 18 de dezembro, o Banco Central de Seul sinalizou que, nesse ritmo, lhe restariam exatamente dez dias até chegar à falência.

Isso Washington não planejou. Nada o mundo financeiro receava mais do que uma moratória oficial de um país do peso econômico da Coréia. Então o secretário do Tesouro norte-americano ordenou justamente a estratégia que ele seis semanas antes havia repelido de maneira tão rigorosa. O Federal Reserve deveria, em associação com o Banco do Japão e o Bundesbank, disponibilizar para a Coréia 10 bilhões de dólares de liquidez e, ao mesmo tempo, forçar os *global players* do mundo do dinheiro a negociar as conversões das dívidas.[49]

OS CREDORES FAZEM CAIXA

Nos dias seguintes, a discreta comunidade dos dirigentes dos bancos centrais dos Estados Unidos, da Alemanha, do Japão e da Grã-Bretanha demonstrou que ela tem, sim, o poder de intervir de maneira construtiva na engrenagem dos mercados financeiros, quando assim o deseja. Os guardiões oficiais da estabilidade agiram então como deveriam ter feito muito tempo antes. Mostraram o cartão vermelho aos credores responsáveis da Coréia. William McDonough, chefe do Federal Reserve de Nova York e primeiro solucionador de problemas sob o comando de Greenspan, solicitou aos seis maiores bancos de negócios norte-americanos um encontro, ainda na mesma tarde, com seus representantes dos mais altos escalões. No edifício do FED na Liberty Street, que se assemelha a uma torre de

---

49. *Financial Times*, de 15 de janeiro de 1998.

combate, os banqueiros convocados tiveram de ouvir o que de modo algum queriam saber: a Coréia do Sul estava prestes a entrar em insolvência, declarou McDonough. Com isso, era iminente uma falência de bancos no Japão, por causa dos altos empréstimos feitos ao parceiro coreano, o que poderia abalar o sistema das finanças mundiais. Assim, todos os envolvidos deveriam prorrogar imediatamente suas linhas de crédito para os parceiros de negócios da Coréia por pelo menos três meses, a fim de inflar ar em uma conversão das dívidas. O mesmo aconteceu no dia de Natal no Bank of England e quatro dias mais tarde no Japão. Na Alemanha, o Ministério das Finanças e o Bundesbank comunicaram a ordem a seus clientes, por telefone, ainda em 23 de dezembro, marcando uma reunião de alto escalão para o dia 29 de dezembro — em consideração ao feriado —, no quartel-general do Deutsche Bank em Frankfurt. Ali, relata um dos convidados, "foi-nos dito, com considerável clareza, que se o escoadouro da Coréia continuasse assim, aconteceria algo que ninguém desejava".[50]

Dentro de poucos dias, o pânico em Seul começou a diminuir. Já na primeira semana de janeiro, o Banco Central da Coréia voltou a registrar um afluxo líquido de investimentos em dólar provenientes das receitas com exportação, que a fuga de crédito dos bancos estrangeiros havia paralisado, e nas bolsas — agora plenamente liberalizadas — os primeiros fundos de investimento dos Estados Unidos foram à caça de barganhas. O verdadeiro problema fora, no entanto, somente adiado, mas não resolvido. Já no final de março venceram novamente 24 bilhões de dólares, nos meses restantes do ano, três vezes essa soma.

Mais uma vez, os bancos credores fizeram disso um bom negócio. O zênite foi em 28 de janeiro de 1998. No segundo andar

---

50. *Euromoney*, março de 1998.

do quartel-general do Citibank, na nobre Park Avenue de Manhattan, a delegação coreana, constituída de banqueiros e representantes do novo governo, negociaram com representantes de treze bancos. A República da Coréia deveria anunciar, sem cerimônias, uma garantia estatal para todos os créditos prorrogados. E naturalmente eles exigiram uma considerável subida dos juros.

O clima estava tenso, lembra-se Yung Chul Park, que, como presidente do Instituto de Finanças da Coréia, fazia parte da delegação de Seul. "Naturalmente nós reclamamos das exigências sobre os juros", relata ele. "Argumentamos de maneira dura, apontamos para a co-responsabilidade dos bancos estrangeiros; afinal, eles não haviam feito seus deveres de casa." Mas o outro lado continuou impassível. "Disseram-nos: coma ou morra", conta Park. "E o que nos sobrou? Precisávamos do dinheiro deles e tínhamos de ser simpáticos, não havia jeito de colocá-los sob pressão. Só nos restava sentar e anuir com a cabeça."[51] Desse modo, os credores por fim receberam tudo o que queriam. Primeiramente, os coreanos cederam quanto às garantias do Estado, os cofres públicos se responsabilizavam por todos os créditos, sem restrições. Embora assim não houvesse mais nenhum risco de quebra, os bancos estrangeiros montaram em cima. Um terço dos compromissos foi estendido por três anos. Por isso a Coréia do Sul tem de pagar desde então 2,75% a mais de juros do que a taxa de referência Libor (London Interbank Offer Rate), a taxa usual no mercado entre os grandes bancos. Os créditos restantes foram prorrogados por um e dois anos, a taxas levemente menores. Assim, só os bancos alemães extraíram do seu envolvimento com a Coréia, na primeira rodada de conversão das dívidas de bem mais de 100 bilhões de marcos, mais rendimentos de juros do

---

51. Conversa em Seul, em 6 de junho de 1998.

que teriam obtido sem a crise, com o mesmo dispêndio de capital. "Eu chorei quando soube dos resultados das negociações de Nova York", lamenta Kang Su Dol, chefe de partido e um dos aliados mais próximos do presidente coreano. "Eles também eram culpados, mas não precisaram pagar um centavo."[52]

E nisso os bancos não estavam sozinhos. O que era justo para os credores privados parecia barato para os salvadores do FMI. Diferentemente do que é sugerido para a esfera pública, os créditos do Fundo Monetário eram tudo, menos generosos. Em vez de conceder empréstimos baratos, abaixo das taxas do mercado — como se supõe comumente —, o Fundo e, em sua companhia, o Banco Mundial embolsaram de seus clientes 3% mais do que a taxa Libor. Enquanto nos países industriais, e sobretudo nos Estados Unidos, se discutia se o FMI não estaria gastando desnecessariamente na Ásia dinheiro oriundo de impostos, os negociadores do Fundo faziam na verdade um bom negócio em nome de seus comitentes. "Esses créditos não são verbas de auxílio, mas um bom investimento dos bancos centrais ocidentais", deixou claro Park. Após o decurso dos "créditos de auxílio", terá refluído para os cofres do Fundo muito mais do que foi disponibilizado. Para legitimar essa prática, Camdessus e a tropa de Neiss recorreram a uma justificativa aventureira. Os juros punitivos, conforme a represensão feita aos coreanos, seriam necessários para repelir no futuro o risco do *moral hazard*. Isso significava que a Coréia e outros países não deveriam ser tentados a proceder economicamente sem solidez mais uma vez, na expectativa de ter auxílio do FMI — uma argumentação cínica, se se considera que os bancos credores, sob a égide do FMI, se mantiveram livres de qualquer sanção, dadas as garantias do Estado e os aumentos dos juros.

52. Conversa em Seul, em 7 de junho de 1998.

"Não nos foi dado nenhum pacote de salvação, como o FMI chama isso", explica Park. "Nós tivemos de subscrever um programa de expropriação."

Conglomerados à caça de barganhas

Toda a dimensão dessa verdade amarga tornou-se clara nos meses seguintes. Pois, sob o ditame do contrato com o FMI, os juros de desconto que os bancos pagam ao Banco Central pelo empréstimo de dinheiro novo foram elevados de 5 a 25%. Com isso, os juros explodiram no mercado de capitais inteiro, dívidas novas e velhas tornaram-se caras e impagáveis. Isso, por sua vez, incitou uma reação em cadeia fatal, visto que então cada vez mais empresas ficavam devendo pagamentos de juros a seus bancos. O número de créditos podres cresceu de forma explosiva. Até fevereiro de 1998, já não ocorria mais o serviço de um quinto de todos os empréstimos. Por isso os bancos foram obrigados a conceder menos ou a não conceder mais nenhum empréstimo novo. O *credit crunch* total, a escassez de créditos, converteu-se no flagelo da economia coreana. Visto que nenhum crédito mais estava disponível, as empresas paralisaram seus investimentos.

Ao mesmo tempo, o governo estava na maior parte condenado à inação. Nos primeiros seis meses do ano de 1998, os executivos do FMI proibiram, apesar das receitas fiscais em baixa, a ampliação do empréstimo público, com cuja ajuda o Estado poderia ter tentado avivar novamente os bancos e conservar em vida pelo menos a indústria de construção civil com investimentos próprios.

A monstruosidade desse programa de *crash* — forçado de fora — evidencia-se pela comparação com as estratégias de economia política que as nações industriais do Ocidente comumente perseguem nos períodos de debilidade econômica. Quando os Estados Unidos, por exemplo, enfrentaram uma recessão no ano de 1989, Alan Greenspan e seus colegas abaixaram radicalmente o nível dos juros, e os juros reais do mercado monetário, ou seja, descontadas as taxas da inflação, ficaram por algum tempo até mesmo abaixo de 1%. Os bancos da América puderam financiar qualquer negócio que projetasse algum rendimento. Ao mesmo tempo, a administração do então presidente George Bush fez o déficit orçamentário subir rapidamente, atingindo um valor de até 5% do Produto Interno Bruto, a fim de compensar a queda da demanda na economia privada. As duas coisas juntas providenciaram para que o motor da economia voltasse a entrar em rotação rapidamente. Doze anos mais tarde, após a quebra das bolsas e a recessão depois de 11 de setembro, o filho de Bush, George W., apostou exatamente nas mesmas medidas.

Justamente essa receita keynesiana padrão foi, no entanto, recusada aos Estados em crise. Por isso a crise se intensificou continuamente e, como um veneno que age devagar, foi devorando toda a economia. Em vez de crescer 1%, como foi prometido pelos tecnocratas do Fundo, o desempenho econômico diminuiu na Coréia, no ano de 1998, em 8%.

Presa a uma montanha de dívidas e dentro da camisa-de-força produzida pelo acordo com o FMI, restava à Coréia do Sul, bem como às demais nações do continente em crise, somente uma saída para pagar as dívidas: uma parte considerável dos fundos nacionais de capital precisava ser vendida a empresas e investidores estrangeiros, a fim de manter em marcha o afluxo de dólares e ienes, com os quais se faria o serviço das dívidas externas. De Bangcoc a Seul, não sobrou aos governos e aos conglomerados familiais nativos nada senão estender o tapete vermelho para os investidores do exterior, fazendo-lhes todas as promessas imagináveis, de facilidades fiscais aos preços mais vis.

Numerosos estrategistas de conglomerados aproveitam a situação para realizar uma caça de barganhas excepcional. "Tais possibilidades de investimento, seja na produção, no comércio ou em carteiras de investimento, só acontecem uma vez na vida", considera o ex-senador norte-americano e atual presidente do Banco SC&M de Chicago, Adlai Stevenson. "A idoneidade creditícia em queda e as baixas cotações nas bolsas impedem o empréstimo de capital, as empresas da Ásia são forçadas a empregar todas as alternativas", declarou o banco suíço Credit Suisse. "Elas precisam arrumar dinheiro vendendo firmas subsidiárias ou grandes cotas das firmas."[53] "Agora é a oportunidade ideal para pagar parceiros de *joint venture*", aconselhou também Martin Post, ex-diretor da Volkswagen e especialista em Ásia do conglomerado de consultoria Arthur D. Little.

A Basf e a Bosch traduziram isso na prática imediatamente e contam agora com as maiores empresas químicas e de autopeças da Coréia do Sul. Só as empresas alemãs investiram, com mais de 2 bilhões de dólares em 1998, quase o dobro do que em 35 anos antes.[54] Até maio de 1998, nove das trinta principais empresas da Coréia do Sul cotadas nas bolsas já se encontravam em sua maior parte em mãos estrangeiras.[55] No todo, apenas em um único ano, cotas de firmas no valor de 8 bilhões de dólares passaram para empresas estrangeiras. A Procter & Gamble assegurou para si o negócio de papéis do combalido conglomerado Ssangyong, a Volvo

---

53. *Financial Times*, de 26 de março de 1998.
54. Katrin Terpitz, "Deutsche Firmen kaufen sich in Korea ein". In: *Handelsblatt*, de 18 de março de 1999.
55. *Handelsblatt*, de 19 de maio de 1998.

comprou o setor de construção metálica da Samsung, a Coca-cola obteve as maiores produtoras de bebidas da Coréia do Sul, e a British Telecom assumiu a cota de controle do principal provedor de telefonia celular, o setor de telecomunicação do conglomerado Lucky Goldstar (LG).

Algo semelhante se desenrolou nos outros países em crise. Em suma, segundo o cálculo do economista norte-americano e professor da Brown University Robert Wade, a estratégia de usar o triturador, ordenada por Washington, resultou na "mais volumosa transferência de posses de proprietários nacionais para estrangeiros jamais realizada em tempos de paz nos últimos cinqüenta anos".[56]

Desse modo, a crise da Ásia terminou com a submissão dos países, antes ascendentes e independentes, ao ditame da política econômica controlada pelos Estados Unidos, a serviço da indústria financeira e dos conglomerados transnacionais dos países da tríade. Com isso os Estados afetados não foram apenas retardados em anos. Só na Indonésia, segundo os cálculos do Banco Mundial, 20 milhões de pessoas recaíram na pobreza. Contabilizados os efeitos seguintes da crise na Rússia e no Brasil, o desempenho econômico dos Estados em crise perdeu um valor de 600 bilhões de dólares, além da fuga de capital no montante de mais 300 bilhões de dólares.[57] "Três décadas de desenvolvimento foram apagadas", lamenta o ministro da Indústria do governo indonésio eleito após a queda de Suharto. Ao mesmo tempo, os tigres asiáticos se viram impedidos de retornar algum dia à linha de desenvolvimento original, com altas taxas de crescimento e pleno emprego, e de se reportar a seus êxitos anteriores — com uma exceção: a Malásia.

56. "The Asian debt and development crisis 1997-9?: Causes and consequences". In: *World development*, agosto de 1998.
57. Assim declarou Wolfensohn, o presidente do Banco Mundial, em Washington em 1ª de outubro de 1998. *Tagesspiegel*, de 2 de outubro de 1998.

O seu chefe de governo, o autocrata Mahatir, declarou logo após a eclosão da crise que seu país jamais iria executar um programa do FMI. Certamente também a Malásia sofreu com o escoamento de capital e com os ataques especulativos à sua moeda. Mas Mahatir declarou que os especuladores eram "criminosos econômicos" e impôs, da noite para o dia, controles sobre a circulação de capital. O Banco Central não aceitou mais trocar todos os ativos em ringgit (a moeda do país) que fossem administrados no exterior. Assim a especulação para desvalorizar a moeda se tornou impossível. Se os estrangeiros quisessem retirar seus depósitos bancários da Malásia, seria cobrado um imposto, e tanto mais alto quanto menor era o tempo de investimento. Foram excetuados os patrimônios e os lucros das empresas estrangeiras que produziam no país. Ao mesmo tempo, o governo deu início a um programa bilionário de investimentos para compensar o retrocesso da demanda e a queda dos investimentos privados.

Imediatamente se ergueu nos Estados Unidos e na Europa um coro polifônico de economistas crentes no mercado, que profetizaram para o país um rápido declínio. O vice-chefe do FMI, Stanley Fisher, afirmou de imediato que tais controles eram "ineficientes" e que "assustariam os investidores estrangeiros".[58]

Mas ocorreu o contrário. A Malásia foi poupada, desse modo, da recessão e do desemprego em massa, a infra-estrutura e o sistema educacional até mesmo se expandiram. Assim o país continuou a ser um local interessante para os conglomerados estrangeiros, principalmente da indústria de computação e de telefonia. Por esse motivo, mesmo sem a liquidação maciça de empresas nacionais, a Malásia registrou, já três meses depois do emprego desses controles, investimentos estrangeiros de mais de 1 bilhão de dólares por

---

58. Citado segundo o periódico *Economist*, de 3 de outubro de 1998.

semestre. As taxas de crescimento voltaram a subir bem mais cedo do que nos outros países em crise, e os moradores de Kuala Lumpur replicaram às perguntas dos repórteres sobre as conseqüências da crise monetária somente com "Crise? Que crise?".[59]

DEMOCRATIZEM O FMI!

Diante desse cenário, soa absurdo etiquetar os críticos do imperialismo econômico brutal sustentado pelo FMI como "inimigos da globalização", como gostam de fazer os defensores do sistema atual e seus inúmeros capachos jornalistas, a fim de desacreditar os reformadores, chamando-os de nacionalistas atrasados.

Com efeito, é exatamente o inverso. Nada impede mais a globalização da economia do que a política de visão curta voltada para a imposição da livre circulação de capital, como defendem os norte-americanos e os europeus faz vinte anos. Justamente aqueles que a toda hora insistem nas grandes possibilidades da globalização, dos diretores do FMI e do Banco Mundial até os socialdemocratas dos governos da Europa, passando pelo presidente e pelo secretário do Tesouro dos Estados Unidos, são os que sabotam, na verdade, uma globalização bem-sucedida, já que sua política desestabiliza um país atrás do outro.

Nada documenta melhor essa circunstância do que a relativa estabilidade econômica das duas grandes nações asiáticas: a China e a Índia. Justamente porque elas puderam até hoje recusar, com base em seu *status* de grande potência, a abertura de seus mercados de capital, obtiveram êxitos surpreendentes na economia globalizada.

59. *International Herald Tribune*, de 5 de fevereiro de 1999.

No entanto, após a crise da Ásia e as catástrofes seguintes na Rússia e no Brasil, as queixas não foram pequenas. O presidente norte-americano Bill Clinton falou "da pior crise financeira desde o final da Segunda Guerra Mundial". O chanceler alemão Gerhard Schröder se indignou, como outrora Keynes, com o fato de "os fluxos especulativos de capital empurrarem à beira da ruína economias nacionais inteiras".[60] E, em uníssono, a elite política dos países prósperos prometeu uma "reforma radical da arquitetura das finanças mundiais". Também o atual chefe do FMI, o alemão Horst Köhler, reclamou uma melhoria. "A globalização para todos" deve ser, no futuro, o *leitmotiv* do trabalho do Fundo, prometeu ele na reunião do FMI na cidade de Praga, em setembro de 2000.

Entretanto, fora algumas medidas cosméticas, até hoje nada aconteceu. Pelo contrário, no caso da Argentina, o FMI agiu como tem agido. Já desde 1998 era previsível que o país iria entrar em colapso a qualquer momento com a carga das dívidas externas, com seu absurdo regime monetário e com a fuga de capital. Mas o pretensamente novo FMI não solicitou de modo algum ao governo argentino que parasse o escoamento de divisas por meio de controles, que forçasse os credores a negociar a conversão das dívidas e detivesse o declínio da economia interna por meio de investimentos nacionais. Ao contrário, os tecnocratas de Köhler orquestraram, no verão de 2000, novamente um crédito de 27 bilhões de dólares, com o qual não mais do que as dívidas junto a credores privados foram transformadas em investimentos perante o FMI.

Ao mesmo tempo, os funcionários do Fundo ordenaram uma vez mais reduções drásticas dos orçamentos públicos, assim como a diminuição dos salários mínimos e as pensões. Os supostos sal-

---

60. Citado segundo Harald Schumann, "Revolution des Kapitals". In: *Der Spiegel*, 25/1999.

vadores agiram "como médicos medievais, que insistiam em sangrar o paciente e repetiam o procedimento se o sangramento tornasse os pacientes mais doentes", zomba o renomado economista norte-americano Paul Krugman.[61] E só em dezembro de 2001, quando na Argentina não havia definitivamente mais nada nos bolsos, a economista-chefe do FMI recomendou a introdução de um procedimento regular de insolvência para Estados em bancarrota. Certamente, aplicado à Argentina, isso faria os credores privados se envolverem pela primeira vez seriamente com o risco de seus papéis, até ali tão rentáveis com mais de 20% de juros. Mas, em vista do ocaso argentino, essa proposta de reforma, atrasada em anos, parece tão-somente cínica.

Essa recusa prolongada demonstra sobretudo uma coisa: as relações de poder no interior das instituições financeiras carecem de uma transformação radical. Nas diretorias executivas do FMI e do Banco Mundial, o governo norte-americano dispõe de 17,8% das cotas e com isso, pelo estatuto, possui direito de veto, já que todas as mudanças estruturais no Fundo precisam de uma maioria de 85% dos votos. Juntos, os Estados do G-7 chegam a dispor de mais de 44% das cotas do Fundo. Esta é a base jurídica decisiva para o abuso de poder desse instrumento a expensas dos países endividados.

Mas quem trata de uma abolição total das duas instituições não está em uma posição melhor do que os autores intelectuais dos crimes, sentados em seus escritórios na 19th Street de Washington. Pois, para as tarefas básicas, administrar crises na balança de pagamentos e financiar o desenvolvimento, o FMI e o Banco Mundial são indispensáveis. A integração global não pode ter êxito sem ins-

---

61. Paul Krugman, "Crying with Argentina". In: *New York Times*, de 1ª de janeiro de 2002.

tituições políticas globais, nas quais as regras coletivas são definidas. Contudo, é indispensável uma redistribuição das cotas e dos pesos dos votos nessas instituições a favor dos países emergentes e em desenvolvimento, mais precisamente em uma forma que não dê a nenhum dos dois lados a possibilidade de ditar sozinho as condições segundo as quais se regulam os mercados financeiros e se corrigem os desequilíbrios.[62] Se ocorresse a redistribuição de poder no diretório do FMI, exigida por muitos especialistas da ATTAC e de outros grupos, quase automaticamente a agenda de reformas inteira dos críticos estaria sobre a mesa. O FMI poderia ser reconduzido à sua função originária, isto é, evitar e afastar crises financeiras. A imposição de controles sobre a circulação de capital em caso de crise não seria mais um tabu, tampouco a participação obrigatória dos investidores privados em casos de saneamento. Mas, sobretudo, o desendividamento a longo prazo dos países em desenvolvimento se tornaria a meta prioritária da política de desenvolvimento internacional.

Em vista das reais relações de poder no mundo, essa exigência pode parecer ingênua. Mais ingênua ainda, no entanto, é a idéia de que tudo poderia continuar como está até hoje. Pois "os desequilíbrios extremos na distribuição dos ganhos de bem-estar se convertem mais e mais em uma ameaça à estabilidade política e social", alerta o próprio Köhler, o diretor do FMI.[63] E não só ele. Há muito os críticos da globalização apelam para uma série inteira de proeminentes testemunhas-chave, na defesa de sua reivindica-

---

62. Concepções análogas encontram-se há muito tempo. Cf. por exemplo Jörg Huffschmid, "Demokratisierung, Stabilisierung und Entwicklung. Ein Reformszenario für IWF und Weltbank". In: *Blätter für deutsche und internationale Politik*, 11/2000.
63. Citado segundo Rolf Obertreis, "Klare Worte und deutliche Visionen an der Spitze des IWF". In: *Tagesspiegel*, de 26 de setembro de 2000.

ção de domesticar os mercados financeiros e o FMI. Na ponta dessa lista se encontra o cientista em economia, laureado com o prêmio Nobel no ano de 2001, Joseph Stiglitz, que até 1999 trabalhou como economista-chefe no Banco Mundial. Lá ele lutou em vão, ao longo de dois anos dentro do aparelho, contra a destrutiva política financeira empregada no Sudeste asiático, na Rússia e na América Latina. Mas "alterar a mentalidade do FMI foi praticamente impossível", relatou ele mais tarde. Aos economistas e funcionários, "a quem foi confiada a tarefa de levar os princípios do mercado a todos os cantos do globo, coube um pletora colossal de poder", reclamou Stiglitz. Ao mesmo tempo, porém, eles "se isolavam da crítica e do aconselhamento externos". Por isso as manifestações dos críticos durante os congressos do FMI são justificadas. Pois, continua Stiglitz, "a cultura da política econômica internacional não é democrática".[64] Quando o *"insider"* tornou finalmente pública sua crítica com palavras cautelosas, ele teve de abandonar seu posto a mando do então secretário do Tesouro norte-americano, Lawrence Summers. Mas inclusive banqueiros europeus proeminentes não consideram mais sustentável o regime do FMI adotado até aqui. O primeiro que agora manifesta isso publicamente é Thomas Fischer, membro de muitos anos da executiva do Deutsche Bank. Na era da globalização, disse Fischer na entrevista com os autores, "o Fundo não pode ser instrumento de um governo em particular. Todos os Estados soberanos que participam do FMI deveriam ser verdadeiramente representados também".[65]

O caminho até lá pode ser longo, mas impossível o projeto não é. Desde muito tempo, e mais ainda na seqüência da nova situação política mundial após os atentados terroristas de 11 de setembro,

---

64. Joseph Stiglitz, "The Insider". In: *The New Republic*, de 17 de abril de 2000.
65. Vide entrevista, p. 251.

socialdemocratas como Lionel Jospin e Gerhard Schröder exigem que a globalização "leve a um padrão de vida mais alto para todos, e não a uma espiral destruidora para baixo" e que haja uma "regulação eficiente dos mercados financeiros".[66] Mas eles não empreenderam nada para levar à ação os seus ministros das Finanças Hans Eichel e Laurent Fabius, embora sejam funcionários seus os que votam em Washington. Contudo, se se conseguisse o compromisso dos governos da União Européia com esse rumo, muita coisa já seria ganha. Afinal, juntos, também os Estados da União Européia dispõem de uma minoria capaz de veto no Fundo. Se eles fundissem suas cotas, até seriam o maior proprietário do FMI, a quem cabe, segundo o estatuto, também a sede das centrais do Fundo. A então possível transferência da burocracia do FMI para a Europa pesaria seguramente nas negociações com os Estados Unidos.

Uma possibilidade de êxito do novo movimento social reside, por esse motivo, em comprometer o governo alemão e o francês com as suas promessas e reclamar resultados. A participação crescente de parlamentares da rede ATTAC oferece a oportunidade de levar a discussão sobre as decisões nos grêmios do FMI e do Banco Mundial aonde elas são pertinentes: o Parlamento. Assim, a luta pela reforma do FMI poderia, enfim, ter o peso necessário na agenda política mundial.

No entanto, o sistema financeiro hostil ao desenvolvimento ainda assim não seria domesticado. É muito importante a exigência de submeter a um controle democrático as manipulações oficiais dos governos nos mercados de divisas.

---

66. Esse foi o teor de suas declarações para o seminário governamental "Modernes Regieren im 21. Jahrhundert", em junho de 2000, em Berlim.

Poder em vez de mercado — a ordem monetária global

As negociações eram estritamente sigilosas. Quando o vice-ministro japonês das Finanças, Eisuke Sakakibara, viajou para Washington em junho de 1995, quase ninguém soube. Foram apenas anunciadas algumas trocas de informação na Secretaria do Tesouro dos Estados Unidos. Mas na missão do "Mr. Yen", como ele foi batizado mais tarde pelas mídias, tudo estava em jogo. O câmbio do dólar havia caído ao extremo, tudo para o bem-querer da indústria e do governo norte-americano. Com o câmbio de 79 ienes e 1,35 marco por dólar, as exportações da América podiam finalmente reconquistar fatias do mercado mundial. Aos olhos dos economistas monetários, isso correspondia também inteiramente à lógica econômica. A balança comercial da América era negativa, as importações estavam bem acima das exportações, o câmbio providenciaria o equilíbrio. Para os europeus, o dólar barato era um problema, mas, para o Japão, ele era uma ameaça extrema. A economia interna nipônica estava estagnada. Também as exportações encolhiam.

Assim, Sakakibara pintou para seu colega Rubin, que ele já conhecia desde os tempos de universidade, uma imagem sinistra. Se não se conseguisse virar o curso do câmbio, o colapso causado pela enorme queda de créditos ameaçaria muitos bancos japoneses, de qualquer modo já combalidos. Se isso acontecesse, explicou Mr. Yen, o Japão teria então de dissolver seus investimentos bilionários em títulos do Estado norte-americano, a fim de afastar uma quebra dos bancos.

Isso certamente significava uma enorme ameaça para Rubin. Uma liquidação de papéis em dólar desencadeada pelo Japão teria empurrado para baixo as cotações dos títulos norte-americanos.

Com a queda dos valores dos títulos, o juro sobre o capital aplicado sobe automaticamente. Desse modo, o nível dos juros teria subido de modo abrupto em todo o mercado de capitais norte-americano, a conjuntura econômica teria sido estrangulada, e isso pouco antes da eleição presidencial, em relação à qual Rubin precisava mostrar bons dados econômicos em favor de Bill Clinton. Por conseguinte, os dois homens concordaram em parar a descida do dólar.

Em agosto, no meio das férias de verão, com as baixas transações nos mercados de divisas, os bancos centrais do Japão, dos Estados Unidos e também dos países europeus deram início, repentinamente, a uma onda de compras concertadas de dólares numa dimensão bilionária de três dígitos. "Um dólar forte é do interesse dos Estados Unidos", anunciava Rubin em toda parte — e o êxito foi retumbante. Em três meses, o dólar passou a custar novamente mais de cem ienes, e uma onda gigantesca de capital externo fluiu para as bolsas norte-americanas. O Japão e a reeleição de Clinton estavam salvos.

Em compensação, porém, todos os países emergentes da Ásia ficaram sob uma pressão maciça. Não só os conglomerados do Japão voltaram a transferir seus investimentos para a sua pátria e retiraram capital; ao mesmo tempo os cálculos das firmas exportadoras, da Coréia até a Indonésia, ficaram inteiramente confusos. Com as moedas presas ao dólar para a finalidade de se proteger da inflação, computadores da Tailândia, televisores da Malásia ou automóveis coreanos estavam subitamente mais caros do que os produtos da concorrência japonesa, e desse modo se originou o clima que explicou os ataques às moedas da Ásia. Pois o câmbio não se mantinha em pé com os cem ienes. Instigados com o apoio vindo das centrais governamentais, a comunidade dos negociantes de divisas transformou o acordo do iene em uma aposta com ganho garantido. Até o verão de 1997, o iene perdeu 60% de valor. A queda só parou quando os governantes da China, em junho de 1998, protestaram em Washington e, por sua parte, ameaçaram com uma desvalorização do iuan chinês, estável devido ao controle estatal. Só então Rubin pôs em marcha novamente uma manobra de investimento, dessa vez em direção inversa. "A alteração da política cambial nipo-americana tornou-se o desencadeador central da crise inteira seguinte", julgou, já em fevereiro de 1998, Kenneth Courtis, o estrategista para a Ásia do Deutsche Bank de Tóquio[67] — uma avaliação que ninguém menos que o próprio Mr. Yen confirmou mais tarde. "Sim, é verdade", afirmou ele, admitindo abertamente sua co-responsabilidade no desastre. "Nós deveríamos ter coordenado isso com os outros países asiáticos."[68]

O acordo sobre o dólar e o iene e suas conseqüências foram certamente dramáticas, mas o processo não é único. Diferentemente do que afirmam os apologetas da liberdade de mercado financeiro, os câmbios de divisas entre os três grandes blocos monetários de modo algum seguem somente o desenvolvimento econômico distinto dos diversos espaços monetários. Pelo contrário, eles refletem o fato de que o poder controla os câmbios de divisas, não o mercado. Diferentemente do que ocorre nas nações pequenas, os bancos centrais dos três grandes podem muito bem agir com êxito contra câmbios indesejados. Ninguém especula contra a meta cambial do Federal Reserve, e ainda menos quando todos os três bancos centrais fazem as coisas juntos.

Pelo contrário, os grandes jogadores do mercado aproveitam o *power play* dos bancos centrais para um lucro rápido. Quem está próximo do Banco Central pode fazer rapidamente uns 100 bilhões

---

67. Conversa em 29 de maio de 1998.
68. Citado segundo Peter Harcher, Andrew Cornell, "Mr. Yen regrets". In: *Australian Financial Review*, de 25 de junho de 1999.

de euros ou dólares. Assim relataram negociantes de Frankfurt, em 27 de setembro de 2000, a respeito das compras de euros extraordinariamente grandes feitas pelo Citibank por ordem de um *hedge fonds* — apenas algumas horas antes, os próprios bancos centrais intervieram, com importâncias bilionárias de dois dígitos, contra o declínio do euro na época, esclarecendo assim os negociantes sobre os limites mínimos do ainda tolerado câmbio do euro. O processo não teve, porém, nenhuma conseqüência. Diferentemente do que se passa nas bolsas, os negócios dos *insider* no mercado de divisas não são de modo algum ilegais, por absurdo que pareça.[69]

Mas a manipulação e a cooperação cambiais sucedem sempre em segredo e com a exclusão de todas as outras nações interessadas — e são muitas. Se, por exemplo, o euro se desvaloriza em relação ao dólar, então isso prejudica todos os países cujos governos e empresas contraíram créditos em dólar dentro do país por faltar oferta de capital, mas que são dependentes dos rendimentos das exportações em euro. No caso de pequenas variações, isso é fácil de suportar; no caso de saltos violentos de 20% ou mais, como acontecem repetidas vezes, os danos chegam rapidamente aos bilhões. Por isso, reiteradamente as mudanças cambiais entre as três moedas centrais acarretam oscilações bem mais fortes na periferia. A comparação das oscilações monetárias com os fatores básicos econômicos evidencia a grandeza do problema. Imagine-se que, por exemplo, salários ou juros subam por um ano em 40% e depois voltem a cair em 20%. Nenhum governo aceitaria de livre vontade o caos resultante disso.

Desse modo, a incerteza monetária impede em todo o mundo o desenvolvimento econômico. Por um lado, ela força os países economicamente frágeis a manter altas as reservas de dólar, iene e

---

69. *Frankfurter Allgemeine Zeitung*, de 28 de setembro de 2000.

euro, utilizando-as como amortecedor contra as oscilações. Essas reservas eles só podem aplicar em papéis a juros das regiões prósperas, rapidamente vendáveis, em vez de financiar com elas investimentos produtivos na educação e na tecnologia. Somente os Estados do Sudeste asiático, incluindo a Coréia do Sul, elevaram suas reservas monetárias até 2001 em mais de 560 bilhões de dólares, correspondendo a uma parcela de 25% de todo o seu desempenho econômico anual. Eles financiam dessa maneira — por meio de investimentos nos títulos em dólar e em euro — as dívidas públicas dos norte-americanos e dos europeus. Além disso, a renúncia forçada ao investimento no próprio país custa-lhes, todo ano, um crescimento de até 2%.[70] Por outro lado, as oscilações cambiais erráticas forçam todas as empresas internacionalmente operantes a garantir seus negócios comprando opções a prazo, em câmbio fixo, para negócios monetários — uma circunstância que presenteia o ramo financeiro com um negócio fantástico, mas que onera todos os outros setores com altos custos.

Por isso a ATTAC e muitas outras organizações defendem a criação de um regime monetário estatal que limite as oscilações cambiais entre as três grandes moedas ao ajuste necessário com as diversas taxas de inflação e com a balança comercial. Nisso elas têm o apoio de numerosos economistas e especialistas célebres. É nesse sentido, por exemplo, a exigência de Robert Mundell, prêmio Nobel e um dos principais economistas de política monetária: "Nós deveríamos estabilizar os câmbios entre o dólar, o iene e o euro. Sem câmbios estáveis, não pode haver nenhum mercado financeiro estável". A mesma exigência é levantada por Fred Bergsten, presidente do renomado Institute for International Economics, de

---

70. Dean Baker e Karl Walentin, "Money for nothing. The increasing cost of foreign reserve holdings to developing nations". In: *Center for Economic and Policy Research*. Washington, 2001.

Washington, ou pelo antigo grande especulador e hoje crítico do sistema George Soros. E mesmo Paul Volcker, o antecessor de Alan Greenspan na ponta do Federal Reserve, reconhece hoje seus erros anteriores. A prometida reforma da arquitetura financeira internacional sem um regime cambial confiável seria como uma "apresentação de *Hamlet* sem o príncipe".[71]

Escapar à praga da especulação e da manipulação monetária foi também um motivo essencial dos políticos da economia européia para introduzir a moeda comum, o euro. Até 1998, os choques monetários da Europa Ocidental desordenaram repetidas vezes as estruturas econômicas, já que nos tempos de crise sempre o marco se valorizava em relação às outras moedas. Por fim, até os bancos europeus continentais acabaram apoiando fortemente o projeto do euro, visto que eles apreciaram mais ter as vantagens do espaço monetário estável do que perder o negócio monetário no interior da Europa. Mas os mesmos bancos, políticos e tecnocratas dos bancos centrais que se engajam tão veementemente pela estabilidade européia querem recusar essa mesma vantagem inestimável ao resto do mundo. Quando Oskar Lafontaine, o primeiro ministro das Finanças do governo vermelho-verde [coalizão de socialdemocratas e verdes da Alemanha], exigiu em novembro de 1998 a instituição de um sistema de bandas de flutuação, todo o mundo financeiro organizado lançou-se sobre ele e declarou esse projeto como utópico e hostil à economia. As gazetas britânicas de Rupert Murdoch, magnata das mídias austrálio-americano e defensor radical do mercado, declararam Lafontaine até mesmo como "o homem mais perigoso da Europa".

---

71. Citado segundo Heribert Dieter, "Stiftung Wissenschaft und Politik, Ordnungspoliitische Massnahmen zur Regulierung der internationalen Finanzmärkte". Texto para a Fundação Heinrich Böll. Berlim, 2000.

A objeção-padrão contra uma estabilização politicamente forçada dos câmbios afirma que isso tiraria dos bancos centrais a possibilidade de controlar a circulação de dinheiro e a inflação de acordo com as necessidades locais respectivas, visto que, havendo ondas especulativas, eles possivelmente teriam de bombear dinheiro no circuito monetário para a compra de moedas estrangeiras.

Mas o argumento não resiste à prova. Pois, por um lado, os bancos centrais do Japão, dos Estados Unidos e da Europa intervêm de qualquer modo reiteradamente no processo do mercado quando lhes convém, como no caso da desvalorização do euro em setembro de 1999, ou no caso da valorização do iene um ano mais tarde. Por outro lado, se os três grandes bancos centrais puxassem a mesma corda, as reservas monetárias disponíveis para a defesa contra ondas especulativas seriam tão grandes que eles iriam assustar definitivamente outros especuladores.

Um acordo transparente e obrigatório nos termos do direito internacional iria trazer certamente uma outra alteração fundamental. Acabaria a arrogada liberdade dos Três Grandes, em particular do governo norte-americano, de decidir sua política monetária e cambial a seu critério, atrás de portas fechadas e sem consideração pelos prejuízos alheios. Mas é exatamente esse o objetivo dos reformistas que estão sob o signo da "globalização a partir de baixo", como defendem os grupos da ATTAC. A exigência do ministro das Finanças alemão, Lafontaine, foi desconsiderada pela Secretaria do Tesouro norte-americano "justamente porque ela era correta", comentou o prêmio Nobel de economia Robert Mundell, a respeito da rejeição brusca da proposta por parte da Secretaria do Tesouro dos Estados Unidos.[72]

72. *Handelsblatt*, de 28 de junho de 2000.

A recusa agressiva dos governos norte-americanos em relação a qualquer princípio reformista amplo do sistema financeiro se baseia no entrelaçamento íntimo e pessoal da indústria financeira com o aparelho governamental. Regularmente, os bancos de Wall Street estabelecem os secretários do Tesouro e seus principais funcionários bem como o quadro norte-americano no FMI e no Banco Mundial. A alternância de pessoas importantes, como a de Bob Rubin (Goldmann Sachs), entre negócios e política criou um acesso às decisões políticas que antes só os conglomerados da indústria de armamentos possuíam.

Porém, uma estabilização dos mercados financeiros restringiria drasticamente os lucros da indústria financeira. É um "traço essencial do novo sistema financeiro que os participantes tenham um interesse em sua instabilidade", analisou um banqueiro de Londres, já em 1988. A razão disso seria que as casas financeiras investiram em tecnologias de ponta e em quadros caros. Mas somente "em uma grande transação se pode obter lucro com altos custos fixos". Contudo, grandes transações são feitas sobretudo em mercados oscilantes. Analistas da Salomon Brothers afirmam isso com toda a clareza: "para investidores institucionais, um clima de câmbios estagnados é um clima particularmente desestabilizador".[73] A "poderosa rede" formada de bancos e políticos seria, por isso, "incapaz de agir para além dos interesses de Wall Street, os quais eles equiparam ao bem de todo o mundo", lamenta o economista conservador Jagdisch Bhagwati, que, como endossador rigoroso do livre mercado, é insuspeito de ter qualquer inclinação socialista. Por isso se pode falar tranqüilamente de um "complexo formado por Wall Street e pela Secretaria do Tesouro", que domina a política norte-americana,

---

73. Julian Warmsley, *The new financial instruments: an investors guide*. Nova York, 1988.

inclusive por meio de doações generosas para a campanha eleitoral — um fenômeno que já há muito tempo começou também na política européia, em particular na Grã-Bretanha e na Alemanha.[74]

Romper essa dominação é o objetivo declarado dos críticos da globalização da ATTAC e de outras organizações. Nesse sentido, nenhum dos participantes tem ilusões quanto ao fato de que isso pode demorar ainda muitos anos. Todavia, ao mesmo tempo, os insucessos do atual sistema são tão manifestos que os defensores do *status quo* ficam na defensiva a olhos vistos.

AREIA NA ENGRENAGEM — A LUTA PELA TAXA TOBIN

Como comprovação desse fato, há o apoio sempre crescente à taxa Tobin, um imposto sobre transações de divisas, que foi denominada segundo o nome de seu autor, o economista norte-americano James Tobin. Já nos anos 1970 ele argumentava que o fluxo de capital desregulamentado, com suas alterações de rota abruptas e oscilações caóticas de câmbio, acaba causando danos à economia material. Por isso recomendou "espalhar um pouco de areia na engrenagem de nossos mercados monetários internacionais, exorbitantemente eficazes", levantando para todas as transações de divisas uma tarifa tributária de 1%.[75]

A taxa parece baixa, mas teria um efeito decisivo. Em primeiro lugar, o negócio com as diferenças de juros entre os diversos mercados e os diversos países só seria recompensador em casos

---

74. Citado segundo Jagdish Bhagwati, "The capital myth". In: *Foreign Affairs*, maio/junho de 1998.
75. James Tobin, "A proposal for international monetary reform". In: *The Eastern Economic Journal*, 3-4, julho/outubro de 1978.

excepcionais. Por exemplo, para investir euro a juros baixos em papéis em dólar mais alçados, o investidor teria de contar de antemão com o fato de que 2% de seu capital de investimento iria para o fisco, já que ele tem de trocar duas vezes. No caso do investimento, hoje corrente, em letras de três meses, isso só seria compensador se a diferença entre os juros europeus e os norte-americanos — referidos ao ano — montasse em 8%, um cenário improvável. Se ele se comprometesse por mais tempo, o lucro seria certamente maior, mas também o risco de que a diferença entre os juros, e com ela o valor do investimento, viesse a baixar.

Evidentemente, a taxa Tobin não impediria grandes crises monetárias como aquelas da Ásia, que foram geradas por uma política equivocada. No caso de rendimentos possíveis de 20% em poucas semanas, tampouco assusta uma tarifa sobre transação. Mas os endossadores da proposta de Tobin também não afirmam isso. Contudo, o imposto traria vantagens consideráveis. Por um lado, elevaria a autonomia dos bancos centrais na definição dos juros básicos, visto que as alterações nos juros não causariam alterações nos câmbios de maneira tão imediata. Por outro lado, o imposto frearia o comportamento gregário da armada de negociantes eletrônicos e impediria grandes oscilações devidas apenas aos humores, não aos desenvolvimentos econômicos reais. O pequeno imposto poderia funcionar como um freio. O economista norte-americano Thomas Palley argumenta que um automóvel só pode ser detido em um trecho íngreme com um pedaço de pau se ele ainda não começou a se locomover. É exatamente dessa maneira que a taxa Tobin poderia funcionar.[76]

A par da estabilização, a comunidade internacional dos Estados ganharia, além disso, uma fonte valiosa de financiamento,

---

76. *Financial Times Deutschland*, de 14 de dezembro de 2001.

com a qual se poderiam financiar as medidas urgentes de política de desenvolvimento. Mesmo supondo que — como é intencionado — as transações no jogo de apostas com as moedas caiam à metade do volume anterior, e o aumento fiscal, como proposto pelos especialistas, monte apenas em 25%, a cada ano se poderia reunir ainda 284 bilhões de dólares. Essa soma corresponde, por exemplo, ao quíntuplo de todos os auxílios anuais ao desenvolvimento dos Estados da OCDE e mais ou menos à soma que bastaria, segundo os cálculos da UNDP, Programa de Desenvolvimento das Nações Unidas, para superar no mundo todo as piores formas de pobreza.[77]

A objeção corrente segundo a qual a administração e o uso correto das receitas não seriam politicamente factíveis já está refutada na prática. Mesmo o fundo para o meio ambiente do Banco Mundial, instituído no quadro dos acordos globais sobre clima e proteção da camada de ozônio, é administrado internacionalmente e até agora não atraiu para si — em contraste com outros projetos do Banco Mundial — nenhuma suspeita de uso corrupto. Pois a concessão de recursos se dá de forma transparente e por meio de um grêmio que é de fato representativo o suficiente.[78] Tampouco em termos técnicos o levantamento da taxa seria um problema. Quase todo o comércio de divisas se desenrola por meio de bolsas eletrônicas, a cujos *softwares* os impostos e os comunicados para as autoridades financeiras são fáceis de integrar. A concepção é, por isso, "teoricamente impecável", acredita também Hans-Helmut Kotz, presidente do Banco Central regio-

---

77. O cálculo considera, além disso, que 20% das transações escapam à tributação e outros 20% permanecem isentos de taxação para governos, bancos centrais e organizações internacionais. Cf. Oxfam Great Britain, "Time for a Tobin Tax?". Maio de 1999, Londres.

78. Sobre isso, vide também Peter Waldow, Peter Wahl, "Devisenumsatzsteuer – ein Konzept mit Zukunft". *Working paper* para a WEED, fevereiro de 2001, Bonn.

nal de Niedersachsen e conhecedor comprovado do sistema financeiro internacional.

Entretanto, os atingidos e seus protetores governamentais sempre rejeitam a proposta de Tobin, considerando-a inexecutável e contraproducente. A taxa só poderia funcionar "se realmente todos os países desse planeta cooperassem. Uma proposta utópica", crê, por exemplo, Alfred Tacke, secretário de Estado para a economia do governo vermelho-verde e, como negociador-chefe junto aos Estados do G-7, um dos responsáveis pela política econômica externa alemã.

Mas isso não passa de mera justificativa para as próprias atitudes. A União Européia poderia também agir sozinha, como demonstrou Tobin em um outro estudo, já no verão de 1995.[79] A tributação só precisaria começar um pouco mais cedo e abranger o empréstimo de euros para instituições estrangeiras, incluindo as filiais no exterior de bancos da União Européia. Isso tampouco seria contornável. Quem quisesse especular com o euro teria antes de arrumar euros. Mesmo se o especulador o fizesse junto a um banco em Nova York ou Cingapura, este teria de se refinanciar, por fim, junto aos bancos europeus, que repassariam a sobretaxa para o seus clientes. Assim, a taxa acertaria a especulação indesejada em seu nascedouro, os créditos com que se financia a aposta. De fato, pela via indireta da tributação, a liberalização da circulação de capital seria parcialmente suspensa. No entanto, o comércio e a economia real não seriam afetados. Para os investimentos em parques industriais no estrangeiro ou para a troca de bens, a sobretaxa quase não pesaria, mas pesaria sobre as transações bilionárias especulativas, que trabalham com margens mínimas, extraindo lucro

---

79. Barry Eichengreen, James Tobin, Charles Wyplosz, "Two cases for sand in the wheels of international finance". In: *The Economic Journal*, 105, 1995.

de oscilações cambiais de centésimos de porcentagem. De forma irônica, o tratado de Maastricht para a fundação da União Européia prevê expressamente a reintrodução de controles sobre a circulação de capital em caso de necessidade. Mas os banqueiros e os crentes do mercado dedicados à ciência econômica consideram essa estratégia uma heresia maligna. Em sua luta pela liberdade do capital, eles podem sempre contar com o apoio da maior parte dos redatores de economia das grandes mídias. Assim, um simpatizante dos bancos do *Frankfurter Allgemeine Zeitung* chegou a fantasiar que a taxa Tobin levaria à "criação de um Estado de vigilância orwelliano a abranger toda a Terra".[80]

Quanto aos argumentos, os adversários da proposta de Tobin estão acuados desde muito tempo. Na verdade, a taxa só não existe ainda porque políticos de todas as cores não ousaram até hoje desafiar realmente a indústria financeira. E o destino do fracassado Oskar Lafontaine não foi propriamente um efeito estimulador. Mas o erro decisivo de Lafontaine foi a crença sobranceira, que lhe é própria, de que ele também estaria no poder com a sua eleição. Assim, tentou provocar uma mudança de política com um pé-de-cabra, sem primeiro forjar alianças internacionais e sem mesmo conquistar apoio social, mobilizando os cidadãos. Visto que ela faltava quando se deu o confronto no começo de 1999, seu oponente, Schröder, tinha o caminho livre para desmontá-lo e forçá-lo a renunciar.

Nos dias atuais, isso talvez fosse bem diferente. Em numerosos países da Europa e do Terceiro Mundo, mesmo no Canadá, os ativistas da ATTAC e de organizações aliadas conseguiram nesse meio tempo mobilizar um amplo apoio para a idéia da taxa Tobin. Sob a pressão da opinião pública assim gerada, mesmo o premiê da

---

80. *Frankfurter Allgemeine Zeitung*, de 17 de março de 1995.

França, Lionel Jospin, e o chanceler alemão, Gerhard Schröder, precisaram admitir que se tratava de uma "idéia simpática". Uma tentativa correspondente no Parlamento europeu de Estrasburgo acabou malograda devido a uma estreita maioria de seis votos. Por meio dos governos da Finlândia, da Bélgica e da França, os "attacianos", como eles próprios se denominam, conseguiram fazer com que o tema fosse contemplado no encontro de cúpula da União Européia na cidade belga de Laaken, em dezembro de 2001.

Até agora, é claro, isso não foi além de um "pedido de avaliação" enviado à Comissão da União Européia. Um parecer também foi requerido por Heidemarie Wieczorek-Zeul, a ministra do Desenvolvimento da Alemanha, a quem Schröder delegou as promessas de justiça feitas em sua campanha eleitoral. Nesse sentido, o êxito prático se limita ainda a apenas forçar a política a fazer manobras de espera.

Ao mesmo tempo, porém, o debate transeuropeu sobre a taxa Tobin sinaliza que, com um impulso democrático vindo de baixo, se conseguiu levar até a esfera pública a luta pela domesticação dos mercados financeiros, tirando-a do círculo dos especialistas. Antes de mais nada, a exigência é muito popular porque, além da instabilidade dos mercados financeiros, ela toca em um outro problema central da globalização falsamente controlada: a injustiça desmedida na distribuição das cargas tributárias. O próprio especulador Soros julga que o capital financeiro "tem recebido uma vantagem injusta sobre outras fontes de tributação. Um imposto sobre transações financeiras corrigiria essa injustiça". Trata-se de uma afirmação bastante cautelosa, pois nos mercados financeiros globalizados predomina, conforme as leis de tributação e de fiscalização, a mais pura anarquia.

Offshore — as "zonas de luz vermelha do capital"

A pista era quente. Poucas horas antes de as Torres Gêmeas desabarem em Nova York, os serviços especializados já relatavam transações financeiras anteriores que só tinham sentido se houvesse o conhecimento prévio sobre os atentados iminentes e que subitamente projetavam grandes lucros. Várias bolsas dos Estados Unidos comunicaram, ainda na mesma semana, negócios suspeitos à autoridade central de fiscalização, a Securities and Exchange Commission (SEC), que desde então conduz investigações. E, certo de encontrar por essa via uma pista para descobrir os administradores dos cofres de guerra de Osama Bin Laden, o chefe da SEC, Harvey Pitt, prometeu no fim de setembro de 2001, em uma audiência no Congresso norte-americano, que seu órgão "encontraria os compradores, onde quer que eles estivessem".[81]

De fato, eram esmagadores os indícios de que os *insiders* da conspiração terrorista queriam obter uma fortuna com as conseqüências do atentado. Já em 19 de setembro o renomado Institute for Counter-Terrorism de Israel publicou um estudo que listava surpreendentes detalhes de transações orientadas para esse fim. Por conseguinte, os negociantes da Bolsa de Chicago registraram, em 6 e 7 de setembro, a compra de 4744 das chamadas opções *put* para ações da United Airlines, a empresa aérea cujos aviões foram desviados para o atentado. Com isso, o investidor especulou com a queda da cotação das ações, combinando com o vendedor o fornecimento de ações a preço fixo e para um prazo posterior. Se a cotação real cai abaixo do preço fixo combinado, o cotação da opção *put* sobe verti-

---

81. Harvey L. Pitt, "Aussage vor dem Committee on Financial Services". US House of Representatives, 26 de setembro de 2001.

calmente. Também para cotas da American Airlines, a outra empresa aérea envolvida, pessoas desconhecidas compraram, ainda em 10 de setembro, 4516 certificados *put*. Não havia naquele momento o menor indício de uma baixa iminente dos dois valores acionários. E para as ações de outras empresas aéreas não foram anunciadas nenhuma transação comparável. Não menos surpreendentes foram as especulações contra os valores acionários do banco de investimento Morgan Stanley, que mantinha grandes departamentos em 22 andares do World Trade Center, bem como do concorrente Merill Lynch, acomodado em um prédio vizinho. Para os dois papéis, as vendas das mesmas opções *put* subiram, pouco antes do 11 de setembro, em até 2000%, embora não houvesse no mercado nenhum número ou prognóstico negativo sobre as empresas.

As circunstâncias e os volumes desses negócios "correspondem exatamente ao que se chama habitualmente de negócios de *insider*", declarou Don Radlauer, o autor do estudo israelense. No todo, a negociação baseada no ataque terrorista rendeu aos investidores, segundo os seus cálculos, mais de 16 milhões de dólares. Pois os valores das ações das empresas atingidas entraram em queda livre após os atentados.[82] Desse modo, a situação inicial parecia extremamente favorável aos investigadores. Porém, contrariamente às promessas de seu chefe, os investigadores da SEC não puderam, até a primeira edição deste livro, cinco meses após o atentado terrorista, descobrir nenhum dos autores dos negócios suspeitos. Questionados, os funcionários da SEC se limitaram a comunicar que as investigações continuariam. Elas são realmente custosas, explicou Pitt, "já que essa gente pode utilizar testas-de-ferro e instituições do exterior. Mas nós recebemos essa informação".

82. Don Radlauer, "Black Tuesday, the world's largest insider trading scam?". Institute for Counterterrorism, 19 de setembro de 2001, Tel-Aviv.

Foi um engodo. A identidade dos autores da meganegociação com o terrorismo continuou secreta — e isso tampouco é de se espantar. A rede da indústria financeira oferece, em todo o mundo, centenas de possibilidades de se cometer todo tipo de crime que pode ser praticado com o dinheiro sem incômodo algum. É inteiramente indiferente se se trata de sonegação de impostos, lavagem de dinheiro, fraude em subvenções ou financiamento de organizações terroristas; o nobre mundo das grandes finanças oferece a todos discrição e anonimato.

Isso se tornou possível principalmente devido ao sistema dos assim chamados centros financeiros *offshore*. Atrás da expressão técnica aparentemente inofensiva, ocultam-se todos aqueles pequenos Estados e zonas dotados de leis especiais que servem aos abastados e às empresas para escapar dos tributos. Das Ilhas Cayman e Bahamas até Cingapura e Hong Kong, passando pelas Ilhas do Canal, pela Suíça e por Liechtenstein, um grupo especializado do FMI conta, enfim, não menos do que 64 desses locais em que capital *pro forma* pode ser registrado de tal modo que as autoridades dos Estados de origem dos proprietários jamais venham a saber dos retornos financeiros.

Os líderes do mercado no negócio de sonegação fiscal são as Ilhas Cayman, um arquipélago do Caribe subordinado ao governo britânico, mas cujos habitantes definem a legislação tributária com o consentimento de Londres. E assim os governantes e os moradores de Cayman vivem, com a ajuda das riquezas de estrangeiros, em um verdadeiro paraíso. Para a manutenção de uma firma, e mesmo de um banco, apenas taxas de registro são cobradas, e não há incidência de impostos sobre retorno financeiro para os forasteiros. Com apenas 37 mil habitantes, as ilhotas contam assim com 575 bancos, em cujas contas mais de 600 bilhões de dólares são registrados. Em vista desse número, esse Estado anão pode prescindir em grande medida da tributação de seus habitantes, recorrendo somente às tarifas. Em compensação, os prejuízos para os organismos fiscais dos países de origem da clientela refinada são tão grandes ou maiores.

De acordo com esse mesmo princípio, operam também numerosos outros paraísos fiscais, que — não importa se sob a bandeira britânica, holandesa, francesa ou outra qualquer — oferecem mecanismos como fundações ou fiduciários, com os quais se assegura um estrito anonimato a qualquer investidor. Sem ser de modo algum molestada pelos governos da Europa, dos Estados Unidos e do Japão, a indústria financeira criou assim um sistema global de isenção fiscal para os rendimentos da riqueza líquida de pessoas físicas e de empresas — um negócio fantástico. Por conseguinte, não há nenhuma casa bancária de nível e de nome que não se imiscua nisso. Da Alemanha, estão representados em todos os centros *offshore* relevantes não somente grandes bancos de todas as cores, mas inclusive bancos regionais estatais, administrando, em nome dos contribuintes, a evasão fiscal daqueles que podem se dar a esse luxo. E não são propriamente os poupadores normais. Para que as fartas comissões de mediadores e administradores não devorem os rendimentos, quem deseja ingressar no clube dos isentos de impostos precisa dispor de no mínimo mais de 1 milhão de euros e de uma firma própria.

Só os dados oficialmente anunciados do Banco de Compensações Internacional (BIS) já comprovam que nas "zonas de linha vermelha do capital", como as chama a deputada federal do SPD, Sigrid Skarpelis-Sperk, estão registrados cerca de 5 trilhões (5.000.000.000.000) de dólares, a metade de todos os saldos ativos externos oficialmente mensurados. Numerosas zonas de evasão fiscal como Panamá ou as Bermudas, no entanto, nada relatam ao BIS. Acresce que as estatísticas não abrangem seguradoras e fundos de investimento bem como fundações privadas e empresas. Além disso, haveria numerosos indícios de que, em grande extensão, "negócios são conduzidos fora do cadastramento de balanços", constata um estudo do departamento de pesquisa do FMI. Essas informações sugerem que o volume desses negócios "é quatro vezes maior" do que o número oficialmente declarado.[83] Avaliada com muito cuidado, a fortuna administrada com isenção fiscal pode assim ser estimada tranqüilamente em pelo menos 10 trilhões de dólares — uma soma que corresponde, por exemplo, a vinte vezes a transação mundial por ano com o petróleo cru. Supondo que seu investimento projete, por ano, rendimentos de 10% em média, os ricos do mundo embolsariam anualmente, isentos de impostos, cerca de 1 trilhão de dólares.

Considerando que o dinheiro registrado eletronicamente não traz nenhum sinal de sua procedência, esse buraco negro da economia mundial abre portas e janelas também aos criminosos de todas as espécies para que infiltrem no ciclo monetário legal suas fortunas adquiridas de modo escuso. Só o comércio de drogas gera todo ano, segundo estimativas do órgão de controle de narcóticos das Nações Unidas, 400 bilhões de dólares, dos quais, conforme as experiências dos especialistas das Nações Unidas, a maior parte vai parar "no triângulo das Bermudas do mundo financeiro das *offshore*". "Ali os fios do dinheiro desaparecem, as conexões são obscurecidas, e as investigações deparam com obstáculos tão grandes que elas acabam geralmente sendo abandonadas", diz um estudo das Nações Unidas.[84]

83. "Offshore Financial Centers, IMF Background Paper", de 23 de junho de 2000, Washington.
84. UM Office for Drug Control and Crime Prevention, "Financial havens, banking secrecy and money-laundering". Nova York, 1998.

No entanto, essas ilhas e Estados de conto de fadas de modo algum estão repletas de grandes palácios bancários. *In loco*, na maioria dos casos, nada além de uma placa de latão em um dos centros administrativos locais de todo tipo de firmas fantasma testemunha a existência de bancos e empresas registrados. A operação real com o investimento de dinheiro acontece de maneira bem profana, em casas bancárias usuais. De fato, portanto, os centros *offshore* não são nada mais que zonas extraterritoriais estabelecidas nos discos rígidos de bancos, seguradoras e fundos de investimento.

Diante desse cenário, o "rígido procedimento" dos Estados da OCDE contra a lavagem de dinheiro, sempre proclamado com palavras fortes, soa simplesmente ridículo. As leis contra a lavagem de dinheiro, acordadas nos Estados sucessivamente, não acarretaram até agora nada mais do que a estruturação de procedimentos burocráticos caros. Assim, enquanto na Alemanha todo depósito em dinheiro vivo de mais de 10 mil euros é registrado, os padrinhos do crime organizado podem a qualquer hora abrigar seu dinheiro de maneira inteiramente legal nos centros *offshore* como Chipre ou Gilbratar, mediante remessas oriundas da Rússia, Paquistão, Colômbia ou Nigéria.

A razão de fundo para essa política absurda é simplesmente a dupla moral no tratamento da criminalidade monetária. Pois até pouco tempo somente se tratava do combate à lavagem de dinheiro, mas não da sonegação fiscal, embora os procedimentos práticos nos dois delitos sejam idênticos. Para essa hipocrisia há um motivo sólido: os governos dos Estados prósperos não quiseram até agora lesar o privilégio da evasão fiscal dos abastados também porque eles mesmos estão enredados a fundo nesse negócio.

Tanto os Estados Unidos como o Japão e a Grã-Bretanha permitem até hoje que estrangeiros possam aplicar com isenção fiscal suas fortunas em filiais bancárias especialmente criadas para isso e inclusive em seus centros financeiros, para que seus bancos possam desenvolver também no interior do país esse negócio. De modo indireto, os países envolvidos solapam assim mutuamente suas fontes fiscais, para recolher mais pelo menos indiretamente, através do volume intensificado de transações e dos ganhos, sujeitos à tributação, de seus próprios bancos. Quase a metade do dinheiro registrado em *offshore* percorre, por isso, os centros financeiros internacionais de Londres, Nova York e Tóquio. "Temos de lidar com uma hipocrisia que abarca todos os partidos", julga Stiglitz, o ex-economista do Banco Mundial. Os bancos *offshore* não são para ele "produtos do acaso. Eles existem porque Wall Street e outros centros financeiros querem locais de refúgio seguro, protegidos de prescrições e impostos".[85]

Acresce que Estados como a Suíça, Áustria e Luxemburgo promovem até hoje, sem inibição alguma, o negócio dos bancos ali situados com o dinheiro da evasão fiscal de outros países. Isso acontece porque eles permitem que estrangeiros tenham suas fortunas administradas ali, sem que os bancos sejam obrigados a informar as autoridades fiscais dos países de origem. Por isso, das fortunas transferidas da Alemanha para o exterior, no montante de cerca de 300 bilhões de euros, dois terços se encontram, segundo estimativas do Deutsche Steuergewerkschaft, na Suíça e na Áustria.[86] Por conta desse fato, fracassa também, já faz sete anos, a introdução em toda União Européia de um sistema de comunicações mútuas sobre retornos de capital de "estrangeiros fiscais". Com isso, as autoridades financeiras alemãs, por exemplo, finalmente saberiam que cidadãos em outros países da União Européia

---

85. Joseph Stiglitz, "Sicherheit vor Terroranschlägen beginnt im eigenen Land". In: *Handelsblatt*, de 10 de outubro de 2001.
86. *Süddeutsche Zeitung*, de 12 de fevereiro de 2001.

põem no bolso os impostos, e em que quantidade. Mas a Áustria e Luxemburgo alegam que só podem concordar com o projeto se também a Suíça se submeter ao procedimento. Os negociantes suíços reportam-se por sua vez às Ilhas do Canal e aos territórios de além-mar dos ingleses, e o governo britânico por sua vez declara que os locais de evasão fiscal sob sua proteção são territórios fora da União Européia, e que, conseqüentemente, não podem ser abrangidos pela legislação.

Nada demonstra melhor do que esse absurdo teatro político o quanto é indispensável um movimento social de fato internacional, que faça pressão para além das fronteiras, a fim de pôr fim às atividades criminosas e injustas. A drenagem dos paraísos fiscais e uma lei fundamental global para uma tributação mínima, como exige a ATTAC, são componentes centrais das necessárias reformas para estabilizar a economia mundial.

As possibilidades de estabelecer isso nunca foram melhores do que hoje. Quando a OCDE quis no ano passado, pela primeira vez, atuar contra a "concorrência fiscal danosa" dos centros *offshore*, mencionando a Suíça entre eles, deparou ainda com a resistência enérgica do governo norte-americano. Isso interferiria na liberdade dos mercados de capitais, e os Estados Unidos não se interessariam em "impor um sistema fiscal a Estados soberanos ou harmonizar sistemas fiscais", declarou o secretário do Tesouro Paul O'Neill, em maio de 2001.[87]

Após o 11 de setembro e o fiasco na procura das caixas de financiamento do terrorismo, as coisas ficaram bem diferentes. Em outubro de 2001, O'Neill, agora bastante ofensivo, defendeu um programa, acertado pelos países do G-7, de combate ao terror que prevê expressamente a abertura de centros *offshore* para inves-

---

87. *International Herald Tribune*, de 12 de maio de 2001.

tigações. Seis semanas mais tarde, a superpotência também demonstrou o que fazer. Da noite para o dia, ela ditou às Ilhas Cayman, deixando de lado a preocupação com soberania, um tratado que prescreve a todos os bancos de lá o acesso às autoridades fiscais norte-americanas aos dados sobre os negócios de cidadãos dos Estados Unidos. Executar isso tampouco foi um problema, pois as autoridades norte-americanas podem simplesmente ameaçar de exclusão do comércio de papéis em dólar os bancos não-cooperadores. Para todas as instituições financeiras internacionais, tal coisa se assemelharia a um fechamento.[88] A pressão vinda de Washington acabou finalmente encorajando Eichel, o ministro das Finanças da Alemanha. "No plano internacional, precisamos agora nos preocupar com os centros financeiros *offshore*", prometeu ele. E para ele estava em jogo não somente o combate ao terrorismo e à lavagem de dinheiro, mas também à sonegação fiscal. "Não considero aceitáveis essas três coisas", disse o ministro em declaração posterior. Quem não cooperar "nós excluiremos do trabalho conjunto internacional".[89]

Contudo, até agora a exigência não deu em resultados práticos. Será ainda mais importante que os grupos da ATTAC e seus companheiros de luta cobrem de Eichel e de seus colegas, insistindo no cumprimento das nobres promessas, para que eles não possam mais se escusar alegando a resistência da Suíça ou de Luxemburgo. Afinal, os Estados da União Européia mostram também em

---

88. *Financial Times*, de 29 de novembro de 2001. De qualquer modo, já antes disso os Estados Unidos haviam limitado os danos às suas próprias receitas fiscais. Acordos semelhantes eles já haviam extraído da Suíça e de Luxemburgo bem como de uma dúzia de outros países. Para os cidadãos norte-americanos, os locais *offshore* aproveitáveis são bastante restritos. Cf. *Neue Zürcher Zeitung*, de 26 de maio de 2001.

89. *Welt am Sonntag*, de 18 de novembro de 2001, *Der Spiegel*, 41/2001.

outras questões centrais, como a política de transporte e a política jurídica, que eles não submetem a política da União inteira a alguns Estados pequenos.

Se se conseguisse eliminar a injustiça fiscal organizada pelo menos nessa ponta do mundo, o combate à criminalidade teria dado um grande passo adiante. E a política colocaria finalmente uma alavanca para ao menos frear a desigualdade crescente e ameaçadora na distribuição de renda, que se torna a cada dia uma carga explosiva para a política global.

COMÉRCIO INÍQUO — O REGIME DA OMC EM PROL DOS DIREITOS DOS MAIS FORTES

Nunca o abismo entre pobres e ricos foi tão grande como nos dias de hoje. Em 1960, a renda *per capita* média dos 20% mais ricos da humanidade era cerca de trinta vezes maior que a dos 20% mais pobres. Atualmente, a diferença chega a ser de 78 vezes. A polarização social divide o mundo a olhos vistos "em uma zona de paz e uma zona de revolta", alertou recentemente o economista Robert Wade, professor da London School of Economics, em um artigo na revista britânica *Economist*. O resultado é "uma massa de pessoas desempregadas, jovens e iradas, a quem as novas tecnologias da informação emprestam os meios para ameaças à estabilidade de suas sociedades, e inclusive à estabilidade social da zona de riqueza. Mais e mais pessoas vêem na emigração para lá sua única salvação". Por isso, é preciso colocar "a questão distributiva na agenda mundial".[90]

Mas, como maneira de escapar dessa ameaça, os apologetas do mercado apresentam há anos a mesma receita: mais globaliza-

---

90. Robert Wade, "Global Inequality". In: *Economist*, de 28 de abril de 2001.

ção. Só com a integração acelerada de mais países e povos na economia mundial seria possível superar o abismo, afirma a mensagem repetida ao modo de uma ladainha. Para prová-lo, os globalizadores remetem sempre às pesquisas, como o estudo do Banco Mundial publicado em dezembro de 2001. Ele demonstraria que a superação da pobreza só é obtida por aqueles países que se abriram aos investimentos estrangeiros e ao comércio mundial.

Os autores do estudo afirmam que justamente nas nações cujas economias se abriram para o mercado mundial o crescimento *per capita* redundou em máxima elevação. "Em geral, as taxas de crescimento mais altas se condensam também em renda crescente para os pobres", resumem eles.[91] A falta de mais globalização e não o excesso seria o problema central da pobreza mundial.

Mas essa constatação é tão banal quanto errônea. Além de não fazer parte desses dados as conseqüências devastadoras das crises financeiras de 1998, tais medições embaralham as experiências de Estados que perseguiram caminhos totalmente distintos de integração ao mercado mundial. Realmente bem-sucedidas foram, no entanto, apenas as nações que puderam conservar o espaço de manobra para controlar as condições de seu próprio desenvolvimento e para proteger-se contra assaltos especulativos oriundos dos mercados financeiros globais. Sem dúvida, na Coréia, na Malásia ou no Vietnã, o número de pobres seria hoje muito maior se eles não tivessem começado a produzir para o mercado mundial. O mesmo se aplica à China e à Índia. Mas, ao mesmo tempo, os governos desses Estados configuraram com coerência as condições da integração ao mercado mundial, de modo que eles não se tornaram meros prolongamentos das mesas de trabalho das empresas

---

91. David Dollar, Aart Kraay, "Spreading the wealth". In: *Foreign Affairs*, janeiro/fevereiro de 2002.

do Norte operantes em nível transnacional. Ao longo de décadas, China, Malásia e Coréia, por exemplo, vincularam os investimentos dos conglomerados estrangeiros a condições rígidas. Ou as empresas nacionais tinham de participar de seus investimentos, de maneira que elas puderam conseguir *know-how* e acesso aos canais de distribuição mundial, ou os investidores, em contrapartida aos lucros provenientes dos custos salariais baixos, tiveram de garantir que uma parcela fixa do valor agregado produzido fosse de fato gerado no país, para que os investimentos manivelassem o desenvolvimento além dos limites das fábricas.

Ao mesmo tempo, o GATT (Acordo Geral de Tarifas de Comércio), acordo sobre o comércio mundial, em vigor até 1995, garantia aos países em desenvolvimento o privilégio de proteger seus produtores nativos, por meio de tarifas alfandegárias, contra a concorrência dos Estados industriais superiores. Os Estados asiáticos bem-sucedidos fizeram um uso exaustivo disso enquanto puderam. Engenheiros da China, de Taiwan e da Coréia simplesmente imitaram, além disso, numerosas tecnologias dos países industriais, sem pedir licença. Só assim eles conseguiram de modo geral construir indústrias capazes de concorrer, com base nas quais uma parcela cada vez maior da população pôde de fato escapar da pobreza absoluta.

Os europeus e os norte-americanos visivelmente arrancaram dos Estados do Sul precisamente essa linha de desenvolvimento. Pois o desenvolvimento por etapas e isolado dos mercados de capitais se encontrava no caminho da expansão dos conglomerados transnacionais do Norte. Com todos os poderes, seus lobistas instaram na liberalização rápida dos mercados em todos os países em desenvolvimento, a despeito das respectivas necessidades nacionais. Quase todos os governos dos Estados-membros da OCDE fizeram essa exigência. Ao lado do FMI e do Banco Mundial, eles transformaram, por isso, a Organização Mundial do Comércio (OMC) em instrumento central de poder, a fim de impor essa política.

No entanto, das três estrelas institucionais da globalização radicalmente pró-mercado, a OMC parece ser, a um primeiro olhar, um ramo inofensivo se comparada ao FMI e ao Banco Mundial. A central em Genebra se localiza em um prédio funcional cinza e modesto, no qual trabalham exatamente 550 pessoas. Não contando o pessoal técnico e os tradutores, somente 180 especialistas estão ocupados com as questões comerciais, dispondo de um orçamento anual de apenas 91 milhões de dólares. E, diferentemente do FMI, não há na OMC, oficialmente, nenhum direito especial para os poderosos; todas as decisões são tomadas de maneira unânime; cada um dos 142 países-membros tem um voto.

Contudo, a OMC é uma organização poderosa, pois seus juristas emitem sentenças com conseqüências de longo alcance, visando impor a observância dos acordos sobre o comércio mundial fechados em 1995. Naquela época, os Estados industriais conseguiram detonar uma espécie de *big-bang* da liberalização mundial. Após negociações de oito anos, na assim chamada Rodada do Uruguai, eles extraíram dos governos do Sul a concordância em relação a um tratado mundial em que todos os países-membros se comprometem a abrir seus mercados uns para os outros. Como prevê o estatuto, esse processo é supervisionado pela OMC, cujo tribunal de arbitragem pode emitir sentenças em caso de conflito e autorizar sanções comerciais. Desse modo, caiu o privilégio dos países em desenvolvimento estabelecido no tratado anterior, o GATT, oriundo da época do pós-guerra. As estratégias de desenvolvimento conforme o modelo da Coréia e de Taiwan se tornaram assim, após um período de transição de cinco anos, ilegais. Apesar disso, o presidente da OMC, Mike Moore, reporta-se sempre à Coréia quando louva as bênçãos do comércio. Há quarenta anos, o país era tão pobre quanto Gana; "graças ao crescimento através do comércio, a Coréia é hoje tão rica quanto Portugal", declarou ele.[92] Mas, diante do cenário constituído pela práxis atual da OMC, afirmações desse quilate não são nada mais do que mentiras. Recentemente, em dezembro de 2001, o tribunal de arbitragem em Genebra, após uma ação da União Européia e dos Estados Unidos, condenou o governo indiano a suspender suas condições, completamente razoáveis, para os produtores de automóveis estrangeiros presentes no subcontinente.[93] A prescrição segundo a qual 75% do valor agregado dos carros vendidos na Índia tem de provir da produção nacional deve cair. O governo norte-americano empenhou-se também por um processo análogo contra as Filipinas.

Nos anos 1990, os mexicanos experimentaram o tipo de desenvolvimento que aguarda as economias nacionais menos desenvolvidas sob tais condições. Ali o governo seguiu todas as diretrizes do FMI e até mesmo entrou no tratado de livre-comércio, o Nafta (Acordo de Livre-Comércio da América do Norte), junto com os Estados Unidos e o Canadá. Isso rendeu ao país, em virtude da proximidade com o mercado norte-americano, um *boom* enorme de investimentos diretos vindos de empresas estrangeiras, pesando mais de 12 bilhões de dólares. Não há praticamente nenhum grande conglomerado da indústria automobilística ou química que não mantenha fábricas no México. Os mexicanos que trabalham neles, cerca de 1 milhão, estão relativamente bem. Questionados sobre seu envolvimento internacional, os executivos dos conglomerados gostam de se referir aos bons salários que eles pagam, se comparados com o nível ordinário do país. Para a grande maioria dos mexi-

---

92. *International Herald Tribune*, de 11 de julho de 2000.
93. Tratava-se aí da obrigação de comprar no interior do país 75% dos fornecimentos bem como de contrabalançar importações e exportações. Vide "India loses auto dispute with U.S., EU at WTO". In: *The Hindu*, de 19 de outubro de 2001.

canos, porém, esse desenvolvimento não traz absolutamente nada. Com a concorrência das agroimportações de grandes fazendas dos Estados Unidos, uma grande parte da agricultura operada por pequenos camponeses dobrou o joelho. Também a pequena indústria regional ficou pelo caminho. No início dos anos 1990, menos da metade da população mexicana vivia com menos de 3 dólares de renda por dia. No fim da década, dois terços dos mexicanos afundaram até esse nível de pobreza.[94]

Numerosos governos do Sul, nomeadamente o indiano, lamentam hoje o fato de eles ou seus predecessores terem assinado o tratado da OMC. Mas, por um lado, eles dependem do acesso aos mercados no Norte e são, por isso, vulneráveis. Por outro, os Estados industriais os iscaram com uma oferta aparentemente generosa. As nações prósperas se comprometeram a cortar suas subvenções agrárias, a afrouxar as tarifas alfandegárias para os produtos dos países em desenvolvimento e a abrir também seus mercados rigorosamente protegidos para os produtos têxteis.

Mas, embora o tratado parecesse ponderado, e fosse tão desejável uma regulação do comércio mundial baseada na lei, a missão da OMC acabou se transformando no contrário dos intentos prometidos. Enquanto os Estados do Sul e do Sudeste da Ásia, da América Latina e da África negra cortaram suas tarifas alfandegárias pela metade, estendendo o tapete vermelho aos investidores estrangeiros, os Estados da OCDE quebraram todas as suas promessas, utilizando deliberadamente imprecisões e subterfúgios inscritos no tratado. Como sempre, eles ergueram, para os bens trabalhados nos países em desenvolvimento, tarifas quatro vezes mais altas do que para o comércio entre eles, conforme informou a

---

94. São os resultados de um estudo do UNDP e do Banco Interamericano de Desenvolvimento, citados em *Wall Street Journal*, de 8 de março de 1999.

Oxfam, organização britânica para o desenvolvimento, a qual consta entre os principais grupos de críticos da globalização, com colaboradores em 129 países.[95] Com isso, os países pobres perdem, a cada ano, receitas em exportação no valor de pelo menos 134 bilhões de dólares, mais do que o dobro do auxílio ao desenvolvimento realizado mundialmente.[96]

E as barreiras alfandegárias se concentram justamente naqueles bens em que as economias nacionais menos desenvolvidas são mais competitivas: alimentos processados e produtos intensivos em trabalho como mercadorias de couro e têxteis. Isso funciona por meio da assim chamada escalada de tarifas alfandegárias. Desta forma, na União Européia, por exemplo, matérias-primas agrárias como café, cacau e sementes para óleo, que de qualquer modo não são produzidas no Norte, puderam entrementes ser introduzidas sem tarifas. Mas sobre o café torrado e embalado incide uma tarifa de 7,4%; pó de cacau e chocolate são encarecidos em 8%; óleo vegetal, em até 12,4%. Desse modo, o processamento, que agrega valor, é transferido para o Norte, e os países produtores continuam a ser meros fornecedores de matérias-primas, sem possibilidades de desenvolvimento.[97]

Têm efeitos particularmente pérfidos as subvenções com que as nações ricas promovem, como sempre, a exportação de alimentos. Ano após ano, os Estados da OCDE bombeiam mais de 300 bilhões de dólares em seus setores agrários. Mas, ao contrário do que os governos declaram, essas subvenções não financiam em primeiro lugar as receitas das pequenas empresas familiais, mas a

---

95. Oxfam International, "Eight broken promises. Why the WTO isn't working for the world's poor". Londres, 2001.
96. UNCTAD, "Trade and Development Report 1999".
97. Fritz Vorholz, "Nichts mehr auf dem Tisch". In: *Die Zeit*, de 31 de outubro de 2001.

geração industrial em massa de excedentes de grandes empresas. Um quarto de todas as empresas da União Européia embolsa sozinho 70% de todas as subvenções. Com os alimentos ali produzidos e artificialmente barateados, um punhado de conglomerados comerciais inunda depois os mercados mundiais, para o que eles embolsam na União Européia e nos Estados Unidos subsídios especiais à exportação. Para centenas de milhões de famílias camponesas do Sul, isso tem conseqüências devastadoras, pois, com suas pequenas empresas intensivas em trabalho, elas precisam concorrer com importações de milho em pó, arroz em pó, trigo em pó e leite em pó, oriundas dos países com excedente. Das Filipinas até o México, essa desproporção arruinou áreas agrícolas inteiras, segundo relata a Oxfam.

Contudo, contra a distribuição propositadamente desigual de vantagens e desvantagens do regime de livre-comércio, a OMC não oferece ajuda de nenhuma espécie aos Estados atingidos. Muitas promessas dos países industriais são formuladas de tal modo nos contratos que eles mantêm abertas as portas do fundo para outras regras. Some-se a isso o fato de que o tribunal de arbitragem de Genebra, supostamente imparcial, tampouco oferece aos países pobres alguma possibilidade de impor também sentenças a seu favor. As sanções comerciais das Filipinas contra os Estados Unidos mal atingem os produtores norte-americanos; inversamente, uma simples ameaça norte-americana já basta para criar uma crise econômica.

Mas isso não era ainda o bastante. Juntamente com a liberalização desigual, os governos ocidentais instalaram, ao final da Rodada do Uruguai, por ordem de uma rede internacional de conglomerados fundada especialmente para esse fim,[98] um sistema

---

98. Tratava-se do Intellectual Property Committee. Os membros eram sobretudo conglomerados de indústria química e farmacêutica, como a DuPont, a Monsanto e a Bristol-Myers.

gigantesco de proteção: o estabelecimento mundial de direitos de patente. Entrando em vigor também em 1995, o Tratado Internacional de Propriedade Intelectual (TRIPS) garante aos detentores das patentes técnicas, por um período de vinte anos, o direito à utilização exclusiva de suas invenções em todos os Estados da OMC. A conseqüência é o exato oposto do que os apologetas do livre-mercado prometem. O desenvolvimento recuperador, com base em tecnologias modernas, tornou-se praticamente impossível desse modo. Pois 97% de todas as patentes são mantidas por empresas dos Estados da OCDE. De fato, são principalmente os conglomerados operantes em nível mundial que controlam assim quem pode trabalhar com tecnologia, e qual será esta tecnologia.

A dimensão do escândalo, vinculado ao direito exclusivo sobre o saber tecnológico da humanidade, tornou-se manifesto quando, no começo de 2001, 39 conglomerados farmacêuticos acionaram a África do Sul, atormentada pela epidemia da Aids, porque ela quis importar da Índia e do Brasil medicamentos baratos contra o HIV. Nesses países, as patentes farmacêuticas já eram proibidas à época da fundação da OMC, por isso o acordo TRIPS só entrou em vigor neles em 2001, e somente para os novos registros de patente. Conseqüentemente, o medicamento mais importante no combate à Aids, o AZT, de produção indiana, custa apenas um quinto do preço exigido pela detentora da patente, a GlaxoSmithKline, o qual ela embolsa na maior parte dos países em desenvolvimento.

O desfecho do processo documenta, pois, como são importantes os movimentos sociais internacionalmente organizados diante da distribuição desigual no sistema comercial. Só depois de protestos maciços de ONGs da Europa e dos Estados Unidos, os conglomerados se dispuseram a retirar sua ação. No entanto, na maioria dos casos, algo assim ainda não teve êxito. Já várias vezes, e com sucesso, o governo norte-americano ameaçou os Estados da Argentina, do Brasil, da Índia, do Vietnã, da Tailândia e da República Dominicana com sanções comerciais para impor os direitos de patente de seus conglomerados, não importando em nada quais investimentos racionais foram impedidos dessa forma.

Assim, até agora, o regime do comércio mundial não se mostra propriamente como um bastião para o fortalecimento do direito na economia globalizada, mas como mera cimentação do direito dos mais fortes. Isso é possível sobretudo porque a negociação dos tratados comerciais raramente se submete ao controle público. Com certeza os parlamentos dos Estados democráticos precisam ainda ratificar todos os acordos. Mas pesa sobre eles então a carga de, em caso de recusa, fazer estourar contratos que foram negociados por anos a fio.

"O mundo da globalização não pode ser um mundo de ganhadores e perdedores", declarou o chanceler Schröder em sua viagem à Índia, no outono de 2001, caracterizando um comércio mundial eqüitativo como o elemento principal para o combate à pobreza e ao terrorismo.[99] Para que tais frases de efeito resultem também em política, o comportamento prático dos diplomatas do comércio tem de ser trazido à luz da esfera pública, já durante suas negociações. Sem esse controle, sempre eles impõem somente os interesses dos *lobbies* industriais bem organizados. Para superar essa lacuna de controle, o parlamentar da União Européia e ativista da ATTAC, Harlem Désir, exige, no quadro de uma reforma da organização da OMC, a convocação de uma assembléia parlamentar, cujos representantes cuidariam de uma informação regular dos parlamentos e das mídias de suas pátrias.[100]

---

99. *Reuters*, de 31 de outubro de 2001.
100. Cornelia Bolesh, "Die WTO muss ans Licht". In: *Süddeutsche Zeitung*, de 7 de novembro de 2001.

O momento para uma tal instituição seria agora ideal. Pois, apesar das falhas evidentes dos mecanismos atuais, os políticos do comércio da Europa e da América insistem em alargar a liberalização, segundo os padrões da OMC, para os serviços de assistência, que, em muitos lugares, estão sob a responsabilidade até agora do setor público. Mal percebidos pelos cidadãos, já desde 2000 transcorrem, no quadro do Acordo Geral de Comércio em Serviços (GATS), negociações sobre a abertura mundial do abastecimento de água, do sistema de saúde, da formação acadêmica e inúmeras outras áreas de serviço para empresas operando em nível internacional.

Somente o setor de água promete transações anuais de 800 bilhões de dólares, com forte tendência de aumento. O escasseamento mundial previsível de recursos de água potável empurrará os preços às alturas. Conseqüentemente, os conglomerados do setor de abastecimento, como a Vivendi ou a RWE, insistem na privatização do lucrativo monopólio estatal. As primeiras experiências já aconteceram. Quando a Bolívia, no quadro de um programa do Banco Mundial, vendeu uma parte de sua rede de abastecimento ao conglomerado norte-americano Bechtel, este duplicou os preços sem cerimônias. Diante da reação dos bolivianos com greves em massa, o governo teve de desfazer o trato. Contudo o episódio evidencia aonde vai dar esse processo.[101]

Deve se tornar ainda mais lucrativo o negócio com a saúde e com a educação. A meta declarada da política norte-americana é romper o máximo possível, em todo o mundo, os monopólios de assistência estatais e estender ao globo inteiro os sistemas norte-americanos de saúde e educação, comprovadamente ineficientes.

---

101. "Sand im Getriebe", carta circular do movimento ATTAC, com anúncio dos pontos centrais da OMC, de 19 de maio de 1999.

Espera-se "que nós possamos fazer grandes progressos nas negociações, a fim de abrir à economia norte-americana a possibilidade de se expandir para os mercados de saúde externos", declarou um representante da organização lobista Coalition of Service Industries.[102] Por mais que possa parecer insensato, essa exigência incabível dos diplomatas do comércio de Genebra contém algo de bom. Visto que também nos Estados ricos da Europa os elementos essenciais do Estado de bem-estar social vão ficar sob a pressão da privatização, a loucura do sistema da OMC se tornará objeto de debate e protesto, muito além dos círculos de especialistas.

Ora, se até mesmo os acessos à saúde e à educação devem ser distribuídos conforme o nível das rendas, provavelmente também entre nós a questão sobre os ganhadores e os perdedores da globalização se tornará virulenta. O momento para isso já está maduro faz tempo.

PARA QUEBRAR A MECÂNICA
DA DESIGUALDADE

A divisão entre pobres e ricos de modo algum ocorre somente entre o Norte e o Sul. Torna-se cada vez mais patente que a reestruturação da economia mundial, radicalmente pró-mercado, colocou em marcha também nos países prósperos uma mecânica que dilacera a sociedade a olhos vistos.

A mobilidade mundial do capital e a insegurança que a acompanha nos mercados financeiros fizeram com que empresas e bancos possam hoje requerer rendimentos bem mais elevados do que os

---

102. J. R. Vastine, "Statement before the Interagency Trade Policy Staff Committee", de 19 de maio de 1999.

praticados nos anos 1960 e 70 — e, dada a concorrência, até mesmo tenham de assim fazê-lo. O aumento aconteceu forçosamente à custa dos salários e dos ordenados, bem como dos investimentos. Com espantosa uniformidade, abriu-se assim, por intermédio de todos os velhos Estados industriais, o abismo entre as rendas salariais, de um lado, e as rendas empresariais e do capital, de outro. Em parte alguma isso aconteceu de maneira mais radical do que nos Estados Unidos. Ali, no ano de 1999, os salários de todos os trabalhadores e empregados na metade inferior dos assalariados, a assim chamada renda média, eram menores do que 25 anos antes, ao passo que, no mesmo espaço de tempo, a produtividade econômica por habitante subiu em quase 70%. A renda dos 25% mais pobres da população chegou a cair, nas duas décadas até 1999, em 7%. A maior parte do crescimento foi parar desse modo nas mãos de um quinto da população, e mesmo assim de maneira extremamente desigual. Enquanto as rendas dos 20% superiores subiu cerca de um terço, a porcentagem mais rica de todas as famílias, no mesmo espaço de tempo, pôde praticamente duplicar o seus rendimentos.[103]

Essa crescente desigualdade foi uma conseqüência da radicalização da economia norte-americana após ela ter sofrido um declínio na concorrência global diante dos europeus e dos japoneses nos anos 1980. Tanto faz se em relação a televisores ou câmeras, automóveis ou maquinaria, "a indústria foi obrigada formalmente a dobrar os joelhos", lembra-se Stephen Roach, economista-chefe do Banco de Wall Street Morgan Stanley. "A essa dor", diz Roach, seguiu-se uma onda sem precedentes de demissões e de racionalização, que foi acompanhada do corte drástico de direitos sindicais, comandado pelo governo Reagan.

103. Dados do censo norte-americano, encontráveis no *site* do Economic Policy Institute, www.epinet.org.

Desde 1995, depois de uma década de *downsizing* e de *reengineering*, os Estados Unidos dispuseram da "economia mais produtiva do mundo" (nas palavras da *Business Week*) — e de uma estrutura social radicalmente alterada. "Se a maré sobe, sobem junto todos os barcos sobre a água" — com essa fórmula John F. Kennedy explicitava outrora o nexo entre crescimento e prosperidade das massas. Disso não restou mais nada. À época de Kennedy, os mais altos executivos das empresas industriais ganhavam aproximadamente quarenta vezes mais que um de seus trabalhadores; hoje esse fator chega a 531.[104] Simultaneamente, quase um terço dos empregados norte-americanos trabalha a salários abaixo da linha de pobreza, um quarto da população não tem nenhum seguro satisfatório contra doenças.

"Visto de maneira cínica", escreveu o *Financial Times* já no ano de 1998, "os chefes hoje são pagos para maximizar o rendimento dos acionistas e minimizar o dos seus empregados." Cinismo semelhante tornou-se nesse meio tempo um padrão global. Os presidentes de quase todas as empresas com cotações nas bolsas procuram permanentemente aumentar os lucros de modo mais rápido do que é alcançável com o mero crescimento. Isso se dá às expensas dos empregos ou dos salários ou de ambos, como no *global player* mais antigo da Alemanha, a Siemens S. A.

Ao longo de 150 anos, seus investidores se deram por satisfeitos com os rendimentos entre 8 e 10%. Hoje os representantes dos fundos de investimento, com grandes pacotes de ações da Siemens, exigem 15% de rendimento sobre o capital aplicado, e os empresários obedecem. "Nós precisamos ganhar mais dinheiro", anunciou sem rodeios o presidente da Siemens, Heinrich V. Pierer,

---

104. Segundo um levantamento da *Business Week*, citado em www.aflcio.org/paywatch.

na reunião dos acionistas, no começo do ano de 1999. Da produção de PCs até à fabricação eletromecânica, ramos empresariais inteiros foram abandonados. Os serviços passaram para empresas desimpedidas que não pagam salários tarifados. O tempo de trabalho tornou-se mais longo, como nos Estados Unidos.

Assim, a maximização do *shareholder value* vai de par com uma reviravolta no mundo do trabalho. A formação global de redes e a técnica moderna de informação reduzem a carência de trabalhadores empregados. Em seu lugar aparecem os trabalhadores de meio período e portadores de contratos de trabalho temporário, trabalhadores de dois empregos e pseudo-autônomos contrariados, que, se dependem de somente um ou dois comitentes, precisam no entanto arcar com a própria segurança social. Já quase um terço de todos os trabalhadores da Alemanha trabalham com contratos temporários, em meio período, como subcontratados, à base de honorários ou em outras condições de ocupação incertas.[105]

Ao mesmo tempo, os trabalhadores e seus sindicatos perdem a olhos vistos a capacidade de se defender contra a piora das condições de trabalho.

Cada vez mais empresas se tornam parte das redes de conglomerados transnacionais. Desse modo, as relações de poder entre os atores econômicos se alteram fundamentalmente. Em medida crescente, os executivos dos conglomerados podem jogar seus empregados uns contra os outros em plano transnacional. O capital trabalha de maneira globalizada, os trabalhadores e seus sindicatos permanecem presos ao plano nacional e têm cada vez mais dificuldades para impor exigências salariais. Pois eles estão em concorrência direta com colegas de Estados cujo nível salarial e

---

105. Kommission für Zukunftsfragen der Freistaaten Bayern und Sachsen, *Erwerbstätigkeit und Arbeitslosigkeit in Deutschland*. Parte I, Bonn, 1996.

custo de vida são muito mais baixos. Como no caso do conglomerado Continental, em que os empregos na cidade austríaca de Traiskirchen e em outras localidades da Europa ocidental desaparecem em favor de novas fábricas na Europa oriental, a cada ano milhões de trabalhadores perdem por isso seu sustento nos países prósperos, visto que as executivas dos conglomerados podem recorrer às reservas ilimitadas de forças de trabalho mais baratas nos países de baixo salário, da América Latina até a China, passando pela Europa oriental.

Dessa maneira a globalização suscita, inclusive nos países prósperos, um desenvolvimento paradoxal. Em termos de economia nacional, ela torna as nações ricas continuamente mais ricas; só na Alemanha, com cada 1% de crescimento econômico, a renda nacional aumenta em 38 bilhões de marcos. A globalização não é um jogo de soma zero. Investimentos no exterior criam trabalho também no interior, desde os serviços do engenheiro até o departamento de vendas. Só que justamente o trabalho remunerado serve cada vez menos para a distribuição dos aumentos assim resultantes. Isso se aplica inclusive à Alemanha, outrora com uma orientação bem mais igualitária.

Nos vinte anos até 2000, a soma salarial líquida de todos os ocupados da Alemanha, corrigida a inflação, subiu somente 10%. Visto que isso se dividiu por mais cabeças, as remunerações, contadas por cada trabalhador, chegaram a cair meio por cento. Em troca, no mesmo espaço de tempo, os lucros das empresas aproximadamente se duplicaram.[106]

Em correspondência com isso, a parcela dos salários e dos ordenados na renda nacional afunda continuamente. Em 1980,

---

106. Segundo índices do órgão federal de estatísticas e cálculos da DGB [Liga alemã dos sindicatos]: "Zur Einkommensentwicklung in Deutschland", de 18 de setembro de 2001, Düsseldorf.

mais da metade do bolo inteiro ainda foi para os trabalhadores; duas décadas depois, isso não passa de 41%. Enquanto a parcela dos repasses sociais (pensões, auxílio-desemprego, assistência social) permaneceu constantemente em torno de um quarto no mesmo intervalo de tempo, às rendas com lucros e bens cabe agora, em vez de um quarto, um terço de todas as receitas.[107]

Isso significa que também na Alemanha cerca de 13 milhões de pessoas precisam passar com renda na linha de pobreza ou abaixo dela, isto é, com menos da metade do rendimento médio dos trabalhadores. Uma em cada sete crianças já cresce em estado de pobreza. Em contraposição, a concentração de riquezas atingiu "dimensões neofeudais", julga Jürgen Borchert, juiz de direito social de Heidelberg e conselheiro da ATTAC. Um quarto da riqueza privada alemã inteira está nas mãos de apenas 365 mil pessoas, o que corresponde a 0,4% da população. Três mil e setecentos super-ricos possuem 8% de todas as riquezas privadas.[108] Assim o progresso globalizado se inverte no contrário para a maioria da população e manifesta que a globalização, conforme o padrão atual, não traz mais do que um programa de redistribuição de baixo para cima. A tarefa central dos políticos democráticos seria por isso configurar a política tributária e econômica de tal modo que ela reaja à desigualdade e à insegurança crescentes.

Não há nada contra o estabelecimento de empresas industriais modernas nos países de baixo salário. É bom para os romenos e para os tchecos quando, por exemplo, o conglomerado de pneus Continental constrói ali novas linhas de produção. Mas, ao mesmo tempo, os ganhadores desse desenvolvimento deveriam

---

107. Dados de Claus Schäfer, "Ungleichheiten politisch folgenlos?". WSI-Mitteilungen, 11/2001.
108. Bundesministerium für Arbeit und Soziales, "Armuts-und Reichtumsbericht der Bundesregierung". 2001, Berlin.

também ser forçados a assumir a responsabilidade para que isso não leve à exclusão dos perdedores. Os Estados e seus governos deveriam dispor de meios suficientes para oferecer realmente a desempregados como Harald Guttmann e seus colegas da Grã-Bretanha, Bélgica, Suécia e Alemanha aperfeiçoamento profissional qualificado e garantia de renda, a fim de que eles possam ocupar um outro posto no nível mais alto de produtividade. Mas não é exatamente isso o que acontece até o momento. Pois os ganhadores não pagam, e aos Estados falta o dinheiro. Antes, todos os governos europeus se enredam em uma concorrência grotesca por impostos mais baixos e subvenções mais altas para as empresas, a fim de atrair investidores. Conseqüentemente, a carga tributária cresce para todos aqueles que não têm escolha. Em toda a União Européia, os assalariados pagaram no ano de 1995, em média, 13% mais, as sociedades de capital, por sua vez, quase 40% menos impostos do que uma década antes, uma tendência que vem se intensificando desde então.[109] "Realiza-se uma redistribuição fiscal de baixo para cima", constatou inclusive o normalmente reservado presidente da comissão de estudos sobre globalização do Parlamento alemão, Ernst Ulrich von Weizsäcker.[110]

Bem na dianteira desse processo se encontra o governo vermelho-verde, que, no entanto, assumiu com a promessa de fazer o contrário. Todavia, isso foi revisto já nos seis primeiros meses de seu período de mandato. Em nenhum outro país da OCDE, conforme constataram então especialistas em tributação, cobrou-se tão pouco imposto sobre lucro como na Alemanha, onde ele atinge

---

109. Helmut Kramer, "Economic aspects of tax-coordination in the EU". Österreichsches Institut für Wirtschaftsforschung (WIFO). Viena, 1998.
110. Deutscher Bundestag, "Zwinschenbericht der Enquete-Kommission Globalisierung der Weltwirtschaft". 13 de setembro de 1999, Berlim.

menos da metade da média da OCDE, com apenas 3,8% de toda a receita tributária.[111] Certamente as taxas tributárias eram até pouco tempo atrás formalmente muito altas, mas as empresas da Alemanha possuíam simultaneamente enormes possibilidades de calcular por baixo os lucros sujeitos à tributação. Dessa maneira, já em 1997, nos livros dos conglomerados se encontravam reservas isentas de tributação no montante de 691 bilhões de marcos, só um pouco menos do que o valor do capital fixo.[112] Como a liquidação dessas reservas só ocorre décadas mais tarde, por exemplo, para a remoção de lixo atômico ou para prejuízos segurados, principalmente os setores de eletricidade e de seguro estabelecem com isso um negócio colateral gigantesco, isento de impostos. Somente as seguradoras reservaram no ano de 1997, com isenção fiscal, para "casos de danos não decorridos", uma soma maior do que elas arrecadam em prêmios.[113]

A princípio o governo Schröder considerava que o fisco devia participar desse bolo de lucros de maneira mais justa, exigindo que esses lucros não-tributados fossem tachados conseqüentemente durante o intervalo de tempo até a liquidação, ou seja, para minorar as receitas que resultam das longas aplicações a juros das reservas. Nesse caso, a diferença ficaria sujeita à tributação posteriormente. Mas ao projeto de lei correspondente de Lafontaine, o ministro das Finanças, as empresas interessadas responderam com a ameaça aberta de transferir dezenas de milhares de postos de trabalho para o exterior. O setor de seguros chegou a anunciar que boicotaria a compra de títulos do Estado alemão, uma ameaça que,

111. *Handelsblatt*, de 18 de março de 1999.
112. Deutsche Bundesbank, "Ertragslage und Finanzierungsverhältnisse westdeutscher Unternehmen im Jahr 1997". Relatório mensal de outubro de 1998, Frankfurt.
113. *Handelsblatt*, de 2 de março de 1999.

se efetivada, teria se convertido em juros mais altos no mercado de capitais e, com isso, no colapso da conjuntura econômica. À frente de todos, Helmut Schulte-Noelle, chefe da Allianz, gigante financeiro especialmente favorecido, reagiu contra os pagamentos adicionais de impostos de 1 bilhão de marcos ao ano com a ameaça de transferir o conglomerado para Londres, enquanto seu chefe de Finanças anunciava, ao mesmo tempo, uma intensificação do lucro anual de 8,5% sobre 8,3 bilhões de marcos.[114] Segundo os critérios da moral política das décadas anteriores, um primeiro-ministro teria de rechaçar indignado tal extorsão. Mas Gerhard Schröder deixou de reclamar o primado da política. Ele recebeu os boicotadores fiscais no gabinete da chancelaria e prometeu melhorias. A dissolução das reservas foi reduzida a um mínimo. Com a renúncia seguinte de Lafontaine, "os líderes industriais da Alemanha receberam o seu escalpo", e "demonstraram que os políticos, na época da globalização, precisam ter o mundo dos negócios ao seu lado, se eles querem impedir a exportação de empregos", analisou o *Financial Times*. E o comentarista se divertiu prazerosamente com o título do livro de Lafontaine: *Sem medo da globalização*.

Schröder e seu séquito demonstram desde então que aprenderam a lição, exacerbando a injustiça tributária nos anos seguintes. Eles abaixaram a taxa tributária máxima em 8%, o imposto de renda da pessoa jurídica para as sociedades de capital em 15% e, além disso, presentearam a "Alemanha S.A." com um dote bilionário num montante de dois dígitos pelo menos: vendas das participações em empresas estão desde então isentas de impostos. Todas as cotas que os bancos alemães e as companhias de seguro, mas também as grandes empresas, mantêm em outras sociedades,

---

114. "Allianz droht mit Abwanderung". In: *Handelsblatt*, de 25 de fevereiro de 1999.

podem agora ser vendidas à vontade, mesmo que seu valor tenha se multiplicado no curso dos anos em relação ao preço de compra, como a cota de 18% do Deutsche Bank na DaimlerChrysler.

Essa exoneração tributária das reservas tácitas foi mais generosa do que exigira o próprio chefe da Allianz, Schulte-Noelle, que já teria ficado satisfeito com uma redução da taxa em vigor de 58 a 20%.[115] A justificativa oficial do governo para o presente afirma que era preciso dissolver "as estruturas incrustadas" (ministro da Economia Werner Muller) criadas por participações cruzadas de empresas alemãs e liberar novos meios de investimento e empregos. Mas, naturalmente, não foi exatamente isso que ocorreu. Nem todas as ligações estratégicas no interior da "Alemanha S.A.", como a da Allianz com a Münchener Rück e com o Dresdner Bank, estão à disposição, como deixou claro o porta-voz de um conglomerado há pouco tempo.[116] Em troca, porém, empresas como a Bayer S.A., a antiga empregadora do secretário de Estado para Finanças Heribert Zitzelsberger, chamado após a saída de Lafontaine, podem fazer caixa com a realização das reservas tácitas de sua extensa carteira de participações e, com isso, financiar sua expansão em todo o mundo.[117]

Não menores foram, além disso, os resultados de um outro presente dado aos conglomerados. Também os antigos limites para compensar os prejuízos das participações internas com o lucro dos conglomerados sujeitos à tributação foram riscados do código tri-

---

115. Marc Brost et. al., "Turbo fürs Portfolio". In: *Die Zeit*, de 13 de janeiro de 2000.

116. Vide também: Martin Höppner, *Unternehmensverflechtung im Zwielicht, Hans Eichels Plan zur Auflösung der Deutschland AG*. Max-Planck-Institut für Gesellschaftsforschung. Colônia, 2001.

117. "Bayer steht vor umfassendem Konzernumbau". In: *Süddeutsche Zeitgung*, de 7 de dezembro de 2001.

butário por Eichel e seu novo secretário de Estado, Zitzelsberger. Prontamente, as autoridades fiscais anunciaram que o conglomerado da Bayer, por exemplo, em vez de pagar impostos, reembolsou no ano de 2001 até mesmo mais de 500 milhões de marcos. A Deutsche Telekom passou a mão, pelo mesmo caminho, em 1,4 bilhão; a gigante do ramo de eletricidade RWE, 800 milhões, e a Vodafone-Mannesmann, meio bilhão de marcos.[118]

Dessa maneira, em seu todo, as receitas oriundas de impostos de pessoa jurídica cobrados das sociedades de capital caíram no ano de 2001, chegando a ficar no negativo. Em vez de arrecadar, como em 2000, mais de 23 bilhões de euros, o fisco teve até mesmo, um ano depois, um prejuízo de meio bilhão de marcos. Sem esse déficit fiscal, o ministro Eichel poderia ter apresentado em 2001 um orçamento praticamente equilibrado. Em vez disso, ele teve de ouvir, em janeiro de 2002, uma advertência da Comissão da União Européia por conta do déficit orçamentário demasiado alto.[119]

As conseqüências da larga renúncia à tributação dos ganhadores da globalização são flagrantes. Por falta de receitas, o próprio Estado se torna o motor da crise do mercado de trabalho. Desde 1990, somente no serviço público, mais de 600 mil empregos foram perdidos. De Rostock a Oberstdorf, os municípios anunciam quedas dramáticas nas receitas provenientes do imposto comercial e industrial.[120] Os investimentos municipais, a espinha dorsal da economia da construção civil, caíram ao nível mais baixo em décadas. Desse modo ocorre que, em um dos países mais ricos do mundo, escolas, ginásios e *playgrounds* quebrados não sejam

---

118. "Milliarden vom Finanzamt". In: *Stern*, 4/2002.
119. "Paradies für Konzerne". In: *Der Spiegel*, 5/2002.
120. Ulrich Schäfer, "Galoppierende Schwindsucht". In: *Der Spiegel*, de 27 de agosto de 2001.

reparados, o trabalho social preventivo em prol dos menores acabe sendo eliminado em regiões inteiras e, em muitos lugares, são poupados todos os gastos estatais não prescritos por lei. O declínio forçoso dos serviços disponibilizados pelo Estado coloca em marcha uma dinâmica fatal. Quem pode se dar o luxo envia suas crianças a escolas privadas, trata-se em clínicas privadas e transfere seu domicílio para zonas calmas bem vigiadas, onde não é atingido pela revolta da outra margem da sociedade. Dessa forma, os interessados pela privatização das incumbências sociais do Estado encontram apoio crescente para os seus planos, nos moldes das metas do GATS, tal como foram concebidas há muito tempo em Genebra.

Contudo, o salamaleque dos reformistas vermelho-verdes, outrora combatentes das "lacunas de justiça", perante os príncipes dos conglomerados não é motivo para malícias. A virada radical espelha somente o discernimento realista da abundância de poder que coube aos líderes empresariais com a globalização de suas operações. As ameaças de migrar são às vezes exageradas, mas de modo algum vazias. A "opção *exit*", como a batizaram os sociólogos, cortou ao mínimo o poder de configuração da política nacional. A extorsão da política, com a possível transferência de empregos para o exterior, passou a fazer parte entrementes do dia-a-dia político, como por fim demonstrou o setor de eletricidade na polêmica em torno do programa vermelho-verde de proteção climática.

A "revolução do capital", como o presidente de uma grande empresa alemã denominou a nova constelação de poder para a *Handelsblatt*,[121] encerra, todavia, riscos consideráveis para os ganhadores. Pois o sinal político é devastador: mesmo governos democraticamente eleitos não podem mais reagir à desigualdade crescente. Isso não é "muito estimulante" para a democracia, julgou até mesmo

---

121. *Handelsblatt*, de 1º de março de 1999.

o protoliberal anglo-alemão Ralf Dahrendorf, alertando para o ingresso em um "século autoritário". A tendência é há muito tempo reconhecível. O abuso da integração global como cenário ameaçador confirma permanentemente os clichês — economicamente falsos —, como "A globalização nos torna pobres", ou "O exterior nos tira o trabalho". Desse modo os aproveitadores do mercado global propiciam alimento sempre novo aos ressentimentos xenófobos, tornando-os bombas-relógio na consciência dos eleitores. Da Suécia até a Grécia, os populistas de direita se alegram com a clientela crescente. Fenômenos como Partido da Lei e da Ordem do juiz de Hamburgo, Ronald Barnabas Schill, não caem do céu, são nutridos pela insegurança econômica crescente, que funda o medo do futuro em todas as sociedades. Hans-Joachin Veen, diretor da Fundação Konrad Adenauer e um dos principais pesquisadores alemães de tendências eleitorais, estima que o potencial de eleitores populistas de direita na Alemanha já é da ordem de 15% pelo menos.

Até Stephen Roach, que certamente não é nenhum inimigo da globalização sendo ele economista-chefe do banco de investimentos Morgan Stanley, alerta, por isso, para o "dilema moral" progressivo da desigualdade. Possivelmente é "só uma questão de tempo até ocorrer um revés politicamente dirigido" contra o crescimento econômico conjunto da humanidade. Afinal não seria a primeira vez. No século passado, a integração econômica global fracassou já uma vez por conta da incapacidade da política de se libertar de suas cadeias nacionais e chegar a soluções internacionais eqüitativas.[122] No ano de 1930, um ano antes do colapso do sistema comercial e monetário da época, o *Economist* analisava:

---

122. De fato, a primeira fase da globalização foi extremamente bem-sucedida após o último quartel do século XIX. Medido como participação no desempenho econômico mundial, o volume do comércio mundial alcançou novamente o nível dessa fase somente cinqüenta anos depois do fim da Primeira Guerra Mundial.

"O maior problema de nossa geração consiste em nossos êxitos no plano econômico superarem a tal ponto o êxito no plano político que economia e política não podem mais manter o passo entre si. Em termos econômicos, o mundo é uma unidade de ação abrangente. Em termos políticos, ele continuou esfarelado. As tensões entre os dois desenvolvimentos opostos desencadeou abalos e colapsos em série na vida social da humanidade."

A catástrofe seguinte aniquilou 40 milhões de vidas humanas e valores bilionários gigantescos. E não seria diferente no caso de uma inversão da globalização de hoje, mesmo que isso não se descarregasse em uma guerra mundial, mas em uma onda global de isolamento nacional e a ampliação de zonas de guerra, conforme o modelo do Afeganistão.

Porém os líderes dos conglomerados e seus acionistas não têm nenhum interesse em um semelhante futuro, menos ainda os políticos democráticos, seja qual for o partido a que pertençam. O número crescente de dissidentes proeminentes que saíram das filas do *establishment* econômico, voltando-se contra a configuração da globalização radicalmente pró-mercado e de visão curta, sinaliza que o credo neoliberal no mercado não está mais intacto mesmo entre os poderosos do mundo dos conglomerados. Os eleitores de qualquer modo já há muito não acreditam mais nele.

Aproveitar essas dúvidas e transformá-las em apoio amplo e duradouro para políticos reformadores é a tarefa central do novo movimento social, do contrário todos os princípios de reforma trilharão o caminho vermelho-verde, rumo à nulidade. O pressuposto decisivo para um sucesso possível é uma organização que se estenda além das fronteiras. Apenas um movimento realmente internacional tem de modo geral uma chance de superar o cartel da opinião dos radicais do mercado no mundo das mídias. Somente se ele conseguir articular ao mesmo tempo os interesses comuns das pessoas e dos eleitores no Norte e no Sul, na Europa ocidental e na oriental, poderá impulsionar a internacionalização da política e preparar o caminho para a democratização dos centros de controle da globalização — o FMI, a OMC ou a OCDE. Romper o inchaço de poder dos mercados mundiais e impor reformas em favor dos perdedores é certamente uma missão colossal. Mas há surpreendentemente muitas pessoas que querem tocar esse projeto na França, na Alemanha e em outros países.

ATTAC:
Como tudo começou

"Desarmem os mercados!" O que Ignácio Ramonet, redator-chefe do *Le Monde Diplomatique*, escreveu em dezembro de 1997 não foi uma coluna, foi um manifesto irascível: "O ciclone que devasta os mercados monetários asiáticos ameaça o mundo inteiro. A globalização do capital de investimento cria insegurança universal. Ela escarnece das fronteiras nacionais e debilita a capacidade dos Estados de assegurar a democracia, o bem-estar e a felicidade de seus povos. A globalização do capital financeiro ergue suas próprias leis. Erigiu um Estado separado, supranacional, com um aparato administrativo próprio, esferas de influências próprias e uma política própria: o Fundo Monetário Internacional (FMI), o Banco Mundial, a Organização de Cooperação e Desenvolvimento Econômicos (OCDE) e a Organização Mundial do Comércio (OMC). Essas instituições poderosas cantam em uníssono uma canção com os 'valores do mercado', e as grandes mídias do mundo são o seu eco fiel. Esse Estado mundial artificial é uma grande potência sem base social. Ele responde somente aos mercados financeiros e aos senhores dos fundos e das múltis. E os Estados reais do mundo real são degradados, transformados em sociedades impotentes; e isso piora de ano a ano".

O tom enérgico é uma nota estilística do *Le Monde Diplomatique*. Desde o colapso do comunismo, o mensário sobre política externa tem aumentado de ano a ano sua tiragem — e alterado sua linha. O principal órgão intelectual da *gauche rouge*, da esquerda francesa situada além do petrificado Partido Comunista e da compromissada socialdemocracia, tem hoje na França uma tiragem de 400 mil exemplares, e, no mundo todo, cerca de 1 milhão.

Apoiada por correspondentes em todas as partes do globo, escolada no iluminismo francês tanto quanto na crítica marxista da economia política e no *pathos* republicano dos intelectuais interventores, uma redação de jornalistas socialistas e ex-comunistas busca de mês a mês conceitualizar a nova ordem mundial e as forças atrás dos conflitos nos quais ela se constitui. Em perspectiva global, os jornalistas e os intelectuais — entre eles os cientistas Noam Chomsky, Pierre Bourdieu, Susan George, os escritores John Berger e Eduardo Galeano, mas também o líder dos zapatistas, o subcomandante Marcos — esboçam a fragmentada linha de *front* do novo conflito que substituiu a Guerra Fria: o conflito Norte–Sul na parte externa, os ataques ao Estado social na interna. Enquanto muitos liberais, e inclusive intelectuais de esquerda, proclamaram o "fim da história", o "fim da socialdemocracia" e até mesmo o "fim da democracia", o "*Monde Diplo*", como é conhecido, defende, com retórica veemente, os santuários políticos da Europa: as reivindicações de igualdade das revoluções burguesas e a conquista do Estado social democrático, "que equilibra o poder de poucos por meio do número de muitos", e a pretensão universalista da democracia.¹

Em seu manifesto apaixonado, Ramonet formula o problema da época como global, exigindo uma solução global. Ele contrapôs ao mal-estar provocado pelas conseqüências da globalização *um* objetivo — o controle democrático sobre o capital financeiro dos especuladores e das sociedades de fundos de capital —, sem exigir a "abolição do capitalismo" ou convocar os últimos combates. Apresentou uma perspectiva política em que podem se instalar os anticapitalistas, os socialdemocratas e os cidadãos críticos. Foi um manifesto dirigido aos "democratas de todos os países" para defender a coletividade. E ele o encerrou com uma questão retórica: "Por que não fundar uma nova organização não-governamental, uma associação para uma 'taxa Tobin' de auxílio aos cidadãos' (*Association pour la Taxe Tobin pour l'aide aux Citoyens*, ou seja, a ATTAC)? Juntamente com os sindicatos e com o grande número de organizações sociais, culturais e ecológicas, ela poderia exercer uma pressão esplêndida sobre os governos para finalmente introduzir essa taxa. Em nome da solidariedade universal".²

A questão não ficou sem resposta. Mais de 5 mil cartas de leitores chegaram à redação. Era uma reação demasiado forte para permanecer ineficaz. Em 3 de junho de 1998 foi fundada, em Paris, a ATTAC.

---

1. Nesse meio tempo *Le Monde Diplomatique* passou a aparecer em tradução italiana, espanhola, inglesa, portuguesa, russa, alemã, grega, japonesa e turca.
2. O debate sobre a taxa Tobin começou em 1994. No círculo em torno da UNDP, refletiu-se sobre um financiamento independente da ONU. Em 1995, 620 ONGs de todo o mundo exigiram a taxa durante as preparações da cúpula social da ONU; François Mitterrand tomou para si a reivindicação da cúpula.

Uma campanha de alfabetização econômica

"Foi como um relâmpago", diz Yves Karlén, colocando sobre a mesa os panfletos que ele escreveu nos últimos anos — sobre a OMC, sobre os fundos de pensão e sobre a taxa Tobin. Há dezesseis anos ele dirige ônibus, em Besançon, no cantão suíço de Jura. "Não estamos mais no serviço público", diz ele, acrescentando em seguida: "Nós pertencemos agora a uma múlti, a Vivendi, e eles lá fazem todo ano 180 milhões de dividendos". Ao volante, Karlén ouvira, em junho de 1998, uma discussão radiofônica sobre o artigo de Ramonet e a fundação da ATTAC. E foi a primeira vez que sentiu prazer com a política. "Não que não houvesse nada antes disso, mas nada de organizado. Minha mulher e eu sustentamos duas meninas em Madagáscar, eu me interessei pelos países em desenvolvimento e sempre ouvi incrédulo e furioso esse discurso neoliberal sobre a inevitabilidade do desemprego, das privatizações e assim por diante. As pessoas todas se voltaram para sua vidinha particular nesses últimos anos, mas elas também se questionam." Yves Karlén assinou o *Le Monde Diplomatique* e fundou um ano depois, com um psicoterapeuta, o grupo local da ATTAC. Em 2000 ele foi até a universidade de verão da ATTAC, em La Ciotat. "Foi trabalho duro, pegamos pesado em teoria econômica, e de noite redescobrimos o mundo. É maravilhoso quando se entende uma coisa. Ninguém tem medo de nada, fica ativo."

O campo para a ATTAC estava preparado, na França mais fortemente do que em outros lugares da Europa. Desde 1994, marchas de protesto de desempregados atravessam o país, estrelas da mídia se engajam em iniciativas contra a falta de moradia e a repressão dos *"sans-papiers"*, os imigrantes sem documentos. Quando o plano Juppé previu em 1995 cortes violentos nos serviços públicos, ocorreu o movimento grevista de dezembro de 1995. Nas reuniões dos trabalhadores na Gare de Lyon, falaram mandarins intelectuais como o sociólogo Pierre Bourdieu, que desde então se manifestou pela defesa do Estado social ("uma conquista européia, tão valiosa como Kant, Bach e Beethoven"), e, com repercussão na esfera pública, atacou o *"système* Tietmeyer", a política de estabilidade dos bancos centrais e a dominação dos mercados financeiros, bem como as mídias homogeneizadas pelo capitalismo. Bourdieu e seus discípulos fundaram a rede *Raisons d'Agir* [Razões para Agir], que, recorrendo a uma escrita popular, enfrentou o pensamento unitário neoliberal, o "maoísmo do capital". Ao mesmo tempo, após a greve de 1995, surgiram novos sindicatos, orientados para agir sobretudo no serviço público do correio e do ensino. Eles buscaram a colaboração dos estudantes e do movimento social e conseguiram forjar novas alianças no estilhaçado sistema sindical francês.

O grosso livro de entrevistas de Bourdieu, *A miséria do mundo*, sobre a situação dos excluídos e dos desclassificados na França, tornou-se um *best-seller*. Igualmente bem-sucedido foi o texto polêmico da escritora Viviane Forrester, *O horror econômico*. Esse panfleto repleto de carga moral açoitou em tom popular a economicização da vida, o consumismo e uma exacerbação do capitalismo, em cuja conseqüência bilhões de seres humanos se tornaram supérfluos no mundo todo — um desenvolvimento em cuja extremidade se encontra a morte social de grande parte da população, o "sociocídio". Isso era excessivo, mas foi eficaz. E a desilusão com o socialdemocratismo paralisado do governo Jospin, com o crescimento do desemprego e com os distúrbios crônicos dos jovens das periferias fez o resto. Só faltava a ignição inicial.

Em sua fundação, a ATTAC tinha cerca de 5 mil membros; hoje são mais de 30 mil em 220 locais da França — sem contar os milhares de membros simpatizantes dos sindicatos e das ONGs, filiados de maneira coletiva. Na pequena cidade universitária de Besançon, por volta de cem sindicalistas, estudantes e funcionários públicos se reúnem uma vez ao mês para noites de discussão, distribuem folhas volantes ao decidirem sobre o seu futuro em Seattle, Praga, Gênova ou Bruxelas, convocam um boicote ao iogurte quando a múlti de alimentos Danone decide realizar demissões. Eles se encontram com protetores do meio ambiente de Jura, com empresários da economia alternativa e com movimentos de desempregados. Yves Karlén imagina a fundação de um banco dirigido à economia alternativa, ele lê e fala com as autoridades. É um negócio maçante, tomando noites e fins de semana — e na praça do mercado de Besançon ele vem a saber o que é a "política de grande fôlego": "Nós distribuímos 5 mil panfletos, e aconteceram cinco telefonemas" — de pessoas que queriam saber mais sobre o FMI, o Banco Mundial e OMC e o que isso tudo tem a ver com suas vidas. "Estamos ainda no começo, são muito poucos os ativistas. De mês a mês fazemos ainda um programa de emergência. Nós estamos aprendendo. O que ainda me falta é uma visão de futuro. Poderíamos ser um pouco mais revolucionários na cultura. Mas minha vida não é mais a mesma."

ATTAC, assim diz a fórmula de seus pais e mães fundadores, é um "movimento de formação política orientado para agir". E os grupos regionais dão realmente duro nos estudos: conferências, grupos de leitura, a universidade de verão nacional para centenas de membros, a elaboração de brochuras e panfletos, a difusão de documentos sobre política econômica. Nas palavras de Yves Karlén: "ATTAC — eis uma grande campanha de alfabetização econômica".

INSTIGANDO A POLÍTICA

A ATTAC-Rhône em Lyon é o maior grupo regional na França: mil membros, cerca de cem ativistas. "Mas sem Jean-Luc isso não teria acontecido." Jean-Luc Cipière, agrônomo, cabelos encaracolados e grisalhos, nascido em meados dos anos 1950, ou seja, da "geração 68", depois um ano no Partido Socialista, um ano entre os trotskistas, desde então sem filiação política. Um solitário diligente, que pediu demissão numa hora qualquer e abriu uma firma de consultoria. "Eu estava então nos 'Veterinários Sem Fronteiras', mas após algum tempo a ação humanitária não me satisfazia mais, esse jogo eterno de bombeiro diante de um incêndio crônico. O que eu não entendo é por que esses acadêmicos bem formados não se engajam na política. Acho que não há nada de mais interessante e vital." Ao longo de dois anos, Jean-Luc Cipière, um orador instigante e grande pedagogo, construiu a ATTAC-Rhône. No início de seu trabalho, eles fizeram um filme sobre a manifestação de Seattle e a OMC. "E quem sabia o quer era isso? Durante seis meses demos duro e produzimos. Isso foi importante. Nos conhecemos e adquirimos confiança em nós mesmos. Hoje o filme passa em muitas escolas da França." A ATTAC-Rhône organiza conferências, realiza toda semana um "Café ATTAC" para os novos e para a sociabilidade, promove audiências públicas sobre a qualidade e a privatização dos serviços públicos. "Na verdade, nesse meio tempo as manifestações se tornaram rotina, já quase ramerrão. Só isso não ajuda muito, nosso trabalho é bem mais profundo e de longo prazo. Bem, os jovens, que agora estão chegando, têm formas de expressão e desejos diferentes de nós, velhas máquinas, mas eles são também como saco furado. Com muita coisa é preciso começar desde o início, depois desses anos todos em que as mídias nos encheram com a sua mensagem: cada um é agora empresário de si mesmo, preocupem-se com suas vidinhas, façam um seguro privado e joguem também na Bolsa, e então tudo fica em ordem." Ao longo de dois anos, Cipière leu, ensinou, informou, organizou, e aos jovens que chegavam e diziam: "A gente precisaria ir andando", ele respondia: "Ok, faça isso". E funcionou. Agora ele desistiu da direção, quer "apenas" cooperar em dois grupos de trabalho. "Eu preciso também voltar a ganhar dinheiro, aos poucos vai ficando problemático sustentar a vida."

Não são pessoas de partidos que se encontram toda quarta-feira à noite para a reunião do Lyonnais Conseil d'Administration — o grupo de direção —, nas salas elegantemente azulejadas da Bourse de Travail, cuja fachada *art decó* ainda lembra o brilho do antigo movimento operário, e que depois se sentam para um copo no bistrô de esquina num quarteirão do centro. Pelo contrário, como Yves Karlén de Besançon os chama, são cidadãos de uma "democracia dos mais motivados".

Por exemplo, Olivier Cassagnes, técnico de som com notórias rugas na testa, cabelos pretos, 32 anos, perpetuamente desempregado. Repugnado pelos discursos dos políticos, vivia uma vida isolada, até que a crítica dos mercados financeiros o fascinou: "As análises da ATTAC confirmaram o que eu pensava com meus botões, embora sem saber nada". Desde outubro de 2001, Olivier é o novo presidente da ATTAC-Lyon. "Como condição de ser escolhido, exigi que não nos especializássemos em um perfil político, mas que cada um na ATTAC tivesse de entender tudo e pudesse fazer tudo o que nós precisássemos. Não recebemos nenhum documento do órgão central. Nós mesmos escrevemos tudo. Somente se entendermos tudo, as pessoas entenderão tudo."

Ou Abdellali Hajjat, dezenove anos, estudante de direito internacional. Ele leu sobre a ATTAC na internet. Não, para Gênova ele não foi, estava sem dinheiro e tinha muita coisa a fazer. Atualmente ele observa o ramadã e prepara a contracúpula para a conferência da Euro-Méditerranée (a rodada de negociações para formar a associação entre a União Européia e o Norte da África) na cidade espanhola de Valência. Em cinco minutos ele pode explicar os problemas que a zona de livre-comércio, a qual deve ligar os países magrebinos à economia européia em 2010, já acarreta para os pequenos produtores tunisianos e magrebinos — já explicou isso várias vezes. Grupos da ATTAC em todos os países do Mediterrâneo — isso seria, segundo ele diz de mansinho, uma bela meta.

Ou Jean-Louis Linossier, engenheiro-químico que, aos 56 anos, recebeu uma aposentadoria antecipada da Rhône-Poulenc e foi retirado do laboratório de pesticidas. Ele exerce agora uma nova profissão, que cumpre entusiasmado de manhã até a noite: a luta pela remunicipalização do abastecimento de água de Lyon. "Eu não gosto de parecer sombrio", diz o engenheiro, e em seguida, sem ensaio prévio, dá uma palestra recheada de porcentagens sobre o aumento dos preços da água e os lucros dos privatizadores. "É preciso saber muito de modo que se possa resistir ao presidente da Vivendi na discussão pública. Quando ele começou a tagarelar sobre a qualidade da água, eu contra-ataquei: 'Nós queremos ver os seus livros; diga-nos simplesmente quanto lucro o senhor tem'." Linossier também foi assinante do *Monde Diplo*. "Sigo alguns princípios simples: a água não é uma mercadoria, e basta. Ela é um bem público — adoro esse termo, é uma expressão genial: *'le bien public'*. É preciso ser inteiramente simples mais vezes: uma sociedade solidária — isso todos entendem." O rosto desse homem grande de passos rápidos fica irradiante, e depois, andando, ele lança ainda alguns números: sobre os "mandriões" que ganham com a água e deixam para o Estado o sistema dos esgotos, sob as práticas de alienação do Estado, sobre a corrupção. "Explicar a economia usando o problema da água é uma abordagem muito pedagógica; na economia da água se pode mostrar muita coisa. Em Grenoble o grupo S-EAU-S conseguiu desfazer a privatização. E nós poderíamos conseguir isso também. Mas agora preciso ir." Para dar uma palestra, um novo grupo da água acabou de ser fundado na região.

A reunião semanal do comitê de direção de Lyon não demora duas horas. Os temas: aluguel do salão para a conferência de um jornalista a respeito de paraísos fiscais e centros *offshore*: cobramos um ou dois euros de ingresso? Custos de xerox; quem organiza o próximo Café ATTAC; devemos nos ocupar ainda com o problema do novo trabalho escravo na indústria do açúcar? Quem recebe contribuições para a viagem ao Fórum Social Mundial em Porto Alegre, onde se reúnem os críticos da globalização em sua própria cúpula mundial? Em que pé estão as contribuições dos membros?

Bernard Monnot está sentado à tribuna da sede sindical, distribui a palavra, corta a palavra dos tagarelas, admoesta os conversadores, repassa habilmente a pauta do dia, com humor sucinto, ao estilo de administrador. Isso ele aprendeu. O ex-banqueiro dirigiu a filial de um instituto financeiro de Lyon, e, quando veio a público que pelas suas costas lavava-se ali dinheiro de um banco suíço, ele pediu demissão, e desde então briga com o banco na justiça. Foi parar na ATTAC porque quis descobrir um meio de impedir a patenteação de genes de plantas. "É como um passatempo meu, por fim acabei aprendendo farmácia." E desde então dedica cerca de um quarto do seu tempo ao trabalho na ATTAC: "Valérie gostaria de fundar um grupo de trabalho sobre as múltis. Vamos nos dispersar com isso? Adiemos, agora vem em primeiro lugar a RAM".

RAM significa, dado o amor dos franceses pela abreviação, "Rassemblement pour um autre Monde". É uma grande ação por uma outra globalização, que a ATTAC-Rhône encenará no mês de janeiro em toda a cidade. Em cinemas, praças, salas de concerto e ruas haverá atividades, concertos, conferências e festas a fim de chamar a atenção para o Fórum Social Mundial na cidade brasileira de Porto Alegre e apresentar os seus temas. Artistas, donos de restaurantes, professores e organizações apóiam as atividades da ATTAC, "praticamente toda a contracultura de Lyon", entusiasma-se Valérie. "Durante uma semana criaremos eventos que farão as pessoas terem prazer em absorver o mundo da economia. Não é um destino pendente sobre nós, não é algo que não se possa influenciar." Valérie Reymond também se converteu à "democracia dos motivados". Por três anos ela foi membro do Partido Socialista. "Quase me estragou o gosto por política", diz a bibliotecária. "Nenhum debate substancial, nada, e desde que o PS está no poder, as pressões vão aumentando. Eu queria ser ativa, aqui eu posso. Minha utopia? Nenhum sistema fixo. Que cada vez mais pessoas compreendam que o mundo é o que se faz dele. E assim tudo muda, mas só a passos curtos. É a idéia de grão de areia na engrenagem [*grain de sable* é o nome de um serviço de informações da ATTAC; a expressão veio de James Tobin], que também se encontra na taxa Tobin. Por isso ela é tão central para nós." Durante dois anos Valérie dirigiu o escritório e, junto com os jovens, fez todo sábado um programa de rádio da ATTAC, de meia hora, para a rádio Plurielle, uma emissora local. "O que nos falta? A reflexão sobre a ecologia e métodos melhores de instigar o parlamentarismo."

Um grupo muito vivaz, esse da ATTAC-Rhône, com vida interna crescente e influência sobre a opinião pública e a política da região, e sempre se expandindo. Já é quase um partido sem nome. "A questão agora é muito mais a seguinte: como nós, que começamos isso tudo por nojo da política que nos é oferecida, faremos de novo o contato com a política, com quem decide, com as grandes tarefas da ATTAC?" A ATTAC-Lyon fundou, como muitas outras associações da ATTAC, um grupo de ação para influenciar os parlamentares. "Mas isso não é muito simples. Eles simplesmente têm medo de nós", diz Olivier Cassagnes. "Nós sabemos mais do que eles. A um deles eu fiz um discurso sobre a OMC e sobre o que ela significa para nós aqui concretamente. Então ele me encarou criticamente e perguntou: 'De onde o senhor tira tempo para se preocupar com algo assim?'. Disse isso menos por desconfiança do que por inveja." E Cipière completa: "É preciso ver quanto os deputados se perdem nas trivialidades parlamentares, quanto são dependentes de seus órgãos centrais, a pressão sob a qual os políticos se encontram, quanto o seu poder é limitado. É preciso realmente superar o asco diante dessa espécie de política. E é preciso acreditar firmemente na idéia grega bem antiga de ágora, na política como assunto público de todos, para dar de novo a essas pessoas um pouco de espaço de ação". A ATTAC é justamente um movimento de formação, inclusive para os soldados dos partidos. Em grupo de dois ou três, eles visitam os deputados, esclarecem-nos e formulam suas expectativas em relação ao Parlamento. "Os do PS têm em geral medo de nós; com os conservadores estivemos uma vez, e logo a coisa explodiu, e foi assim depois; com os comunistas nós trabalhamos muito bem." A ATTAC se tornou um fator de poder político. Quarenta mil ativistas já podem influenciar o clima antes das eleições. E na França serão escolhidos neste ano o presidente e o Parlamento.

OS PARLAMENTOS DESPERTAM

Em 19 de novembro de 2001, após duas tentativas frustradas e intensivo trabalho lobístico, a Assembléia Nacional francesa decidiu introduzir a taxa Tobin, tornando-se, depois do canadense, o segundo parlamento do mundo a fazê-lo. Mas em primeira leitura e sob a condição de que os outros países europeus se incluam. Uma vitória simbólica ao cabo de um debate orçamentário, à margem da pauta do dia, somente umas quatro dúzias de deputados presentes ainda na sala, entre eles apenas uma fração dos membros da ATTAC da Assemblée Nationale. Vozes do debate:

DEP. FUCHS (PS): "Quando nós falamos pela primeira vez da proibição do trabalho infantil, isso era uma utopia." *(Aplausos dos socialistas).* "Quando nós quisemos pela primeira vez proibir o trabalho aos domingos, isso era uma utopia! Quando nós falamos pela primeira vez sobre férias remuneradas, alguns disseram que eles não queriam nos pagar para fazer nada. De fato, a tributação das transações financeiras é uma utopia. Mas nós pensamos que essa utopia precisa se tornar realidade."

DEP. JEAN-PIERRE BRARD (PC): "Há na história de nosso país, como na do mundo, alguns que se curvam, desistem, renunciam, capitulam e encolhem diante da ordem existente, e depois há os diferentes. De fato, nós não éramos muitos, no ano de 1789..." *(gritos nas bancadas da RPR, Reunião para a República, e da UDF, União para a Democracia Francesa).*

DEP. CHARLES DE COURSON (UDF): "Nós não estávamos naquela época!"

DEP. JEAN-PIERRE BRARD (PC): "Mas seus antepassados estavam, nós os golpeamos, e muitos entre eles encontraram um fim trágico..." *(as mesmas reações)* "... Estávamos sozinhos quando foi votada a declaração dos direitos humanos ... e nós continuamos sós quando votamos pela semana de trabalho de 35 horas, mas, ao mostrarmos sozinhos o caminho do progresso, somos fiéis à nossa tradição nacional, a qual iluminou o planeta inteiro..."

Isso não soa como uma ruptura histórico-mundial, mas antes a uma retórica parlamentar de bancada menor. No impotentíssimo Parlamento europeu, em Estrasburgo, a participação foi realmente melhor, mas a votação — embora só devesse ser concedida uma incumbência para a Comissão da União Européia mandar examinar a exeqüibilidade de um imposto sobre transação financeira — foi negativa ainda assim. Duzentos e vinte deputados da Europa apoiaram a resolução, faltaram somente seis votos para o seu estabelecimento. Junto com o deputado trabalhista inglês Glyn Ford, Harlem Désir, deputado europeu do PS e membro da ATTAC, foi o criador da resolução. No grupo interpartidário "Tributação do Capital, Ordem Fiscal, Globalização", em que comunistas, verdes e socialdemocratas trabalham em conjunto, pavimentou-se vagarosa e persistentemente, em Estrasburgo, em Bruxelas, nos parlamentos da Finlândia, da Inglaterra e da Bélgica, o primeiro caminho para uma nova ordem financeira global. O presidente brasileiro, o primeiro-ministro indiano, o vice-premiê sueco e o ministro do Exterior finlandês se pronunciaram a favor da taxa; Gerhard Schröder declarou pelo menos a sua "simpatia".

Harlem Désir diz: "Dois anos atrás éramos duzentos, agora já há mil parlamentares no mundo que se engajam ativamente pela taxa Tobin. É uma luta tenaz contra todos os preconceitos. Após a derrota, nosso grupo nomeou uma comissão de cientistas que demonstrou que a taxa é factível e funciona. Este foi o primeiro passo. Agora vem o segundo: mostrar que tem sentido introduzi-la em toda a Europa. Os norte-americanos não precisam participar". Para o membro da ATTAC, Désir, e muitos parlamentares de esquerda, a taxa Tobin não é interessante somente porque projetos globais para o combate à miséria serão financiados com o seu rendimento. Além disso, ela seria um precedente histórico-mundial no direito internacional: a primeira taxa global — e, com isso, o primeiro passo do sujeito da Carta das Nações Unidas rumo à soberania. Afinal, é dito ali: *"We, the peoples of the United Nations"*.

Paciente, tenaz e de visão bem ampla, as idéias de Harlem Désir se projetam adiante. A Europa deve tomar a dianteira no caminho para a nova ordem mundial das finanças e do comércio, este é o seu credo. "Os outros continentes olham todos para a União Européia; em toda parte somos percebidos como o paraíso democrático. As Constituições de cunho social e o Fundo de Coesão da União Européia poderiam vir a ser um modelo para a distribuição dos recursos da Tobin."

Em novembro de 2001, na cidade de Doha, no xecado desértico do Qatar, ininfluenciável por meio de protestos, realizou-se o primeiro congresso da OMC depois de Seattle. Ele deveria reparar o insucesso da fracassada "rodada do milênio" e introduzir uma nova etapa das negociações sobre o livre-comércio. Os responsáveis atingiram seu objetivo de pelo menos não deixar a conferência fracassar por conta das oposições de interesses entre a Europa, o Sul e os Estados Unidos. Foram retomadas as negociações sobre a liberalização mundial dos serviços e sobre a proteção de patentes, ambas do interesse sobretudo dos conglomerados multinacionais. Pouco antes do início da rodada da OMC, Harlem Désir formulou uma resolução do Parlamento europeu que em 48 pontos submete o modo de funcionar da OMC a uma crítica mordaz. A organização promove a desigualdade no mundo, discrimina politicamente os países pobres, ataca a substância social e cultural das nações; falta-lhe transparência, democracia e legitimação. A resolução critica a forma não-pública de deliberação da OMC, a exclusão factual dos países pobres das negociações, as pré-negociações secretas dos membros ricos, o desrespeito dos direitos de soberania por parte do acordo sobre propriedade intelectual (TRIPS), a interferência das regras da OMC na política de saúde, educação, meio ambiente e consumo por meio da liberalização dos serviços (GATS), o surgimento de uma jurisdição comercial internacional não-legitimada democraticamente, a ruptura factual dos tratados internacionais e a destituição de poder de organizações mundiais com os mesmos direitos, como a OIT, a OMS [Organização Mundial da Saúde] e a FAO [Organização das Nações Unidas para Agricultura e Alimentação], por parte do tratado da OMC.

Isso é radical e poderia estar em todas as brochuras da ATTAC. Só há um problema. No parágrafo 33 da resolução, lê-se: "Continua a haver na União Européia um déficit de democracia no campo da política comercial. O artigo 133 exclui o Parlamento europeu da determinação e do exame da política comercial comum". Ou seja, os parlamentares em Estrasburgo defendem — com 434 votos contra dez — uma democratização da ordem econômica mundial. Na mesma resolução, eles constatam a própria impotência em relação ao governo factual da economia, a Comissão da União Européia.[3]

Não é difícil se desesperar diante desse parlamentarismo. No entanto, são esses pequenos passos, esse esforço de repetição, em cujo fim distante, assim espera e por isso trabalha não somente o deputado Harlem Désir, "deve se encontrar naturalmente uma espécie de democracia mundial e uma OMC subordinada à ONU. Se não caminharmos nessa direção passo a passo, a frustração dos cidadãos com os resultados do neoliberalismo os empurrarão em toda parte para os braços dos políticos nacionalistas".[4] Certamente, é um longo caminho, mas talvez uma assembléia mundial de ONGs,

---

3. "European Parliament resolution on openness and democracy in international trade" (2001/2093 [INI]), de 25 de outubro de 2001.
4. Cf. "Taxer les transactions financières: la taxe Tobin em Europa – Le Débat. Actes des premières rencontres interparlamentaires sur la Taxe Tobin". Junho de 2000. Parlamento europeu.

entre as quais a ATTAC começa a desempenhar um papel especial, possa se tornar em tempo previsível uma espécie de anteparlamento, nesse longo caminho rumo à república mundial. A ATTAC é para o deputado europeu Désir um passo importante no sentido de reavivar a política, da qual cada vez mais pessoas se afastam, desiludidas. "Onde já aconteceu de ocorrer ao mesmo tempo, em trinta países, manifestações e esclarecimentos, como agora durante a conferência da OMC em Doha. Bem, a opinião pública é vagarosa, mas..."

Mas um outro mundo é possível — o cartaz da ATTAC também está pendurado no escritório de atendimento de Harlem Désir, na Rue Robespierre, no subúrbio parisiense de Aulnay sous Bois. E, como diria Karl Marx, se o mundo das idéias passa primeiro por uma revolução, a realidade não pode resistir por muito tempo.

Os guardiões da tarefa central

Bernard Cassen não se parece de modo algum com um utopista. Atrás de sua escrivaninha repleta de brochuras, cartazes e impressos, na redação do *Le Monde Diplomatique*, ele parece antes ser uma mistura de professor emérito e jornalista — o que é realmente. E presidente da ATTAC. Mas o que é um utopista?, ele perguntaria. Um utopista não é alguém que, num mundo que há algum tempo entrou em desordem, faz propostas para sua nova ordem? Bernard Cassen adora contraquestões e esclarecimentos conceituais precisos. "O que você entende por protecionismo?", replica ele de maneira penetrante, quando se lhe apresenta a crítica corrente, manifesta também por verdes e liberais alemães, segundo a qual os líderes da ATTAC querem retornar à soberania do Estado nacional e isolar sua economia, como nos anos 1930. "Ah, você só está repetindo esses argumentos homicidas que seus colegas copiam um do outro", dizem seus olhos por trás da fumaça do cigarro. E ele coloca a questão: quando se protege a cultura, a saúde, as escolas, do alcance das grandes e multinacionais sociedades do capital — isso é protecionismo? Quando não se quer deixar que os decretos de privatização da OMC e da Comissão da União Européia destrocem uma cultura de serviço público da qual depende uma identidade nacional — isso é protecionismo? Quando se quer preservar os hábitos de comida e bebida de uma região, quando se considera importante que sobrevivam as tradições teatrais e cinematográficas de um país, inclusive seu financiamento estatal, e se quer protegê-las das cadeias de *junk food*, das *franchise coffee shops*, que aniquilam a classe média, e de Hollywood — isso é protecionismo?

Não é fácil discutir com Bernard Cassen, e não foi só o ministro do Comércio finlandês Kimmo Sai que teve de sentir isso por ocasião da fundação da ATTAC-Finlândia. Encurralado, ele defendeu seu depósito de ações de empresas bélicas norte-americanas com a frase de que estava orgulhoso de possuir cotas de uma firma cujos foguetes teriam derrubado ditadores.

Naturalmente Cassen irradia muito o caráter missionário da "tradição nacional da França, que iluminou o planeta", diverte-se quando os jornalistas das grandes folhas do mundo lhe fazem a corte, enfeita, como todos os intelectuais franceses, seus discursos com erudição histórica, adora sentenças finais patéticas, *à la*: "Trata-se nada menos do que uma reconquista do mundo por nós todos". O presidente da ATTAC, conforme se lê no estatuto, "impele a associação e dispõe de poderes plenos os mais amplos para assegurar sua imagem externa, na França como no exterior, em relação às instituições públicas e a terceiros". Por isso Bernard Cassen está em toda parte e representa "o seu filho" — também isso ele irradia. Pós-modernos irônicos sorriem então — mas um pouco desse *pathos* da soberania popular seria bastante oportuno também entre nós, por exemplo quando o presidente da Bertelsmann declara a políticos socialdemocratas que o Estado do futuro cuidará das qualificações básicas e da segurança, e o resto seria melhor privatizar; quando Hans Tietmeyer brada aos políticos no encontro dos dirigentes do mundo em Davos: "De agora em diante, meus senhores, vocês estão sob o ditame dos mercados financeiros"; ou quando Jürgen Schrempp se volta, ainda na porta do comitê do Parlamento alemão, e ri: "De nós vocês não recebem mais nada nesse século".[5]

Republicana, universalista, patética — a ATTAC é mesmo uma instituição muito francesa, um amálgama notório de regionalismo persistente, do idealismo das missões universais e do espírito das ruas — tal como o incorpora José Bové, o criador de ovelhas intelectual que na cidade de Millau, Sul da França, "demoliu estrategicamente", com seu trator e junto com alguns colegas da Confédération Paysanne, o esqueleto de concreto de uma filial do McDonald's, em protesto contra as tarifas alfandegárias punitivas impostas ao queijo roquefort, com as quais os Estados Unidos (apelando às regras da OMC) reagiram à proibição européia da carne com hormônios. Assim o levante contra o comércio mundial se misturou com o desprezo francês pela *"malbouffe"*, a comida de merda — e Bové acabou se tornando herói popular.

ATTAC-França, eis a mistura do *pathos* enciclopédico do iluminismo e dos assaltos oportunos às Bastilhas. Ninguém acha estranho que a ATTAC-Paris realize com radicalismo laico, justamente na tarde da véspera de Natal de 2001, um comício diante da embai-

---

5. Citação de Schrempp in: *Der Spiegel*, 26/1996. Citação de Tietmeyer in: Jean Ziegler, "Wächter in der Nacht". In: Hickel/Strickstrock, *Brauchen wir eine andere Wirtschaft?*. Reinbek, rororo aktuell, 2001.

xada argentina, onde o secretário-geral Pierre Tartakowsky, conforme se diz no manifesto, iria proferir um discurso "pedagógico" para explicar a relação entre a crise Argentina e a ordem financeira mundial. Uma organização política que é hipercentralizada e ao mesmo tempo concede aos grupos regionais liberdades quase completas — inclusive sobre o fundamental. E tão pragmática que não conclui de suas exigências fundamentais, que apontam para uma revolução do mundo presente, nenhuma idéia acerca do futuro institucional da Europa — para desgosto de muitos "políticos" que se encontram em suas fileiras. "Nesse momento o debate sobre isso dilaceraria o grupo dos fundadores", diz Cassen.

As opiniões a respeito da velocidade da integração, da configuração da constituição européia, mas também dos interesses políticos imediatos das organizações da fundação não podem levar a um denominador comum. Mas cada membro é livre para expressar suas idéias e realizá-las. Ou seja, não há tomadas de posição oficiais da organização inteira acerca da unificação da Europa, mesmo porque a política de livre-comércio de Bruxelas, a "Europa dos conglomerados", não é naturalmente um progresso social. "Nós apresentamos exigências concretas para a União Européia: a conservação da Europa social, a tributação da especulação, a luta contra os paraísos financeiros." O secretário-geral Pierre Tartakowsky, redator-chefe do jornal sindical da CGT para engenheiros e funcionários dirigentes, vê certamente nos sindicatos que participaram da fundação da ATTAC uma trava contra as tendências "soberanistas" da organização. A amizade aberta e de muitos anos de Bernard Cassen com o *enfant terrible* da esquerda, o nacionalista social Chevènement, cria desconfiança em muitos membros que são contra a dominação dos mercados financeiros internacionais, mas que atribuem somente a uma Europa unida a capacidade de estabelecer um *front* poderoso contra os Estados Unidos. E para os sindicatos tradicionais, sem os quais nenhuma pressão política eficaz é imaginável, os interesses imediatos dos assalariados ainda pesam mais do que a solidariedade global. Por mais que os sindicatos no colégio de fundação da ATTAC sejam mais abertos do que os tradicionais e cooperem há anos com ONGs e movimentos civis, o caminho para ações sindicais no âmbito da Europa inteira está ainda distante. Também isso é um motivo, segundo Tartakowsky, para que a ATTAC não interfira em toda questão política e se atenha a seu *"core business"*.

Essa tarefa central transcorreu bem até agora, ainda que alguns radicais de esquerda perguntem em livros volumosos se a ATTAC não é a "tentativa mais recente" de "estabilizar o capitalismo".[6] A tarefa central consiste na insistência em quatros reivindicações básicas: taxa Tobin, ressecamento dos paraísos financeiros, ajuste das dívidas e rejeição dos fundos de pensão para o seguro-velhice. A competência da ATTAC nesses âmbitos teve como resultado que, após três anos de sua existência, dificilmente ocorre uma discussão sobre questões econômicas fundamentais sem que seus porta-vozes não estejam presentes, seja em *talk-shows*, fóruns científicos ou comitês parlamentares. Mas a ATTAC é procurada também quando se trata da guerra no Afeganistão, da privatização de uma instituição municipal ou do futuro da Europa — pois todos esses conflitos apresentam um aspecto ligado ao mercado mundial.

Para proteger a tarefa central e a organização contra uma mudança de curso, mas também para providenciar que os atores políticos que possam se sentir como concorrentes percebam a ATTAC como a "cria" deles, os fundadores costuraram, nas várias vezes em que buscaram uma forma para a ATTAC, a seguinte expres-

---

6. Por exemplo, Michel Barillon, ATTAC – *Encore un effort pour réguler la mondialisation!?*. Castelnau-le-Lex, Climats, 2001.

são: a ATTAC é uma associação. O Collège des Fondateurs, sua assembléia constituinte, consiste em dez indivíduos (entre eles, Viviane Forrester, a autora de *Terror econômico*, Manu Chao, o cantor dos novos movimentos sociais, Gisèle Halimi, conhecida feminista, e Ignácio Ramonet), mas principalmente em 47 ONGs e grupos políticos que apóiam os objetivos da ATTAC e criam com essa organização uma base comum de ação, plena de eficiência — uma aliança voltada principalmente para todos os casos de resistência à ordem econômica e financeira internacional e seus efeitos, mas também para ações comuns eventuais em outros domínios. À parte isso, cada grupo continua livre em suas decisões. Entre eles constam a organização de desempregados AC!, a Alegria da Terra, o jornal anarquista *Charlie Hebdo*, a Confédération Paysanne, fundada por José Bové, a rede de Pierre Bourdieu, Raisons d'Agir, os sindicatos de esquerda dos docentes, do correio, dos clínicos gerais, grupos cristãos de esquerda e a união laica de famílias.

De acordo com o estatuto, esse colégio de fundadores elege dezoito dos trinta membros do conselho administrativo, o qual define as diretrizes políticas da ATTAC; inclusive o presidente é nomeado por esses dezoito membros — uma regulamentação que deve preservar a ATTAC do "entrismo", a apropriação tácita por parte de outras organizações ou mesmo partidos. Sobretudo o temor dos trotskistas, que agitam também na França com suas idéias de revolução mundial radicalmente confusas, desempenha uma função, mas também a avidez de outros partidos, que só se satisfazem quando transformam movimentos bem-sucedidos em "organizações de *front*". *"Pour le moment"*, dizem essas pessoas, a ATTAC é bastante útil. E com tais pessoas cada um tem as suas experiências, e não só na França.

É PRECISO AMAR O CAOS

A maior parte dos fundadores da ATTAC está em seus cinqüenta anos de idade; é sua última tentativa política, se observado de um ponto de vista biográfico. Eles vivenciaram a maneira como o radicalismo dos anos 1970 se destruiu a si mesmo e como a ideologia neoliberal penetrou durante vinte anos nas últimas frestas da sociedade. Eles sabem. Reconquistar a hegemonia sobre o pensamento político, eis o pressuposto para tudo mais. "As idéias e as relações de força mudaram desde a greve de 1995, mas mudaram sutilmente; e as elites dominantes, inclusive da esquerda majoritária, estão ainda contagiadas pelo liberalismo", julga com cautela Pierre Khalfa, o presidente do sindicato do correio SUD-PTT. "Agora não temos nenhum grande modelo, nenhum revolucionarismo, nenhuma Internacional, apenas o trabalho de filigrana que constrói pequenas ilhas, das quais podem partir mais tarde ataques por reformas radicais. Mais não se pode exigir no momento." E isso é um trabalho para o qual é necessário muito fôlego. Daí se repetir a fórmula do "movimento de formação orientado para agir".

E, no entanto, a ATTAC é um movimento que muitas vezes surpreende até mesmo os seus fundadores. Ninguém contou com grupos regionais (que por isso nem sequer aparecem no estatuto), com os Karlén e Cipière, que assumiram a luta contra o despotismo na Tunísia e a favor das usinas de distribuição de água locais, que gostariam de tricotar uma rede entre a União Européia e o Magreb, que querem mais revolução cultural e que — seguindo velhos instintos — observam desconfiados os órgãos centrais de Paris e, portanto, também o seu próprio órgão central. "Nós fazemos o que devemos fazer", diz Jean-Luc Cipière. "Eles não nos incomodam. Nós não temos diferenças. Mas nesse país tampouco eles escaparão ao jacobinismo."

No órgão central parisiense da ATTAC trabalham somente sete pessoas profissionais. A organização é magra, a administração das contribuições dos membros foi entregue a uma pequena firma. Nada do caos alternativo, nenhuma xícara de café deixada pela metade, uma atmosfera de escritório concentrado e ordenado, distribuído em dois andares de uma discreta casa na calma Rue Pinel, no 13º *arrondissement*. Nenhum lema sobre as janelas, nas paredes nem sequer as faixas que uma semana antes da conferência da OMC em Doha cobriam toda a região: "OMC = Orquestração do Mal-Estar Colossal". Nas paredes pendem apenas alguns cartazes da ATTAC: "Lavar mais branco: CASH no paraíso fiscal", "O mundo não é uma mercadoria", "Reapropriemos juntos o nosso mundo"; a isso se somam duas novas placas de ruas parisienses: "Impasse du libéralisme" e "Avenue de la Taxe Tobin". Ao lado do programa de serviços, o único sopro de anarquia, um cartaz de teatro. "Os coiotes de Belleville" representam uma peça sobre Zorro e Zapata, heróis populares.

"É preciso amar o caos." Assim Christophe Ventura explica a estrutura da organização. O historiador de 28 anos de idade saiu direto da universidade — onde ele aprendeu Tocqueville, Keynes e Marx — para a ATTAC. "Essa idéia 'Robin Hood' da taxa Tobin me estimulou, mas antes de tudo esse modelo democrático inteiramente novo, não-usado. A estrutura do órgão central, dos grupos regionais, de uma assembléia de membros e de um conclave de todos os grupos locais é uma ferramenta magnífica. Nessa associação tênue, todos podem se movimentar, ela está aberta para todas as formas de ação e convicções políticas." Segundo ele, a rede da ATTAC permite muita coisa: o sindicalismo anarquista dos interesses locais, a "política da identidade" da defesa de estruturas desenvolvidas e de minorias culturais e, ao mesmo tempo, a busca coerente dos objetivos globais parte do órgão central, que pode se ater às "grandes metas e não precisa defendê-las constantemente contra outros grupos, como em uma aliança de ação, ou submetê-las à votação em convenções partidárias, como em um partido de delegados. "Eu gostaria de ter quatro semanas para refletir sobre como isso tudo pode se desenvolver", diz Ventura, que é responsável pela internacional, "mas, em uma época de ritmo acelerado, não podemos senão manter o equilíbrio entre a mobilização das pessoas e o tempo que precisamos para produzir o conteúdo." Material didático como o "kit Tobin" ou os pequenos manuais da editora 1001-Nacht a respeito das múltis e dos mecanismos do mercado financeiro, que custam cinco euros e cabem em qualquer bolso de calça. Ou reflexão sobre as estratégias. Mas Seattle, Washington, Praga, Göteborg, Gênova — os encontros do governo mundial sem Parlamento estabelecem a agenda, e a cadeia das manifestações não pode romper-se, pois são esses eventos espetaculares que conferem à ATTAC um palco para a tematização pública. "Entre Seattle e Gênova, nós quase não tínhamos imprensa", suspira Christophe Ventura, antes de tudo lamentando que não reste sossego o suficiente para a construção lenta da rede entre tantas ações e chamados dos jornalistas do *Time* ou do *Nouvel Observateur*, que querem saber alguma coisa sobre os paraísos fiscais, a força dos membros ou os planos de ação que estão sendo incubados em Porto Alegre. "Naturalmente há mais expectativas do que podemos satisfazer." No mundo voraz das mídias, cada um se torna rapidamente um especialista solicitado, principalmente depois de acontecimentos espetaculares como os de Gênova. "Mas não pode ser diferente: nós aprendemos realmente em marcha acelerada."

ATTAC-ALEMANHA — USINA DE FORMAÇÃO E "GRUPO DE COMBATE DAS ONGS"

A ATTAC-ALEMANHA encontrava-se então em seus primórdios. Um despertar em auditórios lotados e desprovidos de janelas. Ficar agachado ali durante horas, dois dias seguidos, no ar abafado, o sistema financeiro mundial na ordem do dia, e com o último sol de outono brilhando lá fora — isso não é exatamente o que se entende por fim de semana dos sonhos. Mas os freqüentadores do primeiro congresso da ATTAC, no final de outubro de 2001, na Universidade Técnica de Berlim acharam tudo muito motivador e incitante.

"Clima legal, conferências legais." Lembrando-se de Berlim semanas depois, a norte-americana Sue Dürr, que vive em Munique, solta um respeitoso *"whoopee!"*. Para o jovem enfermeiro Bernd Menzel, os dois dias de "carregamento de combustível político" foram a ignição inicial para se tornar ativo logo depois do seu retorno ao grupo regional de Nurembergue. Simplesmente irradiava "felicidade" o orador do púlpito Jürgen Borchert, juiz de direito social de Heidelberg, que há anos luta de forma obstinada por um sistema de seguro social justo, mas que desse modo se sentia isolado politicamente. "Se não houvesse a ATTAC, seria preciso inventar o movimento." E foi com uma gigantesca pressão gerada pelas expectativas que se deparou um dos criadores, Peter Wahl, que desde muitos anos luta, no grupo para política de desenvolvimento WEED, pela responsabilidade ecológica e pela justiça social na economia mundial — mas mesmo este intelectual tão sóbrio estava impressionado, já que "ultrapassaram todas as expectativas". Em vez das poucas centenas de participantes esperados, 3 mil haviam afluído até à Universidade Técnica. Nas salas de cimento opaco, mais de oitenta *workshops* foram ministrados conforme os mais diversos aspectos da globalização: "Há ainda uma formação diferente da formação do capital", "A suicização do sistema financeiro mundial", "O consumidor como revolucionário? O poder do novo cidadão do mundo". E, além desses eventos organizados, em toda parte se encontravam grupos, e eles discutiam, nos corredores, no *foyer*, na festa, noite adentro.

Certamente o 11 de setembro jogou sombra sobre o evento, colocou em questão o seu êxito. Alguns comentários das mídias haviam atribuído aos críticos da globalização uma proximidade intelectual com um novo terrorismo, o qual, com as Torres Gêmeas de Nova York, havia elegido não por acaso o centro do mundo financeiro global como alvo simbólico — embora a ATTAC e outros se distanciassem muito explicitamente do incompreensível ato violento. Além disso, os bombardeios norte-americanos no Afeganistão colocaram em primeiro plano as novas questões da política de poder, para as quais a organização de modo algum estava preparada.

Mas, ao mesmo tempo, o terror e a guerra desrecalcaram de maneira chocante justamente aquele conflito sobre justiça entre o Norte e o Sul que a ATTAC queria tematizar. E assim a recém-criada rede se certificou para si mesma e para um tropel de jornalistas surpreendemente grande: "nós existimos". E "um outro mundo é possível", como dizia o mote do congresso — um mundo que não mais pode ser valorizado somente segundo critérios econômicos, como exige o modelo neoliberal que o sufoca, senão que precisa ter uma configuração política. A ATTAC pisou a arena como gerador de temas para questões perigosamente negligenciadas. O interesse central, que constitui o cerne de todas as reivindicações da ATTAC para o controle dos mercados financeiros e a reforma do sistema do comércio mundial, é sublinhado por Susan George em uma frase: "Nós queremos democratizar a esfera internacional!".

Houve disputas, dúvidas, esperanças exageradas. E era como respirar fundo. Muitas vezes, a palavra pairou no ar: "finalmente". Finalmente ninguém mais põe as mãos à cabeça, ao ler o jornal, em vista das notícias sobre levantes de camponeses na Índia, sobre a quebra financeira no Sudeste asiático, sobre os *sweat-shops* no México ou sobre a privatização do abastecimento de água na Bolívia, onde em muitas localidades somente os ricos podem pagar o meio de vida mais importante. Finalmente são colocadas de novo questões fundamentais, finalmente poderia haver de novo polêmica substantiva sobre cultura e democracia, poder e justiça distributiva. Todos os temas, que muitos talvez não queiram mais chamar de "esquerda", mas que após o colapso do sistema socialista haviam desaparecido da esfera pública junto com a esquerda.

Finalmente vento contrário. Finalmente também uma nova oposição extraparlamentar para a ex-oposição extraparlamentar agora no governo. Aos olhos da maioria dos participantes do congresso, os protagonistas do governo vermelho-verde, aos quais todas as expectativas estavam voltadas após dezesseis anos de paralisia da reforma sob o governo de Helmut Kohl, ou haviam se tornado neoliberais ou se resignaram desnecessariamente com lamentáveis vitórias de detalhe. A frase de Joschka Fischer segundo a qual ele não conhecia nenhuma política externa verde, mas somente alemã, a tese de Schröder de que há apenas política econômica "moderna" e "não-moderna" — a adaptação, expressa nessas manifestações, à plúmbea falta de alternativa surpreendeu a muitos. A estes Horst Schmitthenner falou em Berlim do fundo da alma: "Em 1998, realizou-se a troca de governo", declarou o presidente do sindicato IG-Metall durante o congresso da ATTAC, "faltou a troca de política".

A ATTAC destina-se a ajudar na efetivação dessa troca. Por isso, o que o jornal *Taz* criticou, não sem razão, como assembléia de uma liga de aclamadores era também o propósito. Os oradores que subiram ao púlpito eram ao mesmo tempo animadores, analíticos, mas também patéticos. A presidenta da WEED, Barbara Unmüssig, por exemplo, atribuiu à ATTAC o "potencial de se tornar um fator importante para uma regulação humana e democrática da globalização". Jürgen Borchert relatou detalhadamente a redistribuição de baixo para cima que acontece na Alemanha. Com citações da Constituição e de maneira admoestadora, ele lembrou que a função social da propriedade sempre esteve na agenda política depois da experiência de grandes guerras, e juntou à nova aliança uma imponente galeria de antepassados: do Tea Party de Boston* até as manifestações de segunda-feira da antiga Alemanha Oriental. A mesma linha seguiu o sociólogo suíço e crítico dos bancos, Jean Ziegler. Depois de açoitar com violência verbal os riscos das especulações irresponsáveis do capital e a acumulação absolutamente sem limites de riquezas por um número cada vez menor de indivíduos e empresas, ele equiparou o ataque aos mercados financeiros àque-

---

* Protesto contra a Lei do Chá (Townsend Act), em 1773, em Boston. Colonos americanos insatisfeitos com medidas tributárias da Coroa inglesa jogaram ao mar fardos de chá da Companhia Inglesa das Índias. (N. E.)

le contra a Bastilha. Susan George, por fim, conferiu a seus ouvintes definitivamente a sensação de assistir a um grande momento da história. "Um dia vocês todos contarão a seus netos que vocês estavam no congresso de fundação da ATTAC", bradou ela e garantiu, certamente com um pouco de precipitação e beirando o limite do *kitsch*, "que o movimento cumprirá sua missão e que todos se lembrarão dele por muito tempo no futuro."

"É CHIQUE AGORA SER MEMBRO DA ATTAC"

Pode ser que durante a assembléia na Universidade Técnica, em "atmosfera animada de congresso eucarístico", a ATTAC tenha "mais uma vez tirado o pó dos velhos ícones do movimento de protesto", como difamou Martina Meister no *Frankfurter Rundschau*, citando desde Horst Eberhard Richter ("A visão neoliberal está no fim") até um Oskar Lafontaine ardentemente empenhado em uma pequena aparição ("Governos democraticamente eleitos, e não os mercados, devem determinar a política!"). De fato, entre os participantes, muitos veteranos do movimento estudantil, das mulheres, da paz e da ecologia trocaram um olhar malicioso de "Ah, claro, também aqui!" ou se saudaram com "Quem é vivo sempre aparece!". E o jornalista polonês Adam Krzeminsky lembrou-se da atmosfera do congresso da Tunísia dos *"spontis"*, os grupelhos da esquerda não-dogmática, realizado há mais de vinte anos.

Contudo, à zombaria sobre a suposta nostalgia de 1968 raramente se seguem argumentos objetivos — a idade não impede o conhecimento, tampouco a reflexão. Além disso, um movimento que acabou de surgir poderia ter apresentado com certeza oradores interessantes — mas presumivelmente nenhuma grande atração. Mas, principalmente, ao lado dos que retornam com 45 a sessenta anos de idade, agitavam-se na Universidade Técnica também muitos estudantes, colegiais, estagiários, com cadernos de colégio e esteiras de dormir. Por isso outras mídias ávidas por clichês tinham na manga o rótulo contrário, igualmente falso, de "novo movimento da juventude". Claro, foi algo criado em gabinete. Pois na realidade berlinense se reuniram também sindicalistas, professores, empregados da área cultural, desempregados, editores, donas-de-casa, publicistas, profissionais das ONGs, pastores — gente de todas as camadas sociais e gerações. Também muitos incorrigíveis ou pretensos santos das seitas políticas, com esperanças de salvação revolucionária depositadas em mesas repletas de livros anarquistas ou esotéricos, estavam entre eles. Mas essas aparições marginais apenas desviam a atenção da seriedade, da competência e mesmo da distância crítica da maioria preponderante dos freqüentadores ao se colocar questões tão complexas como aquelas sobre o sistema financeiro e comercial globalizado, ao buscar interpretações e pesar as possibilidades de influência democrática.

Pode ser também que a auto-afirmação do movimento em germe se desse aqui e lá à custa da diferenciação objetiva. Nem toda infelicidade que consta da crítica é afinal tributária unicamente da globalização. Com efeito, a falta de perspectiva das massas empobrecidas é realmente um solo fértil para a violência terrorista, nisso os oradores da ATTAC tinham razão — mas não é certamente a única explicação para o caso Bin Laden e sua Al-Qaeda. Mas unilateralidade, contraditoriedade, exacerbação, emocionalidade se encontram no começo de todo movimento. Mesmo neste, que, contudo, tem apresentado simultaneamente desde muito tempo — em contradição com o clichê difundido de "movimento de um único ponto", isto é, a taxa Tobin — um catálogo de reivindicações concretas, entre outras:

- O fechamento dos paraísos fiscais e dos "centros *offshore*".
- Não à privatização do sistema de seguro social (por exemplo, o seguro-saúde ou a pensão).
- O corte das dívidas dos países em desenvolvimento.
- Fiscalização mais rigorosa dos bancos e das bolsas, inclusive para os assim chamados investidores institucionais.
- Estabilização do câmbio entre as três moedas principais: dólar, euro e iene.
- Configuração democrática das instituições financeiras internacionais.
- Tributação maior das receitas de capital e das grandes fortunas.
- Uma reforma abrangente do sistema injusto do comércio mundial.

No congresso era claro a todos que para a ATTAC-Alemanha uma concretização de todas essas metas e sua implementação prática, sobretudo a decisão das prioridades, ou seja, uma tarefa gigantesca de trabalho substancial, estava ainda para acontecer. "Reforma do sistema injusto do comércio mundial" — um campo tão vasto precisa ser preenchido primeiro com idéias precisas. Ou, como conseguir cortar as dívidas dos países em desenvolvimento de modo que não apenas as elites corruptas se beneficiem disso? Igualmente claro era que a resposta a essas e outras questões não seria fácil no contexto de um movimento tão heterogêneo. Mas a ATTAC não quer ser uma empresa de *franchise* político, que apresenta um produto de embalagem fixa e pronta, com o nome de crítica da globalização *made in* França, e que depois o difunde em toda a Alemanha. E o que a rede deveria representar? Um espaço social para a transmissão de saber e formação da opinião? Um movimento que ralha com os partidos? A etapa inicial de um partido próprio? Tudo isso deveria ser discutido abertamente por aqueles que se engajaram na base. Pois na Alemanha se procederá de maneira mais federativa, o plano nacional deve responder aos "descentrais". "Nós queremos vir de baixo", diz Astrid Schaffert, que aconselha os grupos locais.

E o número deles é cada vez maior, sendo que o Congresso empurrou ainda mais para cima o registro de membros da ATTAC. Se após o início, próximo da virada do ano de 2000, o crescimento havia transcorrido de maneira arrastada por um ano e meio, com quase 1500 "attacianos" ele aumentou, como conseqüência dos acontecimentos em torno da cúpula do G-8 em Gênova, "praticamente à maneira da New Economy", segundo o co-fundador da ATTAC Sven Giegold — e depois do congresso, ainda mais à maneira da New Economy, chegando a mais de 4 mil em poucas semanas. Entre os membros constam, na qualidade de primeiros signatários, o economista Elmar Altvater, o presidente do IG-Medien Detlev Henche, o teólogo Friedhelm Hengsbach, o cientista econômico Rudolf Hickel, os deputados federais socialdemocratas Andrea Nahles e Detlev von Larcher, a escritora Dorothee Sölle e o cantor Konstantin Wecker. Os suspeitos de sempre. Mas também entre pessoas até então apolíticas agora é realmente "chique ser da ATTAC", como disse em Berlim a secretária federal de assistência aos menores da DGB [Liga Alemã dos Sindicatos] Claudia Meyer. Afora os membros individuais, por volta de cem ONGs, associações e instituições fazem parte da rede na qualidade de apoiadoras. Para mencionar algumas poucas: o Movimento Autotributação, a Liga para a Proteção do Meio Ambiente e da Natureza, a Juventude da DGB, a Kairos Europa, a Médico Internacional, diversas associações de jovens socialistas, a Aliança 90/Os Verdes, o Instituto Oswald von Nell-Breuning, a Pax Christi, a Terre des Hommes e o Serviço pela Paz Mundial. Grupos da ATTAC foram fundados em cerca de setenta cidades; a cada mês, novas iniciativas aparecem. A ATTAC-Oberlausitz não teve por muito tempo mais que quatro membros — em Hamburgo, Berlim ou Colônia, logo no começo, havia bem mais de cem interessados, tanto curiosos como pessoas decididas. Quem são os attacianos? O que os anima, o que eles querem mudar?

FINALMENTE SAINDO DO ABANDONO POLÍTICO

Quando se é bibliotecário municipal, lê-se muito. Reginald Koenig não se ocupa apenas das belas-letras, ele também devora livros de não-ficção sobre temas sociais e economia. Até há pouco seu interesse era muito mais intelectual; politicamente ativo esse homem de 37 anos de idade nunca foi. Martin Zeis, por sua vez, sempre se engajou. Participante do grupo Wilhelm Reich durante a universidade, nos anos 1970, na cidade de Freiburg, esse professor de 48 anos passou depois por um grupo de estudos sobre filosofia na guerra camponesa antiatômica em Wyhl, e acabou indo parar entre os verdes — com os quais está, no entanto, "amargamente desiludido, desde que eles foram para o governo". Um congresso em Paris da revista de intelectuais *Le Monde Diplomatique* e a participação no primeiro Fórum Social Mundial em Porto Alegre foram experiências-chave para seu reconhecimento de que "em termos políticos, nada menos que um contexto planetário dá certo", se se "quer construir diques contra a destruição social e ecológica". Desse modo, Zeis e Koenig só tinham em comum o fato de os dois terem vivido em Stuttgart. Mas uma noite eles assistiram à mesma conferência sobre crítica à globalização — o último estímulo para fundar um grupo da ATTAC em Stuttgart. Desde então, conforme diz Martin Zeis, ele já não dorme muito diante de tanta leitura, correspondência por e-mail e trabalho de organização. "Apesar disso, eu trabalho até melhor no meu emprego", exalta-se ele. "Por causa do sentimento de elação! Finalmente deixei meu abandono político."

No Fórum 3 de Stuttgart, um centro de cultura e eventos com as curvas da arquitetura antroposófica, reúne-se regularmente o plenário da ATTAC, e hoje os membros se apresentam pela primeira vez uns aos outros. É que, como conta Martin Zeis, todos foram atropelados de início pela guerra no Afeganistão, pela conferência da OMC em Doha em novembro e pela cúpula de Bruxelas em dezembro; era preciso organizar uma ação atrás da outra. Além disso, um outro grupo foi logo fundado na universidade de Hohenheim, e tomou-se contato com bolsistas internacionais no castelo Solitude. A fim de demonstrar os efeitos locais da globalização, outros membros voltaram a utilizar o fórum da ATTAC para organizar um evento sobre o papel das empresas de Stuttgart nos mercados mundiais; um outro evento foi planejado logo em seguida, o qual deveria demonstrar "como a Daimler-Chrysler consegue escapar dos impostos". Como havia muita coisa para ser feita, os cerca de oitenta ativistas regulares entre os pouco mais de duzentos interessados da ATTAC de Stuttgart (situação em janeiro de 2002) mal se conheciam. Só agora eles narram suas opiniões políticas, motivações e objetivos. E, de fato, o espectro é amplo. Demasiado amplo?

Discípulos da "ala de esquerda", com estrelinhas vermelhas nas camisetas, se exercitam na retórica socialista, que presumivelmente causa estranheza a Thomas Autenrieth, comerciante de comida natural de orientação antroposófica. Ele procura "colocar a vida econômica sobre uma base humanitária", no interior de uma "liga alternativa de livres iniciativas empresariais", e quer com a ATTAC principalmente "reconquistar um pouco de democracia". Engajados religiosos querem criticar publicamente a pobreza nos países em desenvolvimento; um colaborador africano do Pão para o Mundo quer colocar o tema da alimentação mundial na pauta do dia. Ina Schön, uma estudante de vinte anos de pedagogia social, encontrou finalmente, após longa procura, uma organização "com poder", que deve jogar lenha na política social do governo vermelho-verde. "Mesmo no Greenpeace, quando queremos nos engajar, só recebemos o formulário para doação." Seu marido Holger, seis anos mais velho, ex-funcionário do correio, atualmente um "anarquista ordeiro" com diversos empregos, luta para "que também no mundo possam ainda ser fundadas famílias como a nossa". Pela soma desses motivos já se torna evidente que a globalização é também uma tela de projeção. O menor denominador comum para tantas expectativas diferentes será grande o suficiente para durar?

É justamente o "intercâmbio reforçado entre as culturas de vida" o que contribui para o entusiasmo descrito por Martin Zeis. Como todos os movimentos, a ATTAC também tem uma função social. É verdade: em uma sociedade individualizada, em que igrejas, associações e partidos desempenham um papel cada vez menor, os grupos formados segundo classes, idade e interesses se estratificam de tal modo que o encontro com pessoas que vivem e pensam diferentemente não é mais de maneira alguma evidente. Aqui, no Fórum 3 de Stuttgart, ele se realiza, e nem todos os participantes são apresentados mesmo depois de horas. O próximo é um representante do sindicato do setor de serviços "ver.di", que faz uma doação de 3 mil marcos e põe em perspectiva eventos comuns relativos ao acordo sobre serviços da OMC. E uma professora, uma suábia* típica, diz que uma viagem para a América Latina lhe abriu os olhos para as relações da economia mundial, mas que ela era politicamente inexperiente e esperava agora, sobretudo, ajuda na argumentação. "Cada um sente há muito tempo que algo de erra-

---

* Originária da Suábia, região histórica da Alemanha, a oeste da Baviera. (N. E.)

do está em curso. Mas a maioria das pessoas não se sente ainda realmente pressionada pela dor."

Conhecimentos sobre os fundamentos, informações que iluminem sua noção difusa da globalização — isso todos querem. Desse modo, nessa noite se desenvolve a discussão sobre se isso pode ser alcançado com relatores de fora, com estudos próprios orientados ou com métodos de aprendizagem inovadores como dramatizações. Ou com conferências de especialistas presentes nas próprias fileiras, nas quais há também muitos sindicalistas críticos, economistas ou gente engajada no Terceiro Mundo, com conhecimento profundo dos países.

É possível perceber que a ATTAC é certamente um catalisador — mas que não começa do zero. Vários membros são ativos há muitos anos — só que seus temas não tinham alcance algum. Eram cada vez menos considerados. Nos partidos, dadas as questões controversas, complexas, supostamente insolúveis, não se conseguia nada; mesmo nos sindicatos certos temas são vistos como chatos — na melhor das hipóteses, "tocantes" — afinal, quem iria se interessar, em tempos de desemprego em casa, por seus colegas no Brasil ou na Coréia do Sul? Ao trabalho da maioria dos pequenos grupos dedicados à política de desenvolvimento ou engajados na defesa da ecologia, seja movimentos civis ou eclesiais, as mídias mal davam atenção.

Astrid Schaffert, por exemplo, um dos poucos funcionários fixos da ATTAC, e engajada no grupo de Hamburgo, já havia organizado dez anos atrás, em Freiburg, uma conferência sobre a cúpula do clima no Rio de Janeiro, onde foram reclamadas, em vez de acordos vagos, metas de redução drástica do CO_2. Durante seu período universitário, em Göttingen, ela se engajara em assuntos de ecologia e Terceiro Mundo, lutando pelo perdão das dívidas dos países em desenvolvimento, "embora nós lêssemos nos jornais o eterno clichê segundo o qual a geração mais jovem não tem interesse por política". Ela preferiu transformar seu engajamento político em profissão. Em seu estreito apartamento em Hamburgo, entre os filhos que brincam, ela agora emprega sua sólida experiência e informação para aconselhar os grupos da ATTAC em seminários, planejamento de ações e execução de campanhas.

Ou Philipp Hersel, de Berlim. Há anos política comercial e mercados financeiros inquietam o cientista político, que por fim acabou se tornando colaborador da ONG BLUE 21. Ele escreve pareceres sobre esses temas, e seu conhecimento é solicitado nos escritórios dos deputados federais. "O pessoal se conhecia desde sempre", diz ele a respeito do grupo de fundação da ATTAC. Depois de Seattle e Gênova, a rede, como entidade, fez então com que os engajados pelo Terceiro Mundo, que pouco antes haviam sido tripudiados como desmancha-prazeres, ascendessem de repente das cinzas, como a Fênix, sendo procurados para participar de entrevistas.

Dessa maneira, as mídias aceleraram o crescimento e a influência da organização — em um grau que inicialmente os meios e a capacidade real dos participantes não podiam satisfazer de imediato. A ATTAC e outros grupos críticos da globalização não são de modo algum novos, eles "revitalizaram cernes de movimento" já existentes, conforme acentua Dieter Rucht, do Centro da Ciência de Berlim, que pesquisa movimentos sociais e é ele próprio um membro da ATTAC; mas, além disso, eles levaram "forças novas aos grupos de protesto, particularmente pessoas mais jovens, que até então mal eram politizadas. Com isso, a superestimação inicial atingiu progressivamente conteúdo de realidade. Os movimentos ganharam peso, visto que eles são considerados importantes".[7]

7. Dieter Rucht, *Herausforderungen für die globalisierungskritischen Bewegungen*. Berlim, 2001.

A variedade de membros é grande em todos os grupos; além disso, eles têm freqüentemente um caráter local evidente, como se vê no encontro na sede de um sindicato de Nurembergue. Na fachada pende uma longa faixa, em que estão listados, em linhas estreitas, os nomes de todas as firmas que nos últimos dez anos demitiram empregados, simplesmente se fundiram ou emigraram. Foram-se 50 mil empregos da região. O desemprego chegou a 10%, atingindo muitas pessoas de idade ou pessoas de baixa qualificação, que não encontram mais nada de novo. "As empresas restantes economizam até no orçamento para continuar competitivas", diz Stefan Seitz, de 31 anos, um roqueiro vestido com roupas de couro, que agora estuda sociologia depois do aprendizado e da atividade profissional no ofício de metalúrgico. "Isso significa demissões e trabalho duro sem fim para aqueles que continuam, em jornadas de trabalho flexíveis, pelo mesmo salário." Pode ser que na relativamente próspera Suábia muitos ainda não se sintam "pressionados pela dor", como achava aquela professora — em Nurembergue, em todo caso, segundo Stefan Seitz, "faz tempo que muitos são obrigados a sentir imediatamente as mudanças". Por isso, na tradicional cidade operária, a ATTAC recebe o apoio do IG Metall [Sindicato Metalúrgico], em salas de reunião, fotocopistas e telefone.

    Seitz impulsionou esse grupo da ATTAC junto com o experiente e diligente Bernhard Dobbert, colega franconio de estudos e de sindicato, que tanto é membro do IG Metall como militante entre os verdes e quer arrebentar "as crostas" das duas organizações. "A ATTAC modificará os verdes e os sindicatos." Robert Schuh, o terceiro fundador na liga, dirige-se agora, em nome do IG Metall, às firmas representadas no Salão de Nurembergue. Ele sabe por conversas com empresários e trabalhadores como todos, inclusive a classe média, se sentem ameaçados pelas coerções da globalização. Está autorizado a empregar uma parte da sua jornada de trabalho para a ATTAC, com o objetivo de exercer pressão sobre os partidos. "Eles são somente máquinas de distribuir poder. Já não oferecem mais nenhuma possibilidade de identificação." Dessa maneira, no interesse pela ATTAC se expressaria também uma "ânsia por sistemas de valores comuns". E por participação. "A democracia do pós-guerra na Alemanha Ocidental está petrificada." Durante meio ano os três amigos do IG Metall, rebeldes racionais, leram livros e ensaios tirados da internet, conforme relata Schuh. "Depois de Gênova nós pensamos: chegou a hora. Nós reservamos uma sala para vinte pessoas. Vieram cem." Entre elas, além dos sindicalistas, "alguns professores, um engenheiro genético, um filósofo, médicos, desempregados, estudantes...".

Por exemplo, o arquiteto principiante Nico Sportelli. Pela primeira vez ele se tornou ativo politicamente, porque na ATTAC-Nurembergue — como em alguns grupos — se trabalha praticamente sem hierarquias. Há somente um flexível centro de coordenação, que prepara as plenárias e coordena as atividades, por exemplo anunciando no *site* da internet. Mas o *site* pode ser acessado também por qualquer um que queira armazenar alguma coisa, e os grupos de trabalho planejam seus eventos com autonomia. Não há presidente, porta-voz, nenhum tipo de titular de função. Com uma organização arejada dessa espécie os mais jovens também podem se identificar. "No meu caso, este é o cerne da motivação", diz Nico Sportelli. "Posso ir e vir quando quiser. E então eu quero!" Assim a ATTAC serve à carência de espontaneidade da sociedade individualizada e ao desejo de não se ligar rigidamente às organizações — por mais que essa espontaneidade incerta possa ser politicamente arriscada a longo prazo. Pelo menos em Nurembergue os encontros são combinados de forma espontânea, nas ações planejadas coopera quem tem tempo e prazer no momento.

Uns formam então um teatro de rua sobre as relações Norte e Sul e o tema do endividamento; outros, um estande de informativos da ATTAC. O interesse dos transeuntes foi grande, segundo a opinião de Robert Schuh. "Quando se trata de sindicalistas, vê-se mais xingamentos." Ele acaba de tramar um evento com o conde Faber-Castell, que elaborou para sua empresa mundial "uma carta social muita boa. É preciso também mencionar exemplos positivos". Em geral, até agora causou sensação a "ação contra o populismo de direita e contra o terrorismo intelectual". No congresso do CSU [União Social-Cristã; partido político da Baváriá] em outubro, no dia em que o primeiro-ministro italiano Silvio Berlusconi iria falar (o que depois não fez), as pessoas da ATTAC empilharam em frente ao congresso do partido seis telas de televisão para formar uma pequena torre de vídeos com citações de Berlusconi e Edmund Stoiber. A proteção policial extrema havia aumentado a tensão na cidade; conseqüentemente, ávida por sensação, a imprensa presente no congresso partidário "esperava que nós, críticos da globalização, no mínimo queimássemos carros", diz com um sorriso irônico Robert Schuh. Mas os jornalistas esperaram em vão por imagens de combate e depararam no evento da ATTAC também "com alguns estudantes de teologia muito amáveis". Mas o que Berlusconi tem a ver com a globalização? "Nós queremos chamar a atenção para a inflação de entretenimentos", diz o sindicalista, "que deseja nos distrair, desviando-nos dos desenvolvimentos políticos mundiais. Ao mesmo tempo, queremos chamar a atenção para o perigo de o poder concentrado das mídias manipular, brincar com o medo das pessoas." Além disso, "Berlusconi responde por Gênova!".

OS ATTACIANOS ASSAM PEQUENOS POSTOS DE TRABALHO

Os espetáculos simbólicos, análogos aos que o Greenpeace encenou a propósito do tema ecologia, têm com a ATTAC uma nova conjuntura. Os attacianos de Nurembergue querem abrir já, no plano local, uma conta de recolhimento da taxa Tobin para pagadores voluntários. Uma "lavagem de dinheiro" no rio Alster é representada pelo grupo de Hamburgo. Paraísos fiscais e malas pretas transtornaram zonas de pedestres de diversas cidades da Alemanha. Os berlinenses levaram ao forno, pouco antes da noite de Natal, "pequenos postos de trabalho". Na cidade de Bochum, em protesto contra a política pública de contenção de gastos com o sistema educacional, os estudantes tiraram até a "última camisa" do corpo no meio do auditório. E em Munique os attacianos deram-se as mãos para formar um "cerco em torno da Bolsa". "Bem", admite um dos participantes, "nós não conseguimos uma volta inteira."

Mas em primeiro plano, ao lado das mesmas ações que repercutem na esfera pública, encontra-se para a maioria um "processo de aprendizagem democrático" — da mesma maneira que na França. Partidos e sindicatos, opina Robert Schuh, "não se preocupam suficientemente com as cabeças. Com a sua formação política, eles não alcançam mais as pessoas. Assim a ATTAC depara com um vácuo". Quase todos os membros têm consciência de que ainda sabem muito pouco a respeito das instituições, grêmios e processos nos quais a globalização, de modo algum fatal, se forma politicamente. Dessa maneira, em Nurembergue, estudam agora os textos do sociólogo francês Pierre Bourdieu; em Berlim, os grupos de leitura se dedicam ao livro de Richard Sennett, *A corrosão do caráter*; os de Munique discutem *No logo*, de Naomi Klein. E em todas as cidades há grupos de trabalho que explicam os mercados financeiros com livros, apostilas e internet, ocupam-se do FMI e do Banco Central, da estrutura e da influência da Organização Mundial do Comércio, do futuro democrático da Europa, da economicização da vida cotidiana, da privatização do sistema da previdência e da saúde. Não há nenhuma doutrinação em Marx por meio de textos sagrados, como antigamente. Todos pesquisam coletivamente informações atuais e as discutem na amplidão das visões de mundo reunidas.

Uma "contra-esfera pública" voltou a aumentar uma carência disso. Nos anos 1970, o movimento da ecologia e da paz havia descoberto o engodo, as mentiras e as contradições de uma atividade política e científica que pensava unilateralmente em macroestruturas; agora os holofotes devem ser dirigidos ao engodo, às mentiras e às contradições de uma economia unilateral. Naquela época, as mídias acreditaram na ciência de maneira infrangível, segundo a opinião de Sue Dürr; hoje é válido contrapor vozes críticas à perspectiva da maioria crente no mercado. A esposa do físico Hanspeter Dürr, da rede Global Challenges, que está na *homepage* do grupo da ATTAC de Munique na qualidade de parceira de contatos, é da Califórnia, onde já foi ativista na universidade. Ela vive em uma casinha com um jardim encantador ao norte de Schwabing. Em Munique, ela já gerou "contra-esfera pública" com protestos e eventos informativos acerca dos perigos da energia atômica e dos planos norte-americanos de estacionar forças militares. Em 1997, organizou eventos a respeito do Acordo Multilateral sobre Investimentos, o MAI. "Isso nós também ajudamos um pouco a derrubar." Naquela época se assustou com " quão pouco os próprios funcionários do Ministério da Economia, que convidamos para subir à tribuna, estavam familiarizados com a situação dos países em desenvolvimento, como eles não conseguiam compreender nossos argumentos, repetindo o mote: 'Vocês também têm ações nas bolsas, não é?'". E agora, na conversa com um deputado federal acerca da iminente privatização do abastecimento de água como conseqüência possível do tratado GATS da OMC, ela experimenta uma espécie de *déjà vu*: "Ele não sabia quase nada". O que somente reforçou sua convicção: "Nós precisamos colocar os políticos sob pressão — mas primeiro precisamos esclarecê-los também". Ou seja, "primeiro nos informamos, depois os outros". Todo mês a ATTAC-Munique faz transmissões de uma hora, por exemplo, na rádio local Lora.

Sue Dürr espera que a aliança elabore soluções duradouras e apresente à sociedade a possibilidade "de superar o capitalismo do crescimento destrutivo — visto que ele é incompatível com a realidade do planeta. A possibilidade de fazer uma economia em favor da vida". O amplo espectro das procedências políticas na ATTAC, que caracteriza o grupo de Munique assim como os demais, ela considera uma sorte. Os "inteiramente de esquerda" às vezes lhe dão nos nervos com "sua retórica bárbara", "eles atuam como o terror da classe média". Mas no todo "o tratamento das pessoas entre si é hoje bem diferente de antes. Não predomina mais o berreiro hostil, tampouco discursos sem fim sobre cada linha do texto. A disposição para criar compromissos é maior".

Em todo caso, um fundamento comum mínimo precisa existir; algumas concordâncias fundamentais, às quais podem se ater todos os grupos da ATTAC, no caso de haver conflitos. Conforme um documento sobre os princípios da ATTAC, que Werner Rätz e Peter Wahl, do grupo dos fundadores, elaboraram, a aliança não se compromete explicitamente com nenhuma teoria, ideologia, visão de mundo ou religião.[8] "Nós somos uma rede aberta, não uma

---

8. "Zwischen Netzwerk, NGO und Bewegung". *Website* da ATTAC: www.attac-netzwerk.de

sociedade fechada", havia acentuado Barbara Unmüssig no Congresso de Berlim. Cada um deve poder lutar junto, seja católico ou comunista, trotskista ou humanista, socialdemocrata ou socialcristão. Cada um somente deve partilhar as reivindicações concretas da ATTAC mencionadas acima, da taxa Tobin à abolição dos paraísos fiscais. E, em segundo lugar, princípios que, conforme Peter Wahl, são mantidos conscientemente "de uma maneira um tanto vaga e imprecisa", a fim de erguer a aliança sobre uma base o mais ampla possível:

- A ATTAC rejeita a forma atual da globalização, que domina nos moldes do neoliberalismo e só está orientada para os interesses econômicos por lucro: o mundo não é uma mercadoria.
- Em vez disso, a ATTAC defende a globalização da justiça social, dos direitos humanos políticos, econômicos e sociais, a democracia e a ação em prol do meio ambiente.

Essas são as duas proposições centrais. Além disso, há duas balizas. São excluídos neofascistas, que sempre tentam infiltrar-se na ATTAC com crítica ao capitalismo de teor nacionalista e até de motivação anti-semita: "Para racismo, anti-semitismo, xenofobia, chauvinismo e ideologias afins, não há nenhum lugar". Tampouco podem cooperar pessoas ou grupos que aceitem a violência como instrumento político — um tema sobre o qual, depois de Seattle, Göteborg, Praga e Gênova, "os jornalistas perguntam reiteradamente", como observa levemente irritado o co-fundador da ATTAC, Sven Giegold, no escritório nacional. Pois a atitude é categórica: "A ATTAC age sem violência. Ponto final".

Todavia Sven Giegold não é de todo insensível ao fato de que "se possa sentir ira com a ociosidade política, em vista da crescente injustiça no mundo. O chapéu de Gessler* nós não queremos saudar". É por razões diferentes que Peter Wahl, da WEED, rejeita se "distanciar" da militância e da violência. Pois essa formulação pressupõe falsamente, como escreve ele, que o movimento havia estado antes em uma posição militante. Wahl critica a violência como "instrumentalização da sociedade civil". "Com a introdução da militância em um movimento social, ela acaba ditando o caráter das formas de ação, sem ter de se submeter ao esforço do trabalho de convencimento democrático." Além disso, segundo ele, nos debates públicos o tema da violência marginaliza, por força de sua pregnância simbólica e de sua dimensão existencial, todos os interesses substantivos. Modificações sociais precisam, porém, "atravessar a mente das pessoas". De maneira análoga argumenta um documento sobre a posição da ATTAC. E, furiosa, Susan George escreve: "Nossas idéias, as razões de nossa oposição, de nossas propostas, são relegadas a segundo plano... Eu estou cheia, digo honestamente, daqueles grupos que nunca se interessam pelos preparativos da ação, que permanecem longe do pequeno trabalho diário, mas que afluem nas manifestações, de alguma maneira de cima, para fazer algazarra, sem ligar para os acordos que os outros negociaram... Esses tipos tirânicos já me cansaram...".

O núcleo da cultura interna da ATTAC é o princípio do consenso: nós fazemos somente aquilo sobre o que estamos de acordo — todo o resto não fazemos, pelo menos não coletivamente. A ATTAC inclui, não exclui. Por exemplo, quando alguns impertinentes quiseram, durante o Congresso em Berlim, contestar ao verde Daniel Cohn-Bendit a qualidade de membro da ATTAC, visto que ele defendeu o envio de tropas alemãs ao Afeganistão, a gran-

* Expressão proveniente da peça de Friedrich Schiler *Wilhelm Tell*, em que o tirano Gessler obriga os súditos a sempre se curvarem diante de seu chapéu, colocado sobre uma haste. (N. do T.)

de maioria no salão negou com a cabeça, indignada. Já os grupelhos radicais, por mera questão de sobrevivência, observaram com muita sensibilidade que tal coisa só iria quebrar a ainda fraca aliança obtida.

Claro, isso não quer dizer que não aconteçam grandes alvoroços. Por exemplo, quando o comunista de sempre surge com a censura ao reformismo, e com ela a questão de princípio: "Meramente domesticar o capitalismo ou superá-lo?". A grande diferença em relação ao passado é que na ATTAC esse eterno comunista não é idolatrado nem vaiado pelos jovens. Cada um o escuta — e se concentra depois nas questões objetivas. De maneira realista e pragmática, a maioria dos attacianos acha melhor uma taxa Tobin "imanente ao sistema" do que nenhum conjunto de regras que domestique os mercados financeiros. "A discussão pode ser veemente", resume Bernhard Dobbert, "mas o trabalho conjunto funciona."

Um estudante presente na sede do IG-Metall de Nuremberg interpreta a disposição à tolerância como simbiose de idades. "Nós mais jovens, depois dos dezesseis anos, talvez não tivéssemos nenhuma oportunidade de aprender imagens de mundo estáveis; só agora começamos a refletir politicamente. E os mais velhos, depois das experiências do passado, estão definitivamente com o saco cheio das lutas intestinas autodestrutivas." E Marin Zeis se entusiasma com o "diálogo aberto" inteiramente novo, "que dá ao indivíduo liberdade máxima para configurar com os demais o programa e as atividades, de acordo com suas idéias". Mal dá para acreditar, mas os combates por pureza programática, conduzidos com todos os meios e tão queridos especialmente na Alemanha, principalmente no espectro de esquerda, parecem não existir realmente na ATTAC. Até agora.

Em todas as declarações a favor do pluralismo, bate o coração da maioria dos attacianos à esquerda — como o coração de Oskar Lafontaine. Em todo caso, essa batida é inconfundível na tropa dos experientes guerreiros da política, que se apresenta como delegação — naturalmente espontânea — do grupo de Bochum no Café Ferdinand. A aliança da região do Ruhr é particularmente ativa; além das manifestações pacifistas, do estande de informativos sobre a OMC e de um evento crítico a respeito do Citibank, a ATTAC de lá, junto com o sindicato ver.di, protestou, na agitada noite de Natal, contra a intenção do chefe da Deutsche Bahn, Mehdorn, de fechar as missões religiosas de auxílio aos viajantes, instaladas nas estações ferroviárias. Vieram os partidários rebeldes que se encontram sempre à margem ou além dela.

Por exemplo, Peter Rath, comerciante, pedagogo especializado na formação de adultos e pequeno editor de textos de crítica ao capitalismo, deixou os verdes quando eles anuíram com o envio de tropas a Kosovo. Em seguida ele se "hospedou" no PDS [Partido do Socialismo Democrático] da região do Ruhr, mas tudo lhe parecia demasiado imaturo; "por sorte eles se esqueceram de me enviar a carteirinha de membro, então eu não precisei me desligar de novo". Assim, agora na ATTAC, ele continuou sua busca "por algo melhor do que o socialismo como alternativa para o capitalismo". Diante dele está sentado Michel Büttner, que em um *call center* do Citibank iniciou um das primeiras comissões de fábrica da New Economy. Também ele experimentou o "desligamento" em relação aos verdes. Obstinado, entrou depois no SPD e observou em seus novos colegas uma "enorme migração interior. No nível sub-regional só valem opiniões estabelecidas". Mais importante para ele é ser ativo em um campo aberto. "A ATTAC tem de pressionar os partidos e não pode se assemelhar a eles de modo algum." E depois há ainda o erudito tradutor Jürgen Bargmann, "sete anos de SPD, sete anos de DKP [Partido Comunista Alemão], e o PDS ainda não me deu nos nervos o suficiente". Partidos, segundo sua opinião, estão ocupados demais com eles mesmos e muito pouco com os conteúdos. Sua conclusão política: "Eu construo na produtividade do caos plural".

Mas a pergunta pelos limites do caos persiste. Um movimento não se desfia se ele resolve conflitos substantivos simplesmente fundando mais um outro grupo de trabalho? Não perde sua capacidade de ser reconhecido se uns protestam, sob a bandeira da ATTAC, contra as bombas lançadas no Afeganistão, ao passo que outros consideram que isso é assunto do movimento pacifista? A rede ATTAC não precisa, além disso, preencher as lacunas de poder político para o controle do mercado financeiro? Não se torna arbitrário e, com isso, ineficiente quem apóia qualquer opinião, qualquer interesse? Em suma, é possível ser abrangente e único de modo duradouro? O antroposofista Thomas Autenrieth responde solenemente com uma louvação das contradições feita por Novalis: "O princípio supremo deveria conter o paradoxo supremo em sua tarefa? Ser um princípio que simplesmente não permita a tranqüilidade, por mais que se o tenha compreendido? Que estimule nossa atividade, sem jamais fadigar, sem jamais se tornar hábito?". É assim que se pode dizê-lo também.

Suportar a tensão: por um lado, com a ATTAC surgiu de fato algo inteiramente novo, um movimento de indivíduos e organizações em prol da justiça econômica, que devido a sua própria força, devido a seu peso político, quer suportar o pluralismo de opiniões e até mesmo promovê-lo, com disciplina e maturidade democrática evidente. E, no entanto, os conflitos certamente se exacerbarão no curso do trabalho. Considerando somente as razões de capacidade, não é possível contornar as prioridades. E, com isso, o conflito. Por exemplo, a respeito da questão de quanta ação deve haver e quanta competência. Quanto planejamento é necessário e quanta espontaneidade é possível? Quanta liberdade e quanto poder de decisão cabe aos indivíduos e quanto aos "círculos de coordenação"? Quanta imagem externa obrigatória precisa a ATTAC e quanta liberdade de opinião precisa o membro individual? Trata-se de uma aliança tênue ou uma organização rígida? E mesmo que se possam explicar todas as questões sobre estrutura e estratégia no plano regional, cumpre perguntar como isso tudo aparece depois no plano supra-regional. É com isso que se ocupa o escritório nacional da ATTAC.

ONG? REDE? MOVIMENTO? ASSOCIAÇÃO?

Talvez muitos habitantes da cidadezinha de Verden, na Baixa Saxônia, tivessem preferido que sua terra natal não tivesse despertado atenção em toda a Alemanha justamente por causa das pessoas da Ecocasa. Esse centro alternativo, instalado no meio de uma maioria de eleitores do CDU [União Democrático-Cristã] e do FDP [Partido Democrático Livre] e entre jardins bem aparados, não representa um transtorno extremo? — ainda mais com a estação para tratamento de águas residuais por meio de plantas, localizada diante do edifício e do Centro para Mulheres, Mães e Lésbicas, a loja de material de construção ecológico, os grupos ligados ao Terceiro Mundo, o bar-cabaré e o acessível almoço coletivo, apesar do cozinheiro especialmente contratado e das matérias-primas de bioagricultores.

Todavia, uma antiga caserna reformada para ser clara e alegre é exatamente o endereço certo para uma organização que, em sua missão por mais justiça social, se interessa também por possibilidades maiores de alcançar a paz. Com uma soma reunida de maneira privada e com um alto empréstimo, os habitantes conseguiram juntos 3,5 milhões de marcos para a compra. "Aqui nós queremos também demonstrar na prática", diz o co-fundador da ATTAC, Sven Giegold, "que um outro mundo é possível." Esse homem de 32 anos de aparência jovem, meigo no comportamento mas mordaz no julgamento, é um dos estrategistas e dos organizadores do órgão central da ATTAC. É quase impossível acreditar que se possa operar "a administração voltada ao crescimento" de uma organização nacional num escritório extremamente apertado, cheio de folhetos, cartazes, computadores e pilhas de papel. Mas dali saem materiais, recolhem-se contribuições, inventam-se e distribuem-se propostas de ação e organizam-se encontros nacionais de grupos de trabalho, conferências e outras assembléias da fundação. "Quando se cresce, o entusiasmo cresce junto", diz Sven Giegold, "mas o aborrecimento também." Suas olheiras são visíveis. No momento ele está "um pouco fora de forma, já que há muito a ser feito". Ainda bem que são só alguns passos até chegar à floresta, onde ao meio-dia se pode digerir o suflê de repolho branco e o estresse durante uma caminhada.

O estudo universitário de Giegold em Bremen e Birmingham já havia sido determinado por seu engajamento político. Há anos engajado no movimento da juventude em prol do meio ambiente e na BUND, ele quis se ocupar na universidade com as possibilidades de uma relocalização da economia, fundamentada em termos ecológicos. No final de sua formação, porém, achou "que a transformação das regras econômicas e financeiras é agora ainda mais importante". Assim, discutiu com um grupo de amigos como promover esse tema na Alemanha em rede internacional. "Queríamos construir alguma coisa que interferisse na globalização — mas que ao mesmo tempo vinculasse vida, trabalho e política. Porém de modo algum queríamos terminar como as velhas figuras das associações em prol do meio ambiente que já se estabeleceram de uma maneira bem normal e no máximo reclamam uma vez por semana do mal existente no mundo." Para se informar sobre as atividades de oposição em relação a temas como perdão das dívidas e mercados financeiros, Giegold e seus amigos viajaram até os Estados Unidos para conhecer a organização de defesa do consumidor Public Citizen e outras ONGs. E fundaram por fim a Share ("partilhar" em inglês). De modo coerente, para poder cooperar em Verden, Christoph Bautz abandonou seu emprego de biólogo diplomado no Centro de Proteção da Natureza em Darmstadt, e o físico Oliver Moldenhauer, seu posto de doutorando no Instituto de Pesquisa das Conseqüências Climáticas em Postdam. O cientista político Feliz Kolb adiou seus planos de promoção na venerável Cornell University, e a assistente social Astrid Schaffert desistiu de mudar para sua querida Freiburg em Breisgau. Assim tudo começou. Melhor dizendo: também assim.

Pois mais ou menos à mesma época, em Bonn, o estrategista político da WEED, Peter Wahl, começou a preparar a fundação de uma organização dedicada ao tema dos mercados financeiros. O ativista de ONG e publicista, marcado por 1968 quando era estudante de romanística e de ciências sociais, reconheceu, da mesma maneira que os fundadores franceses da ATTAC, indícios cada vez mais densos de que uma "situação histórica" abriu caminho para um amplo movimento. "A resistência ao MAI já havia mostrado que a aceitação da globalização começou a diminuir. Depois veio a ampla mobilização da campanha de jubileu em favor do perdão das dívidas, principalmente nos Estados Unidos", descreve ele em suas observações. "Os discursos de executivos como James Wolffensohn e Joseph Stiglitz sinalizaram que mesmo no Banco Mundial o vento mudava de direção pouco a pouco; e os conflitos em Seattle implicaram que a ofensiva dos globalizadores, rindo da sociedade civil, não trouxera o êxito desejado. Fora isso, a autoconfiança dos Estados do Terceiro Mundo havia aumentado; por conta de sua resistência, as negociações seguintes da OMC acabaram fracassando finalmente."

Ali, em Seattle, diz Wahl, "caiu definitivamente a ficha: quando vi como inúmeras pessoas jovens, no grande *hall* do concerto, durante oito horas, sugavam tal qual esponjas secas os discursos de Walden Bello ou Susan George, como eles tomavam nota de cada palavra. Então pensei: igualdade *'is back on the agenda'*. O momento chegou". Junto com a organização de Heidelberg, Kairos Europa, com a Share, a ILA e a Pax Christi, Wahl fundou em janeiro de 2000 a "rede para o controle democrático dos mercados financeiros", que em novembro de 2000 foi rebatizada de ATTAC. *Grosso modo*, surgiu uma simbiose na qual Wahl e algumas cabeças de outras ONGs coordenam mais o trabalho estratégico relativo ao conteúdo, e as pessoas da Share, orientadas para a ação, mais a organização. Nesse meio tempo passou a haver nove colaboradores em Verden, dentre eles três são empregados de meio período, pagos com donativos e contribuições dos membros, e dois postos são financiados pelo programa do mercado do trabalho. A isso se acrescentam ainda visitantes e alunos que fazem bicos de vez em quando. Os restantes trabalham de modo voluntário; Sven Giegold, por exemplo, ganha seu dinheiro como *freelance* com conferências, pareceres, estudos. Ele diz: "Estamos aqui para tornar grande a ATTAC".

A aprazível Verden an der Aller, que na atmosfera está muito mais longe dos centros políticos e financeiros do que sugere sua distância geográfica, não é nenhum motivo de impedimento para esse projeto — desde que existe a internet. Ela facilitou o trabalho de todas as ONGs, mas uma rede complexa, formada de ONGs e indivíduos, na qual o importante é a transparência e o nível de informação mais rápido e igualitário possível a respeito de contextos mundiais, só foi possível de modo geral graças à internet. Assim todo membro da ATTAC, mas também todo curioso, de Coburg ou Colônia, de Bermingham ou Bombay, tem acesso a protocolos, papéis sobre tomadas de posição ("Os pontos decisivos de Doha") e ensaios científicos, que o pessoal de Verden coloca na rede; de modo análogo, os attacianos alemães podem abastecer o *website* francês, sueco ou canadense. Artigos de jornal sobre debates atuais, tomadas de posição da ATTAC, como a carta aberta ao chanceler no caso do imposto sobre transação de divisas, ou cartas circulares de outras ONGs, de Genebra a Bruxelas, são divulgadas por meio das listas de *mailing*. Ali os membros também deixam suas opiniões; realizam-se debates sem fim na rede sobre qual papel Oskar Lafontaine deveria desempenhar (votação da maioria: nenhuma importante, mas é bom que ele participe). A rede oferece uma forma de apoio mútuo, por exemplo quando "Kalle Peace" assina seus *e-mails* com as linhas de John Lennon *"You may say I'm a dreamer, but I'm not the only one"*. Mas é também uma área para desabafos queixosos. Entrementes, depois de um número cada vez maior de membros protestar contra uma "torrente de *mailing*" que chegou ao nível do intolerável, foi introduzida com moderação, para o primeiro fórum inteiramente aberto em Verden, uma outra lista, que faz uma pré-seleção.

Uma nova qualidade da esfera pública surgiu assim. Disso faz parte a ampliação do horizonte da percepção política, visto que se partilham pela internet os frutos da leitura de pessoas com interesses análogos, oriundas dos mais diversos continentes, dos mais diversos contextos políticos e profissionais: ensaios de Arundhati Roy ou Noam Chomsky tirados de jornais internacionais, comentários de jornais diários africanos sobre o 11 de setembro, ensaios do partido trabalhista paquistanês ou dos verdes norte-americanos acerca do bombardeamento do Afeganistão — perspectivas que continuam a ter pouca exposição nas mídias de toda a Alemanha. Seriam incomparáveis o custo e o tempo se essas publicações fossem transmitidas pelo correio. Além disso, são enviadas pela internet avaliações da imprensa sobre as ações da ATTAC. Cada grupo *in loco* tem as suas próprias listas de *mailing* internas para preparar discussões, anunciar encontros e mobilizar espontaneamente ajudantes para ações. Formulários de ingresso podem ser preenchidos no computador e enviados. Folhetos e linhas de argumentação vindos de Verden, projetos de textos de cujo acabamento se deseja participar: basta imprimir. Deliberações, debates e pauta das reuniões dos grêmios internos estão disponíveis a qualquer hora no protocolo da internet.

Igualmente o orçamento, que no ano de 2001 atingiu a modesta soma de 173 mil marcos e, por causa do inesperado crescimento do grupo, se elevou em 182% nas receitas e 163% nos gastos. Para 2002, ele já é estimado em 400 mil euros. No essencial, se constitui de contribuições dos membros (de 15 a 60 euros por ano) ou doações; apenas ocasionalmente há subsídios ao projeto, seja da Fundação Heinrich Böll ou da Comissão para Trabalho de Formação Relacionado ao Desenvolvimento da Igreja Evangélica. Os grupos da ATTAC conservam 30% das contribuições dos membros de sua região para atividades próprias. Além disso, Astrid Schaffert, em Hamburgo, recomenda-lhes as instituições com as quais é possível mobilizar recursos — e também essas recomendações se transmitem mais facilmente pela internet.

Nos primeiros meses após a fundação, as coisas transcorriam ainda com dificuldades em Verden. As organizações-membros investiram pouca força e dinheiro em uma nova superestrutura, cuja necessidade precisava ainda se tornar patente; a esfera pública se interessava menos ainda. Até os acontecimentos de Gênova. De repente, a ATTAC estava em todos os canais. O acúmulo de trabalho, conforme um grito de socorro lançado na rede, era "tão agradável quanto dramático". As mídias, como supõe Sven Giegold, não sabiam como iriam classificar a resistência à cúpula do G-8. "Então, em algum momento, entraram num acordo e nos proclamaram o movimento antiglobalização por excelência." Contudo a ATTAC não é, segundo ele, nenhum megafone e não tem nenhuma pretensão de ser a líder. Mas o nome funcionou: audacioso, agressivo, fácil de notar, muito mais fácil do que outras denominações com letras maiúsculas inexplicáveis. O trabalho de imprensa profissional em Verden fez algo mais — assim como a impressão de que a ATTAC seria uma espécie de associação-abrigo.

Discutir, implementar, resultado!

Sven Giegold, no entanto, prefere falar da fundação como "divisão de batalha das ONGs". Ele tem razão em sua análise. O cenário de oposição, tanto faz se no âmbito da ecologia, do trabalho ou do Terceiro Mundo, concentrou-se na Alemanha dos anos 1990 nas organizações não-governamentais e teve como ponto central o trabalho profissional de informação e *lobby* no plano governamental. Isso é em parte conseqüência do êxito político, pois reiteradamente os atores políticos procuraram de fato conhecimentos e propostas, e suas influências tiveram algum êxito. Mas às vezes os governos, com esses abraços de acolhimento, conseguiram também que os críticos aguassem suas reivindicações, que se desviassem das próprias prioridades e, como na questão do clima mundial, se comprometessem com um catálogo oficial de temas. Foi uma via ambivalente. Certamente as ONGs "acumularam uma enorme experiência e realizaram o trabalho discursivo", julga Sven Giegold, "ao qual nós, no contexto da ATTAC, podemos agora recorrer também". Ao mesmo tempo, porém, os temas críticos da globalização desapareceram cada vez mais da percepção da ampla esfera pública e com eles um movimento que conferisse ênfase aos interesses das ONGs, que fizesse pressão sobre os governos.

Contra esse desenvolvimento, a ATTAC aplica agora sua "dupla estratégia", praticada também no nível regional: de um lado, a aliança injeta combustível adicional nas atividades de cada organização-membro, quando ela aborda o mesmo tema no plano nacional e por meio de seus grupos individuais. Por exemplo, as conseqüências da lei de patente, estabelecida no acordo TRIPS da OMC, para os países em desenvolvimento — que a Médico Internacional ou a BioSkop colocaram simultaneamente, já há muito tempo, em sua lista de atividades. De outro lado, sindicatos, igrejas, ONGs ligadas à política de desenvolvimento ou grupos estudantis divulgam com sua infra-estrutura também os interesses centrais da ATTAC. Desse modo, a ATTAC atua como um amplificador. Ao mesmo tempo, conflitos são apaziguados de maneira relativamente fácil com essa estrutura. Quando os temas são controversos e não se alcança nenhum consenso, a organização recusada pode continuar sempre a persegui-los por si mesma, só que não sob a etiqueta da ATTAC.

O vínculo tênue, que tem em vista em primeiro lugar uma base mais ampla, corresponde inteiramente à idéia de Peter Wahl: "Quanto menos carolice de associação, melhor, quanto menos conceitos tradicionalistas para a organização, melhor". Desse modo, não há até agora, mesmo no plano nacional, nenhum presidente, nenhum diretório ou presidência, nenhum porta-voz, mesmo que seja um grupo central de pessoas que se manifestem publicamente muito mais que outras, e uma distribuição das tarefas decisivas conforme o tempo e o interesse. E, a par dos diversos grupos de trabalho nacionais (por exemplo, sobre a OMC e sobre a seguridade social), o aspecto formal se reduz por ora a dois grêmios: o "Conselho" (cujo nome todavia se reporta completamente à tradição, àquela do partido verde amado e odiado), que é o encontro dos grupos da ATTAC e das organizações-membros, realizando-se duas vezes ao ano; e o círculo de coordenação, o lugar de cunho político em que estratégias são desenvolvidas e decisões regulares são tomadas. O primeiro conselho, em abril de 2000, foi formado por assim dizer segundo o princípio do prazer ("Quem quer participar?"), reiteradamente complementado ao longo do tempo e legitimado pelo consenso do conselho. Atualmente são membros: Lena Bröckl, de Berlim, Martin Glück, da Kairos Europa, Kurt Haymann, da ATTAC-Munique, Martin Herndlhofer, da Pax Christi e da ATTAC-Frankfurt, Philipp Hersel, da BLUE 21, Anna Karrass, da ATTAC-Hamburgo, Astrid Kraus, da ATTAC-Colônia, Sven Giegold e Oliver Moldenhauer, do escritório de Verden, Pedro Morazan, da Vento do Sul, Eva Quistorp, pelas mulheres da ATTAC, Claudia Meyer, da presidência nacional da DGB, Werner Rätz, da Ila, Peter Wahl, da WEED, e Hugo Braun, como representante das "Euromarchas" dos desempregados.

A tolerância entre os attacianos é ainda maior em relação às votações, das quais até não-membros podem participar, uma vez estando presentes, assim como em relação a atores surgidos de modo muito mais espontâneo em vez de atores eleitos, e em relação a consensos apurados sem muito critério. Mas, com a ampliação da aliança, cresce sua influência política e a possibilidade de encontrar ali um pódio para fazer o próprio nome — e com isso a necessidade de criar, no interesse da transparência democrática, um quadro jurídico mais firme e uma estrutura de liderança eficiente, democraticamente legitimada.

Atualmente, no "Co-Círculo" estão super-representados, dado o número e a heterogeneidade crescente dos membros da ATTAC, as ONGs e as associações, em detrimento de indivíduos; em comparação com outras ONGs e grupos da ATTAC, os pais (e mães) fundadores(as) raramente têm alguma influência ainda. Duas mulheres foram espontaneamente eleitas em Berlim por aclamação consensual; além delas, uma representante da DGB e uma da recém-fundada Rede das Mulheres. Entretanto, o que funciona em uma aliança de cem membros se alterará em uma organização com milhares. E também no Conselho se coloca a questão: cada um deve continuar com direito de voto — ou no futuro se aplicará o princípio da delegação? De que modo se deve eleger e votar? O princípio do consenso é a longo prazo suficiente, realista, eficiente?

Pois quanto mais tênue é a estrutura, mais facilmente podem ocorrer infiltrações na associação. Inúmeras vezes houve, por exemplo, nas cidades universitárias, conflitos com a "ala de esquerda". Em Berlim, membros do grupo socialista radical imprimiram folhetos de antiguerra para a ATTAC, com *layout* da própria organização; na internet circulou um ensaio no qual a "ala de esquerda" sugere explicitamente aos membros instrumentalizar a ATTAC como campo de ação. No futuro organizações mais influentes, como os sindicatos e o PDS, poderiam tentar reinterpretar a ATTAC para seus propósitos. Um funcionário do PDS da Renânia do Norte-Vestfália pôs em circulação uma citação segundo a qual a ATTAC se presta de forma excelente às campanhas eleitorais. Peter Wahl: "A enorme discussão relativa à democracia interna está dada: continuamos um movimento sem estruturas fixas — ou nos tornamos uma associação?".

A urgência dessa questão ficou evidente inclusive durante a nomeação de um grupo de trabalho que deveria criar idéias para as estruturas. Quando, no conselho de Berlim, se apresentaram para essa tarefa duas mulheres que haviam acabado de ingressar na ATTAC, houve resmungos e protestos em público — certamente é preciso primeiro merecer as posições. Oliver Moldenhauer, que se empenhou para que o conselho chegasse a um consenso, disse: "Eu queria propor que não déssemos tanta importância a isso. Há pouco ficávamos felizes quando alguém podia assumir alguma coisa!". O plenário insistiu para que cada candidato se apresentasse e quis votar. Logo ressoou o grito: "Petição para estabelecer cotas de votos!". A memória dos primeiros congressos do Partido Verde se propagou. Mas, afinal, também na ATTAC está em jogo nada mais e nada menos do que uma representação justa.

Por isso foram elaborados projetos; ensaios para discussão oriundos dos grupos da ATTAC vão correr de lá para cá, até que o próximo conselho, no início do ano de 2002, vote em uma discussão provavelmente bastante acirrada. O assunto poderia acabar resultando, por exemplo, em uma pequena associação a título de núcleo da aliança, à qual pertenceria não cada attaciano do país, mas somente um grupo central proveniente do "Co-Círculo" aumentado. Ele poderia ser representado como uma espécie de grêmio bicameral. De cerca de dezoito cadeiras, conforme uma proposta, determinado número seria reservado para correntes políticas importantes da ATTAC, duas para ONGs, uma para as ligas das igrejas ligadas à política de desenvolvimento — e o resto para delegados das regiões. No conselho ainda deve poder participar e falar cada um, mas no futuro teriam direito a voto, segundo essa proposta, somente os delegados, cujo número dependeria do número de membros dos grupos e das organizações. O procedimento do consenso ficará presumivelmente restrito às questões de princípio; nas decisões de ordem mais prática, por exemplo, acerca das questões financeiras, devem ser estabelecidas maiorias necessárias. Os grupos da ATTAC devem continuar a poder regulamentar suas estruturas o mais livremente possível. Sem camisa-de-força estrutural, sem disputas pessoais, que acabam afastando muitas pessoas da base. Robert Schuh, por exemplo, vê justamente na espontaneidade da ATTAC sua maior fonte de atração: "Discutir, implementar, resultado". E Peter Rath, de Bochum, considera: "Entre nós ninguém deveria poder fazer carreira. O que precisa predominar é o trabalho consistente".

Alerta sobre o supermercado temático

Tais discussões internas, a descoberta de seu duplo caráter, constituído pela aliança que abarca o movimento e pela organização-membro localmente ancorada, ocuparam pela primeira vez a ATTAC em todos os níveis após o Congresso de Berlim. Foi organizada uma viagem de Verden para o paraíso fiscal de Luxemburgo a fim de produzir efeitos na mídia, foi encenado um dia de ação relativo à cúpula em Doha com diversos eventos em trinta cidades, e grupos de trabalho — por exemplo sobre a OMC e a seguridade social — elaboraram posições comuns em nível nacional. Mas, depois de um ano de "viagens de cúpula", de Gênova para Porto Alegre, passando por Bruxelas, a questão vem se tornando mais explosiva: a que a ATTAC quer agora se aferrar obstinadamente? No ano vindouro há menos grandes eventos de política econômica internacional do que em 2001; por outro lado, há eleições na Alemanha — nesse caso, é preciso ter muito mais clareza sobre o que se quer encarar como prioridade. Qual é o próximo assunto que deve chamar a atenção? Afinal, jornalistas se aborrecem rapidamente — e movimentos como a ATTAC dependem de sua curiosidade, se querem pressionar. Quais são, portanto, as tarefas mais importantes?

Em uma posição consideravelmente privilegiada na lista encontra-se o esforço de conquistar figuras capazes de criar integração. Sem o apaixonado camponês José Bové, a ATTAC-França teria presumivelmente metade de sua popularidade. Na Alemanha, por sua vez, faltam ainda artistas, pessoas públicas que despertam simpatia, personalidades fidedignas que sejam identificadas com os interesses da rede. Até agora se engajaram somente Konstantin Wecker, em cujos concertos são montadas estandes de informativos, e a jovem escritora Sibylle Berg, cujos textos egocentricamente alucinados tratam sempre, vistos com mais exatidão, de moral, "de bem e mal", como ela própria diz. Berg, que antes nunca militou politicamente, tomou conhecimento da ATTAC por meio de um "relato maravilhoso" sobre o *star* da *world music* Manu Chao, que sempre aparece nas manifestações dos críticos da globalização. A ação em favor da taxa Tobin e "a possibilidade de redistribuir bilhões para o Terceiro Mundo" lhe pareceram imediatamente "contemporâneas, populares e sensatas". A autora divulga em suas excursões de leitura material informativo, nas entrevistas direciona a conversa para a rede e informa sobre ela em seu *website*: "Eu tenho muitos jovens leitores que gostariam de se engajar e não sabem onde".

Mas falta ainda a caixa de ressonância entre "intelectuais brilhantes" de todos os tipos, entre editoras, redações e universidades, como considera o membro do "Co-Círculo" Philipp Hersel, de Berlim, excetuando-se cientistas sociais e economistas como Elmar Altvater, Jörg Huffschmid, Rudolf Hickel e Birgit Mahnkopf ou o cientista político Claus Leggewie, para quem a ATTAC é ao mesmo tempo um objeto de estudo da sua área de trabalho. Desse modo, faltam debates calorosos a respeito da ATTAC e de seus interesses, ou mesmo aparições em *talk-shows* de ampla repercussão. A par da busca por pessoas proeminentes e espirituosas que consigam publicidade, deve ser formado um conselho científico, conforme o modelo francês; um *pool* de especialistas, que pode ser empregado para conferências e aparições na mídia e alimentar as discussões objetivas com seus conhecimentos e julgamentos científicos.

Os debates sobre o perfil dos conteúdos têm, todavia, a máxima prioridade. Pois a dispersão é iminente. Pouco a pouco, a ATTAC foi se avaliando cada vez mais. Assim, o catálogo de reivindicações inicial limitava-se às oito regras para frear o mercado financeiro — marca registrada da ATTAC. Parecia lógico complementá-lo com a "reforma do mercado mundial". Porém, ao se estender a lista até a questão da aposentadoria — discutida até então como tema puramente nacional —, o passo intermediário rumo ao tema da pressão privatizadora exercida pelo globalizadores neoliberais já era maior. E os desejos de mudança, que depois foram anunciados no conselho, no contexto do Congresso de Berlim, tornaram óbvio o perigo de que a rede poderia se digladiar por conta da multiplicidade de objetivos. Diante da impressão causada pelo bombardeamento do Afeganistão, também a guerra e a paz se tornaram assuntos da ATTAC, bem como a "defesa dos direitos democráticos" e o engajamento contra a privatização das pensões, que abarca todos os sistemas sociais, inclusive a educação. Há ainda a questão das mulheres... O alerta já havia sido dado pelas pessoas da ATTAC no próprio livro genealógico: "Um supermercado temático termina rapidamente sendo ineficaz... Uma certa concentração nas dimensões econômicas da globalização, eficazes em nível internacional, é indispensável". Mas até onde vão essas dimensões e até onde elas não vão mais?

Por exemplo, a ATTAC deveria tornar a política da saúde o tema central desse ano, a reprivatização gradual e iminente do risco de doença? Um grupo nacional de trabalho está preparando a campanha. Ele coleta dados que desmascaram o mito da "explosão de custos" e discute estratégias como o fortalecimento da prevenção e a melhor cooperação das praxes médicas. Mas essa é a função da ATTAC? De uma organização que possui principalmente o mérito de ter colocado à luz da esfera pública os efeitos devastadores do FMI e do sistema imposto pela OMC ao Terceiro Mundo? A rede não deveria continuar a exigir imperturbavelmente a reforma do sistema financeiro e o debate urgente sobre a relação Norte–Sul?

"Os princípios de privatização na política da saúde são um fenômeno concreto de estratégias nacionais de ajuste à pressão da concorrência global", revida Sven Giegold. "Desse programa neoliberal consta, entre outras coisas, reduzir os custos do sistema de seguridade social, isto é, diminuir a cota do Estado, fortalecer 'a autorresponsabilidade', entregar a assistência a mãos comerciais, de modo que provavelmente só os ricos poderão ter acesso a todas as possibilidades de tratamento. A ATTAC quer lutar por mais justiça também na sociedade dos globalizadores e, finalmente, incluir os gigantescos rendimentos do capital no financiamento do seguro-saúde universal. Além disso, exigimos que todos os cidadãos da Alemanha contribuam para o seguro-saúde universal, para que a qualidade da assistência pública seja garantida. Isso é uma exigência de reforma radical; ninguém até hoje foi tão longe."

Mas não se trata de debates especificamente alemães? Certamente a privatização dos serviços estará nos próximos três ou cinco anos na ordem do dia da OMC; existiria a possibilidade de influenciar politicamente nisso antes de chegar essa hora. Mas o acordo GATS não assumiu ainda uma forma concreta, seus efeitos sobre o sistema de saúde alemão não estão ainda claros. E, afinal, outras organizações e grupos interessados já não estão lutando contra a erosão do sistema de saúde?

"Mas quem? Nós nunca dissemos que nos ateríamos somente aos aspectos internacionais", afirma Sven Giegold ao defender a estratégia. "Se nós nos restringíssemos ao Terceiro Mundo, isso nos reduziria a um movimento de bem-intencionados. Afinal, em escala mundial, nós todos lucramos com a globalização. Mas justiça é também um problema no plano nacional. E em nosso próprio sistema social o debate se torna mais concreto. Nesse caso, se por um lado a aprovação certamente não é mais tão fácil, por outro ela é mais forte. A luta contra uma iminente medicina de segunda classe no próprio país e contra injustiças no sistema de financiamento encerra um apelo popular maior do que aquela contra os sistemas internacionais de controle dos rendimentos do capital, que de alguma maneira continuam abstratos."

O ano eleitoral poderia depor a favor do tema da política da saúde. Com certeza, ele estará no ponto central da luta partidária, e o sindicato da área de serviços "ver.di" está mobilizado em torno do mesmo assunto — o que permite a colaboração e eleva a energia. Em toda parte já se planejam eventos comuns. "E aí continuaremos a defender evidentemente nossos outros interesses", acentua Sven Giegold. Pois mesmo entre os membros da ATTAC há muitos que vêem um risco no afastamento da temática mais restrita da ATTAC e respondem de modo diferente à questão central: a ATTAC deve se concentrar para ser eficiente e identificável?

Não são apenas as mídias que têm problemas com a quantidade de temas e posições da "ampla aliança para a imposição de algumas reivindicações centrais". "É difícil definir com precisão a postura do movimento", escreveu, por exemplo, o *International Herald Tribune*. E, se muitas ONGs não ingressam na ATTAC porque a rede lhes parece anticapitalista de maneira demasiado radical, e outras, como a Buko [Congresso Nacional dos Grupos para Política do Desenvolvimento], porque querem manter distância de uma "socialdemocracia extraparlamentar" imanente ao sistema, é possível reconhecer então um ciúme em relação à nova e muito observada concorrência no mercado das iniciativas de oposição. Por outro lado, pode-se perceber nessa contradição como os interesses da rede são percebidos de maneira imprecisa. De forma análoga argumenta o cientista social berlinense, Dieter Rucht, ele próprio um colaborador da ATTAC: "Logo que os movimentos de crítica à globalização se encontrarem diante da tarefa de definir prioridades e tomar posição diante de propostas construtivas, dominará a incerteza ou a desunião. No momento, essa situação é considerada uma força ('variedade em vez de homogeneidade'), porém pode não durar".

O dilema não é novo; ele distingue movimentos de partidos, e ninguém descreveu essa discrepância de maneira tão exata como Elias Canetti em relação à "massa aberta" (por oposição à "massa fechada", que se diferencia pelo exterior). "Sua decomposição principia", diz o escritor em sua obra *Massa e poder*, "logo que ela pára de crescer. Pois a massa se desagrega tão subitamente como ela surgiu. Nessa forma espontânea, é uma estrutura sensível. Sua abertura, que lhe possibilita o crescimento, é ao mesmo tempo seu perigo. Um pressentimento da decomposição que a ameaça está sempre vivo no interior dela. Por meio de um aumento rápido, ela busca escapar disso. Enquanto puder, ela acolhe tudo. Mas, porque acolhe tudo, ela tem de se desagregar."[9]

Nesse sentido, a ATTAC ousa fazer a quadratura do círculo com a tentativa de "unir as vantagens dos diversos tipos de organização e evitar suas desvantagens", como se lê no documento sobre sua compreensão de si mesma. "Com a flexibilidade e a abertura das estruturas próprias de redes, sem a sua falta de obrigatoriedade, com o peso dos movimentos sociais no que se refere à política de poder, sem a sua instabilidade, e com a competência, estabilidade e obriga-

---

9. Elias Canetti, *Masse und Macht*, 1982 (primeira edição em 1960), Frankfurt.

toriedade das ONGs e associações, sem suas dependências e tendências à burocratização." Como a ATTAC suporta a relação de tensão entre continuidade e confusão, de pluralidade e arbitrariedade? Dependerá também disso se a nova esperança da oposição desabará em si mesma mais rápido do que pensado, como um *soufflé* promissor enfiado no forno, ou se ela continuará crescendo. Pois os críticos da globalização já demonstraram uma eficácia digna de nota.

"DE MODO ALGUM SÃO MEROS EXCÊNTRICOS"

À frente de tudo nas mídias, como foi dito, pelo menos depois do choque de Gênova. O título do *taz* dizia: "Protesto global na berlinda". E mesmo quando o *Frankfurter Allgemeine Sonntagszeitung* difamou, com nojo, "a boa humanidade e o socialismo fermentado", e o *taz* satirizou os debates "em canteiros de demolição" ("Uau, assalto à bastilha, revolução!") e outros jornais criticaram a heterogeneidade da rede ou sua esperança no "retorno do Estado" (Lafontaine), os críticos da globalização estavam "na crista da onda"; o *Süddeutsche* viu então o "protesto como imperativo", segundo o *Frankfurter Allgemeine*, a ATTAC queria enfim "melhorar o mundo a todo vapor". Mesmo o "*mainstream* do jornalismo econômico foi invadido", triunfou Barbara Unmüssig, da WEED, e, de fato, do *Financial Times* até as seções de economia dos jornais diários foram discutidos tanto o fenômeno do movimento de crítica à globalização como toda a série de seus objetivos.

Como conseqüência, sucedeu interpelação atrás de interpelação na caserna de Verden. Durante semanas, os membros do "Co-Círculo" e outros attacianos estiveram em viagem, para conversas em tribunas, seminários e restaurantes. Eles eram convidados de políticos mais ou menos proeminentes, desde Heidemarie Wieczorek-Zeul até Gabi Zimmer, passando por Rezzo Schlauch. Discutiram com os mais diversos grêmios de todos os partidos vermelhos e verdes, em todos os níveis e em todo o país; Sven Giegold considerou lamentável que o CDU e o CSU não tenham demonstrado nenhum interesse, pois "há também lá algumas pessoas boas". Os colaboradores da ATTAC visitaram ministérios, universidades, escolas técnicas superiores, grupos de estudos econômicos, pedagogos antroposóficos, a Fundação Heinrich Böll, centros culturais, a DGB, o ver.di, o IG Metall.

Principalmente a relação com os sindicatos se configura desde então de maneira cada vez mais estreita, em analogia com o que aconteceu na França. O IG Metall de fato não ingressou oficialmente até agora, mas supostamente o claro posicionamento da ATTAC contra a privatização das pensões, entre outras coisas, não é contestado. Ao mesmo tempo, Zwickel, o presidente do IG Metall confirmou a "rota comum de ataque", e no nível regional a cooperação com partes do IG Metall é com freqüência estreita. Também o presidente do ver.di, Frank Bsirske, saudou publicamente o fato de no plano social ter se formado uma nova oposição. O ÖTV [Sindicato dos trabalhadores dos serviços e dos transportes públicos] já é membro, e o fato de o novo sindicato da área de serviços também não se encontrar ainda na lista se deve, diz o ver.di, somente ao caos na organização do próprio trabalho de construção. À parte isso, a porta está aberta: "Cooperação é possível a qualquer hora". A ATTAC e as organizações dos trabalhadores querem se fortalecer mutuamente. O ver.di e o IG Metall dispõem de infra-estrutura e dinheiro — ao passo que a ATTAC pode oferecer uma infusão de novas gerações para os sindicatos, que, assim como os partidos, padecem de diminuição de membros, particularmente entre os jovens. Não apenas uma relação de concorrência, mas também simbiose.

De qualquer modo, no verão de 2001, a opinião pública sobre os críticos da globalização passou de alheamento para curiosidade, e até mesmo para simpatia. Inclusive a *Spiegel*, que poucas semanas antes havia apresentado os críticos da globalização como almas jovens, violentas e perdidas, de repente deu às suas organizações e objetivos um largo espaço e colocou a questão decisiva no título: "A quem pertence o mundo?". Não se pode medir qual foi a parcela nesse grande interesse das instituições e das mídias que coube ao sobressalto provocado pela agressividade das manifestações e, pela violência brutal da política, nem até que ponto as organizações políticas ou eclesiais ligadas ao Terceiro Mundo, conhecidas faz tempo, contribuíram para isso e quanto se atribuía à nova rede — embora a ATTAC tenha se tornado, no verão de 2001, mais ou menos sinônimo notório de crítica à globalização.

Na esfera pública, até mesmo o chanceler reagiu em seguida. Talvez Gerhard Schröder tenha se lembrado de como o SPD perdera outrora muitos eleitores e membros jovens, primeiro para o movimento ecológico, depois para os verdes. Talvez tenha farejado quanto era imenso o mal-estar incerto do povo com a globalização. Talvez tenha de fato partilhado da sua crítica. Pois essa crítica-chave segundo a qual o primado da política se encontra em risco atinge também o próprio Schröder, que gosta de governar com intervenções do Estado à maneira de um senhor feudal (*vide* o caso da empreiteira Holzmann). De qualquer modo, ele manifestou em setembro, no congresso internacional de economia do SPD, uma compreensão surpreendentemente grande do movimento. "Não me refiro aqui expressamente ao bloco de arruaceiros", disse o chanceler, "mas à maioria preponderante dos jovens engajados, que insistem em nos advertir que o desenvolvimento econômico em grandes dimensões também deve ter um sentido." Certamente ele se distanciou também da análise deles, falando dos "supostos efeitos da globalização". Mas, continuou Schröder, "de modo algum são meros excêntricos". "Eles reclamam do que o autor Peter Schneider denominou uma vez de 'frieza cósmica da globalização'." E ele acentuou que há pontos em comum, pois o governo federal defende "a introdução de padrões internacionais de vida e de meio ambiente. Nós nos comprometemos com uma arquitetura financeira internacional particular e com regras claras na luta contra crises econômicas e monetárias. Juntos com muitos outros, trabalhamos pelo combate à lavagem de dinheiro, e defendemos restrições eficazes aos assim chamados paraísos fiscais". No estabelecimento da taxa Tobin vê certamente dificuldades políticas e jurídicas. Mas, tanto quanto seu irmão de ofício, o francês Lionel Jospin, ele anunciou: "Quero conversar com nossos parceiros europeus e particularmente com os franceses sobre como queremos reagir à relativa autonomização dos fluxos financeiros especulativos".[10]

Assim como os discursos de Johannes Rau depois do 11 de setembro, em que o presidente da República estabeleceu uma relação entre a pobreza e a injustiça mundiais e o terror brutal, a fala de Schröder pareceu aos membros da ATTAC como confirmadora, como amplificadora. Mesmo que suas palavras sejam tudo, menos congruentes com sua política.

"Vocês são uma concorrência muito oportuna"

Se a política vai ou não acompanhar essas palavras dependerá, antes de mais nada, da pressão que o chanceler receber do interior de seu partido. E principalmente de quão duradoura é essa pres-

---

10. *Süddeutsche Zeitung*, de 20 de novembro de 2001.

são, mesmo quando não se quer ganhar manchete com isso. O pensamento neoliberal, que se manifestaria contra, está profundamente enraizado no SPD. Por exemplo, Sigmar Mosdorf, destacado socialdemocrata em assuntos de "competência econômica", costuma rechaçar qualquer crítica ao sistema existente de comércio mundial, tomando-a como "pensamento antigo". Ao lado dele, porém, há políticos como Ernst Ulrich von Weizsäcker, o presidente da comissão de pesquisa sobre globalização do Parlamento Alemão. Em sua zona eleitoral, ele pôde ser visto ao vivo de Doha, via satélite, em um estande de informação do grupo regional de Stuttgart montado no meio da área de pedestres, fazendo críticas ao andamento da conferência da OMC. Em todo caso, catorze deputados federais socialdemocratas se ligaram ao World Parliamentarians Call, inaugurado pela ATTAC, em favor da taxa Tobin. Outros 35 signatários vêm do PDS e dos verdes. E a deputada federal Andrea Nahles, ela própria membro da ATTAC ("mais precisamente já no momento em que eles ainda eram considerados caóticos"), vê igualmente vários indícios de que o engajamento da ATTAC e de outros críticos da globalização demonstra eficácia e desloca a correlação de forças no interior do SPD em favor de uma análise mais crítica da globalização. O resultado da votação, extraordinariamente positivo para Heidemarie Wieczorek-Zeul no congresso do SPD, a decisão de aumentar anualmente o orçamento para auxílio ao desenvolvimento, o documento da esquerda do SPD "Contra a privatização do mundo" — todos esses sinais podem sem dúvida ser atribuídos ao 11 de setembro e aos acontecimentos de Gênova, mas também ao trabalho de grupos como a ATTAC no interior da esfera pública. "De modo algum era apenas um congresso do partido voltado para Schröder, como os jornalistas todos escreveram", julga Nahles. "O SPD se opôs claramente. Um partido governista expressa seu desagrado de maneira diferente. De maneira mais sutil." Mas foi a ajuda da pressão pública que permitiu que, no congresso do partido, a taxa Tobin não fosse mais "esmagada rapidamente" nem encarada como proposta irrealista. Foi solicitado um estudo sobre sua exeqüibilidade, sob a incumbência da ministra do Auxílio ao Desenvolvimento, com participação do ministro das Finanças — "e Heide Wieczorek-Zeul quer realmente fazê-lo". Veremos até onde lhe será permitido ir.

Um debate sobre a globalização já aconteceu uma vez no SPD, antes ainda de Seattle e Gênova. Mas, após a renúncia abrupta de Oskar Lafontaine no começo do ano de 1999, quem se manifestou criticamente sobre o sistema comercial e financeiro mundial tinha tratado de "um não-tema", conforme diz Andrea Nahles, e teria logo ficado sob a suspeita geral de "ser um confessado lafontainiano. No entanto o SPD teria sido o único partido popular que poderia ter popularizado questões tão complexas". Em todo caso, a ATTAC e os outros críticos da globalização teriam quebrado esse tabu. "Eu agradeço a vocês por ter nos ajudado nisso. Referindo-me a vocês, posso agora dizer coisas que antes teriam caído no vazio." Nesse sentido, a ATTAC seria "uma concorrência muito oportuna".

De maneira análoga sentem-se os verdes, que os neoliberais do partido com sucesso empurraram para a margem. "Nossas posições estão novamente fortalecidas", considera uma deles, Annelie Buntenbach. "Como o projeto vermelho-verde só pode ainda ser impelido por pressão de fora, vejo aqui uma possibilidade real." A parlamentar parece, entretanto, ser uma contraprova mutante. Uma vez que ela, com suas posições críticas sobre a globalização, sobre a política social e as missões militares, não quis fazer o papel, democraticamente duvidoso, de oposição permanente no interior do partido, não se candidatará mais ao Parlamento e já anunciou "que agora faz mais na ATTAC".

Um caminho que muitos da base trilham de forma ainda mais radical. Eles estão abandonando totalmente os verdes. Ou congelando as contribuições de membro e ingressando maciçamente na ATTAC, como uma associação de Bochum depois da decisão de enviar tropas militares ao Afeganistão. A relação entre a rede e os verdes é mais tensa do que em relação ao SPD. De um lado, os verdes eram os que até então tinham uma íntima relação com os movimentos civis e com as ONGs — e agora justamente eles são insultados como acomodados e traidores. De outro, o *mainstream* do pensamento social entre os verdes encontra-se, nesse meio tempo, em suave linha de reparação. "Combate à pobreza, sim, justiça distributiva, não", critica Annelie Buntenbach, "perdão das dívidas, sim, alterar as estruturas do comércio e das finanças mundiais, não." Na bancada e na ponta do partido dos verdes, o pensamento neoliberal é mais difundido do que no SPD. Um exemplo é dado justamente pela secretária de Estado do Ministério de Auxílio ao Desenvolvimento, Uschi Eid. Conforme uma declaração dela, seria simplesmente difícil explicar que um "movimento de protesto difuso como a ATTAC" mantenha uma popularidade crescente, enquanto os países africanos começariam a dirigir os olhos para os próprios descuidos e falhas, considerando os entrelaçamentos econômicos mundiais como uma chance.[11] Certamente, é justificada a crítica de Eid conforme a qual muitos attacianos tendem a uma atitude de compaixão patética e acrítica em relação ao Terceiro Mundo, omitindo a responsabilidade dos poderosos do Sul. Mas justamente os governos africanos — apesar do pouco peso de seus votos — sempre se engajaram veementemente, nas negociações da OMC em Genebra, Seattle ou Doha, contra essa forma de "chance". Acresce que Eid reduz, assim como Mosdorf, sua crítica contra os

---

11. *Frankfurter Rundschau*, de 24 de outubro de 2001.

críticos da globalização ao aspecto formal. Estes voltariam a trazer "os mesmos argumentos de trinta anos atrás".

É uma atitude defensiva, que também Joschka Fischer formulou, atribuindo aos críticos da globalização simplesmente um "anticapitalismo embolorado". Na verdade isso surpreende em vista dos conhecimentos que ele registrou em seu livro *Por um novo contrato social*. "Mesmo os bancos centrais mais poderosos do mundo, o Federal Reserve Board de Washington, o Banco Central japonês de Tóquio e o Deutsche Bundesbank de Frankfurt só têm uma influência limitada sobre a globalização", escreve Fischer. "Toda política nacional que crê poder ignorar esses fatos é punida sem piedade pelos mercados mediante moeda fraca, fuga de capital, recusa em investir etc., e tal evolução levará por sua vez a uma crise imediata da economia interna com conseqüências fatais para a capacidade dessa política de ter apoio na maioria, isto é, ela será rejeitada eleitoralmente de maneira muita rápida." A política do Estado nacional, continua ele, "é deslegitimada de forma perigosa. Essa situação perdurará enquanto a mão reguladora da política não estiver em condições de acompanhar os mercados no espaço internacional...".[12] Era desse modo que via o ministro do Exterior em 1998. Anticapitalismo embolorado?

A ATTAC põe um espelho na frente dos verdes, confronta-os com o próprio passado. Eles próprios não foram uma vez oposição extraparlamentar? E de fato anticapitalistas? O cientista político Claus Leggewie comentou: "Joschka Fischer fala sobre a fúria da juventude como outrora o Velho Mundo sobre ele".[13] Questões desagradáveis tornam-se virulentas. O que os verdes conseguiram con-

---

12. Joschka Fischer, *Für einen neuen Gesellschaftsvertrag – eine politische Antwort auf die globale Revolution*. Colônia, 1998.
13. *tageszeitung*, de 17/18 de novembro de 2001.

cretamente com sua parcela de poder? O que foi deixado para trás? Em todo caso restou o consenso fundamental verde, como concedem até mesmo os críticos mordazes do interior do partido, de que contra manifestantes nenhuma violência pode ser exercida. Desse modo Gênova desperta tanto mais sentimentos e pensamentos ambivalentes. A conseqüência foi, segundo a percepção dos attacianos, uma mistura de dissuasão *à la* Fischer e oferecimento. Um abraço arrogante paternal ou maternal, que se expressou de maneira particularmente evidente em um debate do *taz* entre Kerstin Muller e Sven Giegold. Nele a presidente da bancada verde admitiu: "Nós os subestimamos... Eu até acho positivo que haja um novo movimento, que nos apresse reiteradamente". Mas depois: "Eu espero que também se louve o que nós realizamos". O diálogo sobre a taxa Tobin foi típico da comunicação, latentemente tensa, de cima (Müller, racional) para "baixo" (Giegold, desafiador):

> *Giegold*: O que intensificaria muito seu prestígio entre nós seria que a senhora apresentasse no Parlamento um requerimento, que a senhora fizesse um voto fundamental para a tributação das transações de divisas. Se a Alemanha, como a terceira maior nação econômica, declarasse: 'Nós consideramos positivo esse instrumento', então isso para nós seria um bom avanço.
> *Müller*: Estou realmente desapontada em relação à moderação de suas reivindicações.
> *Giegold*: A senhora apresenta o requerimento agora ou não?
> *Müller*: Se o parceiro de coalizão participar, nós o faremos.

Único verde proeminente no congresso de Berlim, Daniel Cohn-Bendit pelo menos se expôs imediata e publicamente à censura de traição feita pelos attacianos. Todavia sua discussão com o movimento também é cambiante. A princípio ele chamou os críticos da globalização de "idiotas mentecaptos" (o que ele mais tarde desmentiu, dizendo que foi uma falsa citação). Depois, após Gênova, ele os defendeu perante Joschka Fischer. Este falaria com "a percepção dos dominantes... portanto, de forma estúpida". Em Berlim, Cohn-Bendit alertou depois os críticos da globalização, com muita habilidade, para a institucionalização demasiado rígida do "povo de Seattle", possivelmente adotando a forma de partido. Mas seu reparo assemelhou-se a uma autoflagelação coquete, como se ele falasse conforme o gosto do seu público. "Divirtam-se! Se vocês querem realmente se aniquilar, então tomem o caminho miserável dos verdes", bradou Cohn-Bendit, que não deixa de ocupar uma cadeira no Parlamento europeu por esse partido. Entretanto, o mais doloroso espinho na carne dos verdes pode ser, além da concorrência e a quebra de gerações, a simples subestimação dos efeitos sociais da globalização — justamente por parte daquele partido que tem pretensão de sentir as questões do futuro com mais sensibilidade que os outros, de encará-las mais cedo e de levá-las à esfera pública. Só no outono de 2001 foi preparado, por exemplo, um projeto de grupos de trabalho sobre globalização.

De fato, até agora o Parlamento inteiro praticamente não reagiu ao fato de que os entrelaçamentos internacionais influenciam faz muito tempo as decisões políticas no plano nacional. Mas se os políticos não interferem a tempo, por exemplo nos projetos da OMC, "então tudo chega até nós somente na qualidade de coerção objetiva", constata uma deputada verde. Um exemplo é o acordo TRIPS da OMC, que, por um desvio que contornava a legislação da União Européia, obriga também o Parlamento alemão a uma biopatenteação de longo alcance. Só quando as bancadas se ocuparam diretamente com o tema, tornou-se claro para elas o poder que entrementes os grêmios de Genebra, que pensam de maneira puramente econômica, passaram a exercer mundialmente nessa questão — só dez anos após as respectivas negociações da OMC se reconhece que é preciso tomar contramedidas democráticas. Porém, na questão da biopatenteação, o espaço de manobra era ainda conseqüentemente estreito. Na privatização dos serviços, que deve ser negociada nos próximos anos no quadro do GATS, as coisas podem transcorrer de modo análogo, apesar dessa experiência. Pois o que é planejado e preparado na Organização Mundial do Comércio só é deslindado geralmente por especialistas dos ministérios — nos partidos, o quadro global há muito tempo não é pensado de forma adequada, muitas vezes nem sequer existem as informações mais necessárias sobre ele, e por isso também quase ninguém parece lutar. Somente desse modo pôde acontecer que o Parlamento tenha investigado o tratado da OMC de 1995 dez semanas após a sua assinatura, mediante os procedimentos de ratificação — em geral isso demora meses, muitas vezes anos —, ou que ele só tenha debatido sobre a posição na conferência mundial do comércio em Doha quando ela já havia sido votada no plano da União Européia e, portanto, não podia mais ser alterada. O momento havia passado.

Desse modo, são tanto mais importantes os esforços, como aqueles do francês Harlem Désir, de vincular mais fortemente os parlamentos do mundo entre si e fundar uma assembléia parlamentar no contexto da OMC. Muito importante é também que o movimento de crítica à globalização forme redes internacionais ainda mais densas do que até agora.

Democratas de todos os países...

ESTÁ SURGINDO UMA NOVA INTERNACIONAL? Christophe Ventura, da central da ATTAC em Paris, ergue os braços atrás de sua escrivaninha. "Bem, nossos objetivos só podem ser alcançados por meio da cooperação internacional. Mas uma Internacional da ATTAC? Isso não existe."

Certamente, não há nenhum escritório, nenhum estatuto, nenhuma diretiva, nenhum comitê central, nenhum escritório da ATTAC em Bruxelas ou em Nova York. Mas a ATTAC é internacional e se converte nisso cada vez mais, com velocidade máxima, de mês a mês. No *site* www.attac.org encontram-se Andorra, Argentina, Bélgica, Bolívia, Brasil, Chile, Dinamarca, Alemanha, Finlândia, França, Grécia, Irlanda, Itália, Camarões, Luxemburgo, Marrocos, Países Baixos, Noruega, Áustria, Paraguai, Polônia, Portugal, Quebec, Suíça, Senegal, Espanha, Suécia, Tunísia e Uruguai — em 29 países do mundo havia, no fim de 2001, grupos da ATTAC. E, naturalmente, os fundadores franceses foram instigadores e obstetras gentis: quase seis meses após o surgimento da ATTAC-França, Bernard Cassen convida para ir a Paris ONGs de todo o mundo, sobretudo dos países que foram atingidos pelas catástrofes financeiras dos anos precedentes. Tema: "ações concretas para reconquistar o espaço de ação perdido pela democracia", assim como "propostas claras e consensuais, como a taxa Tobin".

Em 11 de dezembro de 1998, no qüinquagésimo aniversário da Declaração dos Direitos Humanos das Nações Unidas, delegados de dez países fundam, depois de dois dias de discussões, "o movimento internacional da ATTAC para o controle democrático dos mercados financeiros e de suas instituições".

Em janeiro de 1999, ocorre a primeira ação internacional da ATTAC: "a outra Davos". Cerca de mil manifestantes percorreram as ruas do paraíso da esquiação, em Grisões, organizaram um fórum de alternativas e incomodaram o sossego da elite econômica mundial ali reunida. Era uma prova de fogo.

De 24 a 26 de junho de 1999, convidados pela ATTAC e pela vitoriosa coalizão contra o MAI, apoiados pela direção da universidade e por cinco prefeitos da região de Paris, 1200 ativistas de oitenta países se reuniram na Universidade Paris VIII, em Saint-Denis. "Nós somos um quebra-cabeças de ilhas, formado por todas as lutas que se dirigem contra a hegemonia financeira, contra o novo politburo da internacional ultraliberal, cujos membros principais são o Banco Mundial, o FMI, a OCDE, a OMC e o grupo G-7. Em toda parte." Assim Bernard Cassen abriu o congresso, e continuou: "Também nos cantos mais remotos do mundo existem essas 'ilhas de lutas': em nome do acesso à terra, à água, ao sistema de saúde, à educação, ao saber, ao trabalho, aos direitos civis, aos direitos sindicais, aos direitos democráticos, à igualdade de homens e mulheres... Se as mídias se dedicassem ao inventário dessa ilhas de luta tão intensivamente como às operações financeiras, às fusões de empresas e outras atividades diárias do capital, então, com efeito, se desenvolveria diante de nossos olhos uma paisagem internacional bem diferente".

Em Seattle, essa nova coalizão mundial entrou depois pela primeira vez na grande esfera pública, a das mídias. E com as manifestações seguintes em Bangcoc, Washington, Genebra, Bolonha, Millau, Praga, Bangalore, Melbourne, Seul e Nizza, desenvolve-se o modelo da "manifestação global de representantes".[14] Sempre que uma instituição multilateral se reúne, uma aliança regional conclama uma grande manifestação, na qual as reivindicações gerais por uma reconstrução das instituições financeiras internacionais mas também as misérias de continentes não-presentes são tematizadas. Essas manifestações — e as reações da polícia, dos políticos e das mídias — difundem mundialmente a mensagem. A rede da ATTAC cresce. Em muitos países os franceses realizam discretos auxílios para fundações. Susan George, a vice-presidente, uma norte-americana residente em Paris, cujas análises furiosas sobre o mercado mundial, a armadilha das dívidas e a troca desigual se tornaram canônicas nas últimas duas décadas para todas as ONGs ligadas à questão do desenvolvimento,[15] François Chesnais, o economista marxista, Bernard Cassen, Ignácio Ramonet e muitos outros viajam para conferências na Espanha, Itália, Finlândia, Suécia, Canadá...

ATTAC-Internacional. Hoje isso é inicialmente a contra-esfera pública global na internet, que se abre quando se clica www.attac.org ou um endereço nacional. Centenas de milhares de pes-

---

14. *Le Monde Diplomatique*, de janeiro de 2000, p. 17.
15. A última análise é: *Der Lugano Report – oder: Ist der Kapitalismus noch zu retten?*. Reinbek, Rowohlt, 2001. Inúmeros discursos, ensaios e intervenções de Susan George se encontram no *site* www.tni.org/george.

soas em todos os continentes lêem toda semana o boletim *Sand im Getriebe* [Areia na engrenagem], que é editado em Paris e traduzido por quinhentos tradutores voluntários para o chinês, holandês, alemão, espanhol, húngaro, italiano, japonês, norueguês, polonês, russo. Ali são publicadas análises no tempo de preparação das próximas manifestações, ali o prêmio Nobel Joseph Stiglitz faz acusações contra o Banco Mundial, ali Naomi Klein escreve suas colunas a respeito das mais recentes ações contra a loucura das marcas e o consumismo, Walden Bello analisa a "nova ordem de guerra mundial dos Estados Unidos", especialistas investigam a crise financeira argentina. Ali há um calendário que indica mundialmente os encontros de todos os attacianos, e ali se encontra também a curta notícia de que Jostein Gaarder, o autor de *O mundo de Sofia*, conferiu, logo após a fundação da ATTAC-Noruega, o "Prêmio Sofia 2001" (100 mil dólares) à ATTAC. Centenas de milhares podem encontrar nas revistas trimestrais eletrônicas, nos *websites* e todas as filiais da ATTAC, dissertações, polêmicas, informações e indicações sobre milhares de outros *links*. Desse modo, uma base de diálogo para toda a sociedade civil global é estabelecida.

Mas o que vincula os attacianos da Noruega e, por exemplo, do Senegal? Até agora muito pouco, fora a internet. "Além da troca de informações, não temos nenhum organização que nos vincule a outros grupos da ATTAC", diz Dahou Karim, em Dacar. A própria ATTAC-Senegal é pouco mais do que uma rede livre de trinta ativistas, a maioria acadêmicos e ativistas de ONGs que vêem sua tarefa sobretudo em apresentar na contra-esfera pública global, nos congressos internacionais das ONGs e das instituições mundiais os interesses da África, os problemas da dívida, os preços das matérias-primas, a fome e a migração. "Isso nem sempre é simples. O *lobby* dos agricultores europeus, mas também os sindicatos não são exatamente os nossos aliados naturais." Mas a ATTAC, com sua orientação internacional, poderia, como espera Dahou Karim, desempenhar logo um papel importante no trabalho fino que seria necessário se se quer chegar a uma troca de interesses eqüitativo e realista entre Norte e Sul. O membro da ATTAC e poeta Thierno Seydou Sall, por sua vez, escreve com riqueza de metáforas e causticidade no *website* da "SenAttac", lamentando a perda das distâncias, inclusive aquelas entre os bem-intencionados, que ainda separam o Norte e o Sul:

> "Na noite passada alguns jovens americanos, embriagados e exaltados com sua excursão por nossos jardins exóticos, arrastaram-me para a aflitiva campina das justificativas: 'E o que acontece com a poda?'. Meu espírito começou a rodar, no ritmo rangente do ventilador. E meu espírito me disse: Ah, a África jamais viverá um orgasmo financeiro, pois é maltratada pelas podas do Banco Mundial e do Fundo Monetário. Nas salas bem esterilizadas desses estabelecimentos internacionais são servidas mutilações e sangrias com os mais finos cálices de champanhe e pratos ricamente adornados."

As dores do crescimento na Europa

Na Europa uma outra diferença de tempo histórico obstrui por ora o caminho para alianças rápidas e efetivas: o grande desequilíbrio entre a ATTAC-França e todas as demais. As condições da fundação, extraordinariamente favoráveis — a rede logística que o *Le Monde Diplomatique* ofereceu, o apoio material por parte dos sindicatos e a força, que nunca desapareceu totalmente, do republicanismo de esquerda —, não existem em outros lugares, mas para uma grande ação européia em prol da taxa Tobin, contra os paraísos fiscais, até uma iniciativa européia para mudar as regras da OMC e do FMI, deveria haver uma forte pressão em muitos países europeus. "Estamos felizes com que vocês existam, pois nós precisamos de vocês", bradou a incansável Susan George para os attacianos alemães no congresso de fundação em Berlim. "Mas estamos ainda bem no início" — ressoou a resposta, não apenas de Verden, mas também de todos os países europeus em que a ATTAC foi fundada.

"O *management* do crescimento" é justamente a palavra predileta não só de Sven Giegold; também Raffaele Laudani em Bolonha, Aron Etzler in Malmö, Marco Feistmann em Zurique, ou Kenneth Haar em Copenhague gemem com as contrações do nascimento. Em toda parte foi fundada a ATTAC no ano de 2001, tendo uma recepção gigantesca. Dois mil membros na Itália, mil na Dinamarca, 4 mil na pequena Suíça e 9 mil na Suécia — com o que os dois países mencionados por último se encontram na ponta, em proporção com o número da população. Em toda parte estavam nisso os verdes desiludidos, a antiga esquerda despedaçada e ONGs em busca de novas alianças. Sindicalistas e socialdemocratas frustrados, humanistas e cristãos engajados ligaram-se à ATTAC, trazendo para a organização seu passado político — no que ele tem de bom e de incômodo. E em toda parte, sobretudo após Gênova, chegam muitos jovens, que pela primeira vez se tornam ativos, trazendo uma sede gigantesca de saber.

Por isso é tão importante "o trabalho de formação e mais uma vez o trabalho de formação", diz Aron Etzler, que fundou a ATTAC-Sverige. "Nós precisamos ir principalmente às escolas e aos sindicatos e criticar a ideologia da parceria social. A esquerda nesse país já se tornara defensiva desde muito tempo. E muitos se desviaram depois para questões laterais, como o meio ambiente. Claro que isso não é desimportante, mas eles esqueceram totalmente a questão da propriedade." Etzler é professor em uma universidade popular em Malmö. Com um pequeno grupo de amigos ele preparou a fundação com profissionalismo durante um ano. "Em Praga éramos ainda em nove, e meio ano mais tarde veio o nosso ataque de surpresa", relata orgulhoso esse homem de 28 anos de idade. Ao longo de dois meses, a ATTAC-Suécia foi mimada por todas as mídias, considerada como vozes dissidentes contra o consenso neoliberal. "Mas desde Göteborg estamos na defensiva. As mídias nos odeiam, a associação dos empresários desencadeou uma ofensiva de propagandas contra nós. E continuamos preocupados com aqueles que agora são condenados a longas penas de prisão, em parte por causa de vídeos manipulados. Foi um choque para muitos, o país não estava mais habituado com essa espécie de missão policial. Agora construímos pontes entre as autoridades e os radicais. Não se pode abandoná-los à própria sorte."

Em toda parte os comitês da ATTAC encontram-se diante da tarefa de vincular temas locais e nacionais de maneira sensata e lógica, de estabelecer o nexo entre as demissões em massa, a degradação social e a ordem mundial neoliberal. Na Suíça, é o fechamento de agências de correio, que atinge o nervo tradicional dos cidadãos; na Suécia, foi a privatização da ferrovia, que, se não levou ao caos inglês, certamente levou a um novo sistema de transporte por classes. "Isso aborrece as pessoas, e aí nós podemos começar", reflete Aron Etzler. Seu colega da ATTAC de Copenhague, Kenneth Haar, trabalha para o partido parlamentar socialista de esquerda SPP, e ele acentua a necessidade de se dirigir aos sindicatos. "Precisamos nos preocupar com as demissões, pois só quando ganharmos os sindicatos nos tornaremos em alguns anos talvez fortes o suficiente para determinar também a ordem do dia nas questões importantes."

Em Copenhague, Malmö, Oslo e Bolonha, é preciso encontrar o equilíbrio específico entre a tarefa central da ATTAC e outros interesses importantes que são trazidos pelos ativistas juntamente com uma história prévia. "Muitas ONGs entre nós estavam consideravelmente adormecidas, e nós representamos um recomeço. Mas precisamos primeiro deixar claro para elas que não somos uma ampliação rejuvenescida de sua família política." Somente com uma maioria escassa e muito empenho Kenneth Haar impediu que a ATTAC se lançasse junto com o movimento pacifista em uma campanha pelo Afeganistão. E, naturalmente, também em Copenhague chegaram os trotskistas. "Mas isso agora já deixamos para trás, assim como o primeiro contra-ataque neoliberal." A associação de empresários e os liberais tinham lançado uma "campanha de informações". "Eles ficaram durante um dia na frente das filiais do McDonald's e cada um comeu um monte de hambúrgueres. Alguns passaram muito mal. Pois é, é preciso fazer sacrifícios na luta."

Também na ATTAC. "No momento eu trabalho vinte horas por dia para a ATTAC", geme o cientista social de 26 anos, Raffaele Laudani, que faz trabalho junto à esfera pública em Bolonha. "No momento todos querem fazer tudo, por isso todos fazem tudo em dobro. E por isso todos estão esgotados. Não é possível continuar assim. Mas enfim é uma coisa que se pode dar um jeito", ele ri ao telefone, "embora eles grampeiem tudo depois de Gênova. Mas são tão diletantes. Eu sempre ouço os policiais falarem."

Berlusconi, ao que parece, ajuda muito. Depois de Gênova, surgiram fóruns sociais em muitas cidades, na maioria alianças de grupos existentes: Tutte Bianche, Laboratori Desubbidienti, moradores de rua, a velha esquerda. E muitíssimos cristãos. Afinal o papa, com suas manifestações veementes contra a total comercialização do mundo, passou a ser entrementes o único chefe de

Estado anticapitalista. "Nosso maior feito até agora", diz Laudani, "foi a organização para a paz, contra o alinhamento pró-América de Berlusconi. Em Roma juntamos no mínimo 200 mil pessoas; Berlusconi mal conseguiu 50 mil." Também na Itália os que foram mobilizados recentemente pela ATTAC trazem sua mistura específica de temas. Soberania da alimentação e abastecimento de água são importantes para os italianos, mas também a OTAN. "Com a impressão causada pela guerra de Kosovo, surgiram muitos grupos aqui, e nós na ATTAC também achamos que a OTAN é uma das instituições da globalização capitalista. Também isso deveria se tornar um dos grandes temas da ATTAC."

Para 2002, a ATTAC-Itália planejou uma campanha ambiciosa que promete bastante dinâmica para integrar a heterogenia de membros. "Nós levaremos a taxa Tobin ao Parlamento. Entre nós 50 mil cidadãos podem forçar o tratamento parlamentar de uma proposta de lei. Quarenta deputados desde já apóiam nossa campanha, e em 26 de janeiro nós os colocaremos em movimento. O prêmio Nobel Dario Fo e muitos outros artistas nos apoiarão. Conseguiremos 200 mil assinaturas, no mínimo."

First Things First – Next Things Next

Bruxelas, 14 de dezembro de 2001. O trajeto da manifestação que a aliança D 14 negociou com a polícia atravessa subúrbios ermos, ainda para além do bairro de imigrantes, que um canal separa do castelo de Laaken, onde os chefes de governo da União Européia deliberam sobre os contingentes com que a Europa quer apoiar a guerra dos Estados Unidos no Afeganistão, na Somália e alhures. As lojas de negócios baixaram suas portas, placas informam aos *"chers clients"* que elas estão fechadas por causa da cúpula da

União Européia. E assim quase ninguém vê a jovem menina maquiada de azul que sobre um gigantesco globo terrestre estende seus braços em desespero. Na ponta do desfile vai um inválido, sobre a cadeira de rodas uma faixa com a frase "Who are we?". A pergunta parece um pouco envelhecida hoje. No começo da manifestação, sob as bandeiras vermelhas e brancas, 5 mil adeptos da ATTAC marcham com as reivindicações: taxa Tobin e fechamento dos "paraísos financeiros". Atrás deles o longo e colorido desfile dos manifestantes de Gênova, vindos da Itália, em seus aventais brancos, grupos da Oxfam ingleses e belgas com os lemas sobre o perdão das dívidas, ativistas dos três sindicatos franceses radicais, SUD-PTT (correio), SUD-CRC (saúde) e FSU (professores). Naturalmente também fazem parte os veteranos franceses da marcha dos desempregados, o Socialist Workers Party exigem como sempre a revolução mundial, também se encontra ainda o Partido Comunista Alemão, e em algum lugar marcha um montinho perdido de verdes. Desde Gênova parece ter cabido à ATTAC a liderança informal na política extraparlamentar. E a *Stern* declarou a ATTAC como a "organização do ano de 2001".

Mas desde Gênova, e não só desde o 11 de setembro, coloca-se também a questão: como converter em influência política o poder de tematização que resultou das grandes manifestações e, diferentemente do que ocorreu em Nizza ou Göteborg, atingiu as mídias em toda a Europa? É possível que o modelo "manifestação" tenha chocado em seus limites? A outra parte não é, como se sabe, inativa. De maneira branda, reage com discursos fortes sobre a necessidade de controlar a globalização, com "simpatia" (Schröder), com "interesse" (Jospin) e com o emprego de comissões de especialistas dedicadas à taxa Tobin. E, de maneira menos branda, a ministra européia do Interior reforçou sua cooperação. As proibições preventivas de viajar para os "dispostos à violência", apanhados pelos computadores, são ainda exceção. Contraproducentes elas são sempre: quando muito reforçam a indignação e o nervosismo entre os mais jovens e mais inexperientes que viajam a protesto. Dessa vez alguns milhares de guardas de fronteira alemães haviam perseguido ônibus de viagem suspeitos, inspecionaram passageiros e mandaram para casa possuidores de faca de cortar pão. Com isso eles não podem impedir nada. Mas, por outro lado, manifestações como a desse dia frio de dezembro provocam ainda alguma coisa?

Tudo termina pacificamente, o bloco preto não atacou nada, fora duas filiais bancárias, cujos vidros caíram aos pedaços. A polícia se mantém nas ruas laterais — afinal estamos no Norte da Europa. Só no final, quando 10 mil ou mais tomam suas sopas, aguardando o concerto prometido, jatos d'água e correntes duplas bloqueiam hermeticamente as vias de saída. Quem quer sair tem de se colocar junto à parede, abrir as pernas, deixar-se apalpar e estender as mochilas para a busca de objetos duros. Nenhuma câmera filma isso, assim como todo o desfile pacífico de 30 mil manifestantes oriundos de uma dúzia de países nem sequer foi digno de uma nota na maior parte das mídias européias, com exceção do *Le Monde*. Quando muito na mídia belga, e nesse caso com o suspiro de alívio: "Carnaval da política, mas nada acontece".

No dia anterior, também desconsiderado pelos jornais europeus e pelos órgãos de TV, mais de 80 mil sindicalistas já haviam trilhado o percurso isento de público e exigido "uma Europa social". O premiê belga havia declarado à noite estar muito satisfeito: os sindicatos teriam expressado de maneira clara que querem mais Europa; os políticos no castelo trabalhariam nisso.

Também isso poderia ser o futuro: uma "democracia" bem formada com três esferas públicas — a auto-apresentação midiática dos principais funcionários do Estado, a oposição conformada ao sistema e "os extremistas", mutuamente isolados pelas forças da ordem e pela cumplicidade das mídias. No fim do ano de 2001, os comentaristas já se regozijam: o "movimento de antiglobalização" afundaria "pouco a pouco na insignificância... Eles já não são mais novos, não surpreendem mais ninguém". Na "cobertura jornalística normal", a disputa das opiniões voltaria por isso a se desenrolar agora "usualmente entre políticos, funcionários, empresários e especialistas publicamente reconhecidos — ou seja, entre instituições que configuram a economia de mercado. Como meros interessados, os críticos da globalização não têm aí nenhum lugar e nenhum peso". E assim o movimento se decomporia, voltando ao seu "estado original": uma variedade de grupos que pelejam em vão por atenção.[16]

O pequeno grupo de ativistas das ATTACs da Bélgica, Holanda, França, Alemanha e Dinamarca, que se encontram à noite antes da manifestação em um centro de lazer na Rue de la Couronne, não é receptivo para semelhante oráculo do folhetim politizador. Mas eles sabem também que a tensão de ação, atenção, esclarecimento e política não pode se romper. Se as mídias se fadigam, visto que elas obviamente precisam da luta de barricadas entre os grandes do mundo e os blocos pretos, se os próprios participantes das cúpulas consideram que seus eventos "não são mais modernos" ou os transfere para regiões do mundo cada vez mais remotas, então os próprios ativistas precisam criar os acontecimentos. "O que acontece com uma grande e coordenada ação européia pela introdução da taxa Tobin na União Européia?", pergunta Bernard Cassen ao grupo. "Nosso Parlamento se pronunciou a favor. É ainda muito prematuro exigir isso diretamente na Europa com uma ação, por exemplo

---

16. Stephan Kaufmann, "Schlechte Zeiten für Kritik". In: *Berliner Zeitung*, de 8 de janeiro de 2002.

no nível da Comissão da União Européia? O que vocês acham? Vocês podem discutir isso entre vocês?" Também um fórum social europeu poderia promover o surgimento de um movimento continental com força de tematização. Mas onde ele pode se realizar: em Sevilha? Lá a administração da cidade está politicamente do outro lado. Em Berlim? Os ativistas alemães ainda não sabem se têm organização suficiente para sustentar algo assim.

A noite transcorre de maneira pouco mais informal do que o encontro semestral da ATTAC-Europa: "Ouve-se o que está em curso, discute-se se ainda é preciso se preocupar com o terrorismo e a guerra, e se planeja o próximo grande evento", diz Sven Giegold laconicamente. E as grandes ações coletivas, variantes espetaculares dos centros *offshore* boiando no rio Alster em Hamburgo ou a ação "Grande Lavagem" nas praças de Luxemburgo? "Bem, isso ainda durará um, dois anos." Mas, se *"first things first"* é a regra para a relação entre a tarefa central e os outros problemas políticos e sociais, entre o órgão central e os membros, então se aplica aos planejamentos estratégicos a regra *"next things next"*. E assim o grupo discute ainda brevemente o encontro da ATTAC no Fórum Social Mundial na cidade brasileira de Porto Alegre, antes de o bar abrir no centro de lazer.

PORTO ALEGRE: FÓRUM CIVIL, CONFERÊNCIA ESPECIALIZADA, MERCADO DE POSSIBILIDADES

No pátio da Universidade Católica, juntou-se pedra a pedra — colhidas nos campos hindus e nas matas brasileiras, apanhadas nas praias africanas e nas beiras das ruas européias. Após quatro dias, havia surgido um grande mosaico: um outro globo terrestre. Nos grandes auditórios, cientistas debateram sobre a escravidão produzida pelas dívidas, teóricos do Terceiro Mundo, sobre alternativas ao "desenvolvimento" capitalista". Frei Betto, o teólogo brasileiro da libertação, falou a respeito da religião como força de progresso irrenunciável, Danièle Mitterrand, acerca da repressão política, Eduardo Galeano, o cronista poético do subcontinente, atacou os Estados Unidos, e o candidato à presidência do Partido dos Trabalhadores, Luiz Inácio Lula da Silva, discutiu com Jean-Louis Chevènement sobre a imprescindibilidade do Estado nacional. E em torno disso centenas de *workshops*, nos quais protetores das florestas tropicais, agricultores alternativos, conselhos de índios, grupos de auxílio aos desempregados, vítimas do terror policial, feministas, camponeses sem-terra, adversários da tecnologia genética, movimentos de deficientes faziam contatos e realizavam planos.

Dez mil delegados de ONGs de mais de cem países se encontraram de 25 a 30 de janeiro de 2001 em Porto Alegre para o Primeiro Fórum Social Mundial. Nas ruas da cidade portuária, no Rio Grande do Sul, 40 mil pessoas da região protestaram junto com eles, no grande auditório ao ar livre cantou Manu Chao, além de outros. Nos grupos de trabalho, juristas refletiram sobre um novo direito internacional, economistas, sobre a regionalização do mercado mundial, especialistas em abastecimento de água, engenheiros de tecnologia solar e agrônomos, sobre a economicização dos bens globais. José Bové partiu, como esperado, para a ação e arrancou plantas geneticamente manipuladas em uma fazenda próxima, foi expulso pelo governo central, cuja ordem acabou sendo revogada por causa dos protestos. E, em uma videoconferência com a cúpula adversária da economia mundial em Davos, o chefe da ATTAC, Bernard Cassen, encontrou no purificado rei da especulação George Soros um defensor da taxa Tobin.

Como tudo isso aconteceu? Já desde muito tempo os representantes de algumas ONGs brasileiras haviam refletido sobre se já não seria hora de, além das manifestações em massa contra o FMI, o Banco Mundial e a OMC, colocar acentos políticos positivos, de difundir no quadro mundial uma "outra globalização". Imediatamente após o congresso de protesto "Anti-Davos" na Suíça, de cuja organização a ATTAC também participou, eles discutiram a idéia com Bernard Cassen em Paris. E ele propôs de imediato Porto Alegre. Brasil, porque tal congresso deveria se realizar no Terceiro Mundo, e Porto Alegre, porque a cidade e o estado do Rio Grande do Sul são governados pelo Partido dos Trabalhadores (PT), o único grande partido de oposição no Brasil. Na cidade de milhões, além disso, havia sido colocado em prática desde algum tempo um projeto político muito estudado: o "orçamento participativo". Um modelo conforme o qual os próprios habitantes dos bairros da cidade poderiam definir, em votação democrática, para que fins — sociais, pedagógicos, médicos — deveriam ser gastos os subsídios do Estado. O resultado: o interesse político dos cidadãos cresceu velozmente, e a corrupção foi a zero.

Ainda em fevereiro de 2000, a Abong (a organização de cúpula das ONGs brasileiras), a ATTAC, a CUT (liga sindical brasileira), o Movimento dos Sem-Terra, algumas outras ONGs e associações de cientistas críticos decidiriam organizar o Fórum Social Mundial de Porto Alegre. Cidade e Estado prometeram ajudas generosas, e em fim de junho, na contracúpula de ONGs para a conferência da ONU "Copenhague + 5", o projeto Porto Alegre 2001 foi selado.

Porto Alegre 1 foi uma mistura colorida, idealista e autoconfiante de assembléia civil global, encontro mundial de jovens, congresso eclesiástico, conferência de especialistas, congresso político — um mercado de possibilidades de resistência regional, alegre e altivamente dominado pelo mundo não-norte-americano, não-europeu, não-branco.

O Fórum Social Mundial, silenciado ou denunciado de início pela mídia monopolista do Brasil, tornou-se um sucesso midiático — na imprensa latino-americana, nos países africanos e asiáticos. Na Europa — de novo com exceção da França —, ele foi tratado como nota marginal para a outra cúpula, a econômica em Davos, que se realizava no mesmo longo fim de semana. Da Alemanha, onde antes mal se podia ler alguma coisa a respeito do grande evento, vieram alguns representantes de ONGs e uma deputada do PDS; o diretor do Instituto Goethe local, um socialdemocrata bávaro, convidou depois, na última hora, quatro cientistas sociais, "para que os brasileiros e os franceses não fizessem tudo aqui".

Não houve uma declaração de Porto Alegre, nenhuma resolução, apenas grandes emoções no evento final, com centenas de bandeiras e um sim cem vezes repetido à questão se um outro mundo é possível. Mas o decisivo foram os acordos acertados ali, os contatos feitos, as ações comuns planejadas por uma ampla coalizão, que nem em todo detalhe apresenta a mesma opinião, mas que partilha o essencial: ela rejeita a configuração do mundo segundo o modelo do Consenso de Washington, e quer a cada vez pôr na ordem do dia propostas, soluções e estratégias mais claras, em Porto Alegre e em outras oportunidades.

Naturalmente o movimento civil internacional, também isso se tornou patente em Porto Alegre, tem um longo caminho à sua frente para alcançar a "nova força política global". Até segunda ordem, a resistência contra as milhares de formas de desigualdade será, no essencial, local e regional. Se na Europa ela se restringirá à defesa dos postos de trabalho, das formas de vida e da natureza, na América Latina se dirigirá à distribuição da terra, aos direitos sindicais e contra o poder das oligarquias — e em grandes partes da África e da Ásia, à garantia da vida nua e crua. Os desempregados da Europa ocidental e os tecelões malaios, os operários fabris mexicanos e os aposentados norte-americanos, os sindicatos italianos e os trabalhadores migrantes magrebinos, os sem-terra brasileiros e pequenos agricultores alemães, as artesãs chinesas e os compradores de *junk toy* alemães, os técnicos de eletrônica russos e os engenheiros holandeses — eles são dominados, explorados, alienados pelo mesmo sistema global, mas seus interesses imediatos não são idênticos; até hoje eles podiam entrar somente em coalizões morais, sem poder de fato.[1]

Mesmo o único interesse unificador e universal pela conservação dos fundamentos naturais vitais do planeta não desempenhou em Porto Alegre nenhum papel estratégico de peso. Pois não só o bloqueio destrutivo de todos os acordos sobre o meio ambiente por parte dos Estados Unidos obstrui o caminho para uma ordem mundial do meio ambiente; a miséria pura e simples faz com que uma política ecológica apareça ainda como um luxo para muitos países do Terceiro Mundo. E o projeto de uma guinada energética global, que possa dar uma pausa à natureza, afrouxar a dependência dos países do Sul em relação ao petróleo importado, desonerar suas balanças comerciais e possibilitar uma re-regionalização da agricultura, fracassa atualmente não apenas por falta de discernimento e dinheiro — ela também depende de uma reorientação das regiões altamente industrializadas e de uma mudança drástica das regras do mercado mundial.[2] Desse modo, o mais importante interesse comum organizável de todos que

1. Cf. a respeito o livro de Toni Negri e Michael Hardt, *Empire*. Cambridge/Londres, Harvard University Press, 2000. Trata-se de uma teoria filosófica da resistência no século XXI.

2. Cf. Hermann Scheer, *Solare Weltwirtschaft – Strategien für die ökologische Moderne*. Munique, Kunstmann, 1999.

perdem de diversas maneiras no grande jogo do dinheiro é a alteração das condições básicas globais que depõe a política em todo o mundo. Por isso, mas também por causa de sua formação de redes globais e — em virtude de sua íntima parceria com o *Le Monde Diplomatique* —, e sua força nas mídias, a ATTAC possui um papel estratégico importante entre as mais ou menos cinqüenta organizações presentes no conselho de preparação de Porto Alegre 2.

UM PLANO MARSHALL GLOBAL — E SEU FINANCIAMENTO

No ano de 2002 terão sido 70 mil ou mais pessoas a ir a Porto Alegre para a segunda assembléia civil global, a fim de protestar e trocar experiências nos oitocentos *workshops*. A relação polêmica com o World Economic Fórum[3] já não desempenha mais nenhum papel. Nos quatro grandes blocos temáticos, são apresentados e discutidos os planos para uma "outra globalização":

- *A produção da riqueza e o futuro das sociedades*: como o comércio e a circulação de capital têm de ser organizados para que se torne possível um desenvolvimento homogêneo das sociedades; como pode ser efetuado um perdão das dívidas, de modo que ele beneficie os povos e não as elites corruptas; como os conglomerados multinacionais podem ser controlados; como as sociedades se internacionalizam?

---

3. Pela primeira vez, o fórum não se realiza em Davos, mas no Waldorf Astoria de Nova York – por razões de segurança (os suíços não queriam mais arcar com os custos do policiamento) e por solidariedade com a cidade de Nova York.

- *A disposição sobre os "bens globais" e seu aproveitamento duradouro:* meio ambiente, água, ciência e técnica, a herança genética e o espaço público são "bens globais", que devem pertencer a todos — como esses recursos da humanidade podem ser objeto de uma economia duradoura e distribuídos de maneira justa?
- *A organização da sociedade civil e da esfera pública:* como se configuram as estratégias para democratizar as mídias e a formação; como os fluxos migratórios podem ser direcionados, a miséria dos refugiados, reduzida, e a intolerância, combatida; como as lacunas de conhecimento entre Norte e Sul podem ser fechadas?
- *Poder político e ética na nova sociedade:* como se configura uma ordem mundial democrática; como as pessoas de toda parte podem participar dessa democracia; de quanta soberania precisam os Estados, quais direitos a comunidade mundial deve ter; quais são os pressupostos para uma desmilitarização do mundo?

A ATTAC organiza o primeiro conjunto de temas, apresentando uma proposta já aperfeiçoada de como um "contrato social planetário" pode ser financiado por meio do controle dos mercados financeiros e de um sistema tributário global. Na conferência que ela realizou logo após o 11 de setembro na Central European University, criada por George Soros em Budapeste, a vice-presidente da ATTAC-França, Susan George, esboçou esse "plano Marshall global". Ele associa inovação ecológica, combate global à pobreza e democratização mundial.[4] E contrapõe ao sistema de auxílio ao

---

4. "Clusters of crisis and a planetary contract". Disponível no *site* www.tni.org/george/talks/clusters.htm.

desenvolvimento um "keynesianismo global", ou seja, a idéia de um *"global welfare State"*. Aos seus críticos ela replicou que utópico seria supor que é possível evitar, com menos do que grandes passos, o resvalamento do mundo rumo a mais desigualdade, mais fome, mais caos e mais terror.

A proposta da ATTAC em Porto Alegre dá continuidade à idéia segundo a qual devem ser fundados, sob a direção de uma ONU reformada, dois fundos para o desenvolvimento soberano dos países pobres: um para a estabilização dos câmbios e dos preços das matérias-primas, o outro para o financiamento direto de transferência de tecnologia, formação, saúde, abastecimento energético e saneamento do meio ambiente. Os fundos devem ser financiados com três impostos globais: um sobre as transações financeiras (taxa Tobin), um sobre os investimentos diretos das múltis e um "imposto da unidade", que impossibilita às múltis deslocar seus lucros para onde são pouco ou de modo algum tributados. Além disso, a ATTAC propõe uma série inteira de novas leis básicas internacionais: para a regulação dos mercados de divisas, ações e derivados, para o controle dos paraísos fiscais, para a reforma das instituições financeiras internacionais etc.[5]

Também os "documentos-guia" de outros fóruns de Porto Alegre referiram-se implícita ou expressamente, técnica ou moralmente, a essa idéia de um "New Deal" entre o Norte e o Sul, entre pobres e ricos. Quando o comitê francês para o desendividamento do Terceiro Mundo (CADTM) substitui a concepção de "auxílio ao desenvolvimento" por aquela de "impostos globais" ou mesmo pela de "reparações" da exploração passada, quando o documento da Oxfam sobre "propriedade intelectual e sociedade global do conhecimento" busca caminhos realistas para mediar a eliminação da

---

5. Cf. *site* www.forumsocialmundial.org.br/eng/tconferencias_soberania.asp.

miséria no Sul e os direitos legítimos dos detentores de patentes, quando a Corporate Watch e a Global Exchange colocam a reivindicação de um direito empresarial internacional eficaz contra os códigos de comportamento ineficazes com que as múltis querem regular voluntariamente suas obrigações sociais e ecológicas, ou quando Walden Bello reflete sobre um nova ordem política básica que confere a todo país a autonomia de ele próprio escolher sua linha de desenvolvimento, sem que isso leve ao isolacionismo ou arruíne o comércio mundial — tudo isso são sempre reflexões ligadas à idéia diretriz de sociedade civil global, que quer restituir aos cidadãos, em todas as regiões do mundo e em todas as nações, a soberania de que eles precisam para "se apropriar novamente do futuro do mundo". A alternativa à globalização impulsionada pelos conglomerados — conforme diz um dos mais conhecidos teóricos do desenvolvimento do Sul, Samir Amin — "não reside na nostalgia voltada para trás, mas em uma concepção de globalismo dirigida ao futuro, em um mundo pluricêntrico, no qual a desigualdade entre regiões e países é sistematicamente reduzida por meio de um feixe complexo de negociações, medidas políticas e regulações".[6]

Trata-se, portanto, da universalização da democracia, da soberania de todos os cidadãos desse mundo. As democracias modernas surgiram como Estados nacionais. E a soberania dos Estados nacionais se fundamentava em seu poder de implementar impostos. As grandes revoluções democráticas — a francesa e a norte-americana — se incendiaram na luta em torno da tributação. Hoje a economia é global, mas o quadro em que ela se encontra não o é. E a exigência central de um movimento democrático mundial tem de ser um sistema tributário mundial para os atores econômi-

6. Samir Amin, "Globalism or apartheid on a global scale". World Conference Against Racism, Durban/África do Sul. Todos os textos importantes do Fórum Social Mundial se encontram no *site* www.portoalegre2002.org.

cos mundialmente operantes. Isso é lógico e constitui a atratividade da ATTAC — a par de outros estímulos da taxa Tobin.

Não obstante, o verdadeiro prodígio da ATTAC reside em que surja em 29 países da Terra — e cada vez mais — uma oposição civil mundial que não mais se atenha aos sintomas, senão que se dedique ao cerne abstrato, complicado, da engrenagem social, estude-o e julgue ser capaz de estabelecer os fundamentos de uma ordem mundial democrática.

Que parte dessas reivindicações, que de ação em ação vão sendo analisadas de maneira mais precisa e formuladas de modo mais popular, encontre o caminho para os debates das instituições políticas, da esfera pública e do parlamento, dependerá das mídias. E, desse modo, das próximas ações.

É HORA DE ATRAVESSAR AS PORTAS

Os Fóruns Sociais Mundiais de Porto Alegre e as repetições em outros locais da Terra que se seguirão são feriados do movimento social mundial. Algo como o 1º de maio há cem anos: o dia em que o movimento corrobora suas grandes metas e princípios, embora seus membros saibam que tudo demorará ainda muito tempo. Mas também o dia em que os companheiros de luta se encontram, se alegram entre si, e em que a "sociedade do futuro" se torna visível como em um vislumbre. São feriados para as almas. Neles, grandes palavras da humanidade e sentimentos se contraem em uma mistura enérgica, e o novo mundo parece se avizinhar. Mas "um outro mundo é possível" — isso não significa apenas que ele é pensável. Os trabalhos científicos preliminares, as experiências dos ativistas mostram: ele é factível, os instrumentos estão à mão, examinem-nos, empreguem-nos, discutam-nos. Ou digam que vocês não o querem.

Mas Porto Alegre é longe e só uma vez por ano. Depois disso continua o dia-a-dia do esclarecimento, a tarefa diária do convencimento. As condições de ação do movimento democrático global se alterou desde o 11 de setembro. Não piorou incondicionalmente. A associação dos "inimigos da globalização" com os terroristas pelo menos não emerge mais nas mídias sérias, e as vozes que insistem na mudança da ordem econômica mundial têm nomes sonoros: Joseph Stiglitz, o arcebispo Tutu, José Saramago. Certamente, "o império revida", mas a seu modo. Em janeiro de 2002, o Fórum Econômico Mundial evitou Davos e se transferiu para o Waldorf Astoria em Nova York, e se pronuncia ali, com a mesma clareza, tanto a favor do livre mercado mundial como do progresso social global. A época das grandes cúpulas do FMI, do G-8, da OCDE parece ter chegado ao fim, e com ele a dramaturgia da representação do poder e do protesto; os sinais disso se multiplicam: já em março de 2001, um grupo de ministros, funcionários e conselheiros empresariais se encontrou em Washington e discutiu, entre outras coisas, se não seria melhor marcar futuramente esse encontro "em um cruzeiro" ou "em meio ao deserto" e manter em sigilo os locais de reunião; e mais: como "dar às ONGs outras caixas de areia para brincar", ou — como disse um funcionário norte-americano — como "deslegitimá-las", ou ainda como lhes fechar as verbas oriundas das fundações.[7] Os socialdemocratas europeus se dedicam "com interesse" à taxa Tobin, mas mandam examiná-la uma comissão cuja presidência é antes de tudo cética. Essa resistência branda nas democracias capitalistas pode a longo prazo enfraquecer a força de tematização da ATTAC e de outros movimentos sociais bem mais do que a criminalização e vigilância da "margens militantes", o que — ainda — depara com a resistência das instituições do Estado de direito. Também a ameaça de Ashcroft, secretário da Justiça norte-americano, de reorganizar a arquitetura da internet — o que atingiria fortemente o movimento social —, não poderá ser imposto internacionalmente, enquanto o pânico com o terror não aumentar de modo considerável.

Mas a questão sobre o futuro da aliança democrática da qual faz parte a ATTAC é colocada também independentemente de tais reações. Já antes de Gênova o movimento social refletiu sobre a "guerra insatisfatória dos símbolos",[8] da qual constam também as manifestações perante os palácios dos políticos do mundo: tratar-se-ia antes de tudo de livrar esses poderosos de sua impotência. "As grandes ações de rua em paralelo com as assembléias da elite global", escreve Walden Bello, "atingiram (definitivamente após o 11 de setembro) os limites de sua efetividade. E isso certamente forçará o movimento a desenvolver métodos inovadores, a combinar ações em massa, meios jurídicos e parlamentares".[9]

Durante anos o movimento civil viveu dos símbolos do "adversário" — a luta dos ativistas contra as marcas dos conglomerados —, bem como das imagens demonstrativas dos combates de rua perante os salões das conferências. "Mas esses símbolos nunca foram os verdadeiros objetivos; eles eram tão-somente as portas. E é hora de atravessá-las." A ATTAC está nesse caminho. Sua reivindicação principal, a taxa Tobin, é, por causa de sua plausibilidade, símbolo e passo para a solução. Mas mesmo esse primeiro passo carecerá ainda de grandes esforços, e a resistência das instituições não é superável sem a pressão pública contínua.

Mas como conservá-la sem que os ativistas se cansem, voltem-se para outros projetos no grande campo das misérias ou radicali-

8. Naomi Klein, "Zeichen und Wunden". In: *Frankfurter Allgemeine Sonntagszeitung*, de 14 de outubro de 2001, p. 25.
9. "ATTAC". In: *International Newsletter*, nº 111, p. 8.

zem de forma improdutiva? Como tornar visíveis "os mundos invisíveis" que residem em nichos alternativos localizados entre o fundamentalismo econômico e o sonho abstrato do "outro mundo" ou a diversão auto-suficiente?[10]

Certamente estaria em primeiro lugar, indo com freqüência contra as aparências, insistir fortemente na confiança de que as instituições, ao menos do Oeste europeu, ainda funcionam. Por isso a ATTAC se concentra logicamente nos parlamentos, mas isso também só seria o começo do trabalho. Os 53 deputados federais alemães que dão sua assinatura à taxa Tobin não são o suficiente. Depois dos palácios das cúpulas, devem ser sitiados agora os parlamentos — ou os escritórios dos deputados em suas regiões eleitorais. Com ações e muitas conversas particulares. E sem uma íntima cooperação entre a ATTAC e os sindicatos, a pressão política — nas ruas e nos grêmios — não bastará.

Tampouco sem a atenção das mídias. E ela depende de imagens. Mas o que pode substituir as grandes marchas? Distribuir pequenos postos de trabalho no mercado natalino, "privatizar" simbolicamente o centro de Marburg — isso desperta a atenção da cidade, mas não a grande atenção. Atores proeminentes podem ajudar, e eles o farão, na medida em que o movimento consegue soltar fogo da garganta. Mas talvez não tenha ainda chegado ao limite o modelo do Greenpeace: colocar sob os holofotes, com ações à margem da legalidade, os abusos e aqueles que os toleram. "O que aconteceria", disse recentemente um velho ativista do Greenpeace, "se houvesse um 'corpo de bombeiros fiscais voluntários', que interferisse, com um carro com xalmas e água ou outros líquidos, em toda parte onde se fizessem lucros ilegítimos, onde se abrissem buracos fiscais, onde a riqueza crescesse com base na

---

10. Naomi Klein, op. cit.

pobreza dos outros".[11] É somente uma idéia. O que caracteriza esse projeto de protesto e dá impulso ao novo movimento social é a associação de eficácia pública, diversão, esclarecimento e sociabilidade, fazendo com que as pessoas "que na verdade não têm necessidade disso" permaneçam por um longo tempo. A grande rede depende das muitas pequenas redes. Redes humanas.

SOCIEDADE MUNDIAL DE GRANDE FÔLEGO

E isso também no plano internacional. A sociedade mundial democrática e transnacional precisa se tornar visível e efetiva, não só nas grandes reivindicações, não só em Porto Alegre e não só na cooperação internacional de cientistas críticos e na troca de informações no interior da rede da ATTAC. Um belo exemplo é o congresso de fundação da ATTAC-Tunísia, em 5 de janeiro de 2002.[12] Desde 9 de setembro de 1999 Fathi Chamki, um professor de geografia da Universidade de Mannouba, e seu companheiros de luta haviam aguardado uma autorização para constituir a associação, sem a qual as atividades sociais são proibidas na democracia de "99,4%" do autocrata Bem Ali. Fahti Chamki e dois outros membros da RAID foram presos, interrogados e detidos por causa da "divulgação de informações que perturbam a ordem pública", um mês em celas em que até 85 prisioneiros vegetam sob "condições animais". "Alguns desses animais ainda choravam", conta Fathi Chamki, "outros tentavam morrer de fome ou cortar as próprias artérias." O congresso de fundação em sua casa foi cercado por cinco carros

---

11. A idéia é de Benny Härlin, e aqui nós a passamos adiante.
12. A ATTAC se chama ali RAID: *Rassemblement pour une Alternative Internationale de Développement* [Reunião para uma Alternativa Internacional de Desenvolvimento].

da polícia. "Nós ousamos, estou muito feliz com isso, mas sem a solidariedade da ATTAC-Rhône dificilmente teríamos conseguido." Jean-Luc Cipière e outros membros da ATTAC foram até a Tunísia para a assembléia de fundação, a ATTAC-Rhône já havia feito uma manifestação antes em frente do consulado tunisiano em Lyon, e organizaram uma invasão da Tunis-Air. "Após seus êxitos iniciais, eles atingiram um ponto onde ficaram um pouco sonolentos, já que não tinham mais nenhuma resistência", diz Chamki. "As ações contra as instituições tunisianas, eu acredito, vitalizaram enormemente a ATTAC-Rhône — e com isso nós também os ajudamos." E deram aos de Lyon um novo campo de ação, no centro dos objetivos da ATTAC. Em dezembro de 2000, os dois grupos organizam um ato contrário à cúpula do Euro-Méditerranée em Marseille, um dos eventos resultantes do tratado de Barcelona (1995), no qual são negociadas as modalidades da "parceria" econômica entre a União Européia e os países do Magreb.

"Em 2010 nós devemos formar uma zona de livre-comércio, mas a associação com a Europa é para nós, no fundo, um segundo 'ajuste estrutural', depois daquele do FMI", explica Fathi Chamki. As maiores fábricas de cimento já foram vendidas, as maiores empresas de abastecimento de energia, por cuja construção nós ainda pagamos os empréstimos, pertencem agora às múltis norte-americanas e japonesas." A Europa exige uma limitação do déficit orçamentário nacional a 3%; como conseqüência disso, o governo privatiza o que serve ao país: o serviço de saúde, partes das universidades. E a oposição no país é silenciada perante os portões da Europa. "Nosso *website* foi bloqueado. Vamos ao exterior, mas nada mais deu certo entre nós. No entanto, com bastante astúcia e *know-how*, construímos agora um atalho. No fundo esse é o nosso principal trabalho: encontrar caminho para ampliar um pouco o espaço da esfera pública. Em abril de 2002, a Euro-Méditerranée se reúne pela segunda vez, na cidade espanhola de Valência. A ATTAC-Tunísia e a ATTAC-Lyon preparam uma contracúpula — uma pequena aliança contra a onda de liberalização econômica que vem da Europa para o Sul e confronta os ativistas europeus com situações miseráveis, diante das quais suas próprias lutas parecem luxuosas.

Ações que procedem dessas alianças transnacionais podem provocar muita coisa — por exemplo a coalizão anti-Nike —, mas, no âmbito da ATTAC, elas requerem trabalho extremo. Quem exatamente ganha com a dívida pública do Senegal? Em que produtos estão metidos os lucros das *sweat-shops* chinesas? Em que banco de Liechtenstein foram parar os lucros com especulação na última desvalorização do baht? E como tornar visível isso, com ativistas nas duas pontas da corrente do dinheiro? Isso requer pesquisas, mas as que tragam mais inteligência; cooperações, que tragam mais riqueza; e meios, que tragam mais sofisticação. A ATTAC, com seu crescente número de membros, pode desvendar aqui um grande campo, a fim de estar presente na esfera pública mesmo abaixo das declarações e dos congressos.

O estímulo dos movimentos sociais consiste em que a política e a vida se misturam neles. E tem de ser assim para que se mantenha o grande fôlego a fim de tornar possível um "outro mundo". Mas quanto fôlego é preciso? "De séculos." Como, por favor? "De vários séculos", diz a voz mais uma vez do telefone. "Veja a URSS. Demorará pelo menos tanto tempo para reparar quanto o que eles precisaram para erigir. Primeiro os soviets, depois o FMI. Creio que visões globais são necessárias, mas é preciso saber também quanto é longo o caminho e evitar o triunfalismo. O idealismo dos jovens é magnífico. Mas ele se rompe se as pessoas não forem realistas." O tradutor canadense Pierre Henrichon tem 55 anos de idade; sua primeira fase política ele teve nos radicais anos 1970, depois se tornou "um cidadão bem-comportado, com casa e filhos".

E agora se dedicou durante dois anos ao trabalho de construção da ATTAC, a tal ponto que "não restou nada dos meus passatempos. Precisei traduzir documentos para um filme sobre a globalização, e quando me deparei com o assunto do MAI e li ao mesmo tempo os artigos de Ramonet, o fio se rompeu. Há coisas que são simplesmente intoleráveis. E quando sabemos mais sobre os paraísos financeiros, simplesmente desperta na gente o instinto de Robin Hood de proteger as viúvas e os órfãos desse mundo".

Sem um grupo forte da ATTAC nos Estados Unidos, nada dará certo, conforme escreveu Pierre Henrichon há um ano no *website* da ATTAC-Quebec — aliás, uma das mais inteligentes e instrutivas no plano didático. "Atualmente isso não é provável", diz ele hoje. "A médio prazo poderia haver antes uma aliança americana continental para a taxa e contra os paraísos fiscais, passando pelos Estados Unidos. Mas certamente é preciso isolá-los. E isso não é difícil. Os Estados Unidos se tornam imperiais de maneira cada vez mais aberta. Não é preciso ser nenhum antiamericano para ver a realidade. O Brasil e a Argentina despertarão, mas isso demorará muito, e só se pode esperar que a opinião pública mude, indo contra as mídias."

E para isso um crescimento quantitativo da ATTAC não seria de modo algum tão importante. "Nós somos um pequeno grupo, seiscentos membros, entre cinqüenta e sessenta são ativos voluntariamente, e as coisas funcionam bem assim", diz Pierre Henrichon. "Em todo caso não achamos uma boa idéia se tornar uma espécie de partido sem nome, e vemos a dispersão das forças em outros países com um pouco de reserva." Advogados, economistas e estudantes fazem parte do grupo, inclusive funcionários públicos. Eles estudam as conseqüências fatais do tratado do Nafta para o equilíbrio financeiro no interior do Canadá, divulgam análises sobre os bens públicos globais, mas em suas intervenções se concentram quase exclusivamente na taxa Tobin e nos paraísos fiscais, com iniciativas no Parlamento, com cartas dirigidas a jornalistas de televisão que se deixam persuadir por ministros segundo os quais a taxa seria impraticável. "A principal função de nossas ações políticas, inclusive as manifestações, é na verdade pedagógica: se as pessoas se dirigirem a tais conflitos, elas aprenderão muito rápido." Sobre a polícia, sobre a arrogância da elite econômica, sobre a ignorância dos que detêm cargos públicos. Em torno do núcleo restrito — seiscentos membros, sessenta ativos — a ATTAC-Quebec fundou uma coalizão de sindicatos e ONGs simpatizantes, que querem abrir uma universidade popular de economia. "Até já há padres que em seus sermões solicitam aos fiéis que ingressem na ATTAC."

Pierre Henrichon deixou seu cargo de presidente, mas continua trabalhando "quatro noites da semana" para a ATTAC. Com uma perspectiva de séculos? "Isso mesmo", diz ele, "o que mais? Os do Sul tem uma carência de água e nutrição. A nós aqui falta o sentido, e a cultura vai se arruinando. Eu não possuo nenhuma grande filosofia, mas, quando alguém se sente um pouco responsável por esse planeta, não pode participar dessa loucura toda. Eu simplesmente me recuso. Em torno de mim todos trabalham cada vez mais, e não menos. Eu me sinto melhor desde que me tornei ativo, isso talvez seja apenas algo individual, mas os três anos me mostraram também que algumas pessoas podem colocar algo em movimento. E isso com a taxa Tobin pode dar certo já em alguns anos. Mas, claro, seria apenas um começo."

QUATRO TESTEMUNHAS HISTÓRICAS DO NOVO MOVIMENTO

QUE CHANCES TEM UM MOVIMENTO formado por críticos da globalização? Quais de suas metas são realistas? Quais riscos são iminentes? Para onde se dirige a nova Internacional? Os autores falaram com quatro proeminentes testemunhas históricas.

O BANQUEIRO — THOMAS FISCHER

Thomas Fischer, geração de 1947, é doutor em economia e trabalha há dezesseis anos no setor monetário. Após sua estréia na firma Varta, ele fez a partir de 1985, num intervalo de tempo de dez anos, uma carreira meteórica no Deutsche Bank, entre outras coisas como chefe de comércio de derivados financeiros (opções, *futures*, *swaps* etc.). De lá ele foi para a diretoria do Landesgirokasse de Stuttgart, onde ficou por quase quatro anos até retornar, como membro da diretoria, à maior casa bancária da Alemanha. Ali, na função de *"chief operating officer"*, é responsável, até janeiro de 2002, pelo controle e o cálculo de risco de todas as atividades comerciais e creditícias do conglomerado.

Senhor Fischer, em Gênova, no ano passado, 200 mil pessoas de toda a Europa protestaram contra uma globalização que beneficia principalmente os ricos e os privilegiados. O senhor se sentiria envolvido?

Thomas Fischer: Pelos temas mencionados, certamente. Mas me repugnou a conduta dos manifestantes. Os protestos de Gênova talvez tenham despertado a atenção, mas não trouxeram nenhum progresso.

De onde deve vir o progresso, se não pela pressão de um movimento social que vai às ruas? É incontestável que nos vinte anos passados a divisão do mundo em pobres e ricos foi aprofundada com a aceleração da globalização. É incontestável também que, ao mesmo tempo, os progressos econômicos, no que se refere a crescimento e renda, foram bem menores do que nas duas décadas anteriores.

Tudo está correto. Há esses problemas com a globalização, mas após Gênova, com o indício de violência, a discussão dos conteúdos pôde ser contornada. A geração 68 experimentou que se cai em uma armadilha quando se é rotulado como alguém que quer impulsionar a formação da opinião com métodos não-democráticos. Quem arremessa pedras e encena combates de rua impede um debate sério sobre a diminuição da pobreza.

O senhor se inclui entre os de 68?

Na época eu tinha 21 anos de idade, compartilhei a revolta contra o *establishment*. Também marchei contra a guerra do Vietnã.

Também os 68 levaram à sociedade reivindicações reformistas necessárias mediante manifestações.
Mas no fim a única estratégia bem-sucedida foi envolver-se com o sistema. As formas militantes não trouxeram nada.

As discussões de anos a fio com políticos e executivos de conglomerados sobre as conseqüências destrutivas da falsa globalização também não trouxeram nada.
Então elas não foram realizadas propriamente com a intensidade suficiente. Que isso tudo demora muito tempo não é nenhuma legitimação para tentativas não-democráticas. A violência desacredita uma discussão tão moralmente justificada como urgentemente necessária em termos materiais. Em Gênova e, antes, em Praga e Göteborg, não ocorreram manifestações normais, a preparação de muitos participantes visava de antemão a violência. Mesmo que os organizadores se distanciem disso, eles são identificados com a violência, o que acaba trabalhando a favor dos que não querem nenhuma discussão substantiva. É uma pena, pois na verdade quase ninguém considera a globalização boa *per se*.

Ah, sim? O que fazer nesse caso?
Precisamos falar finalmente sobre o que deve ser globalizado. Globalização tem de ser muito mais do que a fundação de filiais dos conglomerados internacionais. Se a economia de mercado é o modelo para o mundo, então temos de deixar claro o que constitucionalmente faz parte disso. Para uma economia de mercado bem-sucedida, isto é, aceita pela grande maioria, é indispensável que o livre empresariado esteja ligado a um quadro jurídico seguro e a uma comunidade democrática e republicana. Todos esses três elementos precisam ter os mesmos direitos. Todos os defen-

sores do capitalismo que merecem ser levados a sério sempre exigiram isso, à frente de todos está Friedrich August von Hayek.

Mas isso não foi posto em prática, pelo contrário, simplesmente tudo foi liberalizado indiscriminadamente. Os críticos vêem o principal responsável por isso na indústria financeira, nos bancos centrais e nos ministérios das Finanças dos países ricos, visto que eles definem as regras. Que algo de distorcido transcorreu aí de maneira dramática, prova-o desde já o acúmulo extremo de crises financeiras. Só as crises asiáticas lançaram milhões e milhões de pessoas no desemprego e na pobreza.

Erros foram cometidos aí, desde a amarra de pequenas moedas às grandes moedas duras até a distribuição de créditos supostamente sem risco por parte de bancos e subscritores de empréstimos no exterior. Um prova indireta de que a globalização foi conduzida de modo equivocado é o fato de a China e a Índia, as duas nações que se mantiveram fora desse processo irrefletido de integração dos mercados de capitais, serem hoje relativamente bem-sucedidas em termos econômicos.

A China e a Índia puderam fazer isso, mas as nações menores não puderam de modo algum escapar à pressão para que abrissem seus mercados financeiros.

Os senhores apresentam esses países como vítimas, mas decerto sem sua colaboração isso dificilmente teria acontecido.

Mas os coreanos não o fizeram de livre vontade. Eles se curvaram a um ultimato do governo norte-americano durante as negociações para sua admissão na OCED.

Isso me soa a imperialismo demais. Os coreanos poderiam ter dito não, havia certamente atrativos demasiado grandes.

Não se tratava sobretudo do fato de Wall Street e a indústria financeira quererem ter sua parte nas altas taxas de crescimento dos asiáticos?

Que a economia financeira tem interesse na ampliação de seus negócios é evidente. Mas eu lembro esse processo de modo diferente, era um toma lá, dá cá. Porém são importantes os aprendizados, isto é, como administrar o processo de globalização de forma que as vantagens favoreçam realmente todas as nações, com preconceitos nós não vamos adiante.

Não se trata de preconceitos, mas de estruturas de poder. Quando ocorreu a crise, os norte-americanos empregaram conscientemente o FMI para arrebentar as estruturas dos países em crise, a fim de deixar livre o caminho dos conglomerados transnacionais para aquisições a preço módico. Isso o secretário de Comércio do governo Clinton disse com toda a franqueza.

Eu conheço essa tese; Helmut Schmidt formulou algo parecido. A afirmação de que no todo se trata de imperialismo comercial norte-americano, sem o qual a globalização transcorreria de forma correta, não é verdade. São principalmente as respectivas elites nacionais dos países emergentes que tornaram possíveis essas coisas. Isso se aplica à Coréia tanto quanto mais uma vez à Argentina. A extorsão de governos mesmo em pequenos Estados de modo algum seria possível; se esses governos estivessem apoiados de maneira bem clara em estruturas e na legitimação da democracia, esses acordos não ocorreriam às costas dos eleitores.

Mas isso é também ingênuo. Essa condição não foi dada de forma propriamente freqüente. Em vez disso, os representantes governamentais das nações ricas se aliam no FMI com as elites não-democráticas dos países emergentes, a fim de espoliá-los. Pense simplesmente na orgia de corrupção durante a onda de privatização na Rússia, que foi movida com a ajuda do FMI.

Que o FMI e seu mandato devem ser submetidos a um exame muito crítico eu também acho. A pior coisa em que houve um uso indevido do FMI foi o seguro para investidores. Eles poderiam investir sossegados em países arriscados com enormes rendimentos, e se algo dava errado, o FMI os bancava. O problema do assim chamado "*moral hazard*" foi criado desse modo.

Pior ainda do que o "bail out" *para os investidores são as condições do FMI, que intensificam a crise.* Se os países prósperos estão em crise, eles abaixam os juros e elevam os gastos do Estado. Aos países emergentes o FMI ordena em nosso nome sempre o contrário.

O FMI simplesmente não deveria de modo algum ter esse mandato. A responsabilidade pela maneira como eles lidam com tais crises ninguém lá pode tirar dos regentes. Precisamos cuidar para que o FMI se restrinja à distribuição de créditos de curto prazo e que os investidores arquem de fato com os riscos que eles contraem.

Mas a união internacional dos grandes bancos tem resistido ao projeto de tornar obrigatórias essas cláusulas nos empréstimos internacionais.

Sim, infelizmente isso ainda não é exeqüível a curto prazo. Mas a longo prazo isso virá. E também a limitação do FMI de não mais efetuar interferências de fora na política interna dos Estados tomadores de crédito.

Nesse caso não seria proibido também alterar a distribuição de empréstimos do FMI e, com isso, os votos no diretório, de modo que o governo norte-americano não possa mais definir o seu alcance?

Isso nós precisamos examinar de maneira realmente crítica. O FMI, isso Helmut Schmidt também escreveu, não pode ser instrumento de um governo em particular, senão que todos os Estados soberanos que participam dele devem ser verdadeiramente representados. Isso faz parte da necessária reforma do FMI.

Uma outra exigência de reforma dos críticos do sistema financeiro afirma que os governos dos grandes blocos monetários, o dólar, o euro e o iene, deveriam se comprometer em estabilizar seus câmbios nos limites fixados por bandas de flutuação, a fim de impedir fendas na economia mundial em conseqüência das quedas cambiais.

Quem conhece a história sabe que algo assim não funciona, já que com isso são adiados os ajustes que de qualquer maneira são inevitáveis quando as economias nacionais se desenvolvem distintamente.

Isso é a teoria, mas a práxis é outra. Agora é de tal modo que o governo norte-americano — na maioria das vezes junto com os japoneses e os europeus — interfere reiteradamente na evolução do câmbio, quando isso convém politicamente, por exemplo na desvalorização de 60% do iene em 1995/96, com a qual começou a crise asiática.

Não quero julgar se foi manipulação ou uma interferência necessária para o Japão. Em todo caso, o sistema precisa possibilitar o ajuste dos câmbios, quando as economias nacionais se desenvolvem separadamente.

Sim, mas de modo que seja previsível para todos. A mesma exigência fazem também economistas reconhecidos como o prêmio Nobel Robert Mundell, o ex-presidente do Banco Central norte-americano ou o guru financeiro George Soros. A eles o senhor dificilmente poderá atribuir falta de conhecimento.

Isso certamente não, mas eles não me convencem. Se os câmbios são determinados por instâncias estatais fora do processo econômico, então isso é um convite para especular no momento em que a política efetua ajustes.

Se os três bancos centrais agirem em comum no interior de um sistema previsível, acordado contratualmente, então a especulação não terá nenhuma chance. Contra a vontade declarada do FED, *ninguém especula seja de que jeito for.*

A questão é saber simplesmente se os três grandes sempre se aterão realmente a tal acordo, se ele vir a contrariar talvez os respectivos interesses particulares. No passado, em todo caso, isso não funcionou.

Não é antes porque a indústria financeira não tem nenhum interesse em uma estabilização, visto que ela ganha muito dinheiro com a volatilidade?

Se isso fosse verdade, então a indústria financeira européia não poderia ter defendido com tanta veemência o euro, pois assim rendimentos substanciais foram perdidos.

Os senhores o apoiaram porque abriria grandes potenciais de racionalização, com os quais se poderia ganhar ainda mais.

Não, nós o apoiamos porque temos um interesse por mercados que sejam tão grandes que assimilem melhor os ajustes, visto que nesse caso eles, no lugar dos reforçadores causados pelos câmbios flutuantes, possuiriam muitos amortecedores embutidos em grande variedade.

Se os senhores consideram isso bom para a Europa, por que querem recusar ao resto do mundo?

Mas nós queremos recusar?

O economista norte-americano Jagdish Bhawati, fortemente orientado para a economia de mercado, reprova na indústria financeira que ela, juntamente com o governo dos Estados Unidos — ele fala do "complexo Wall Street-Treasury" — imponha mundialmente a liberalização radical da circulação de capital, impedindo assim uma globalização bem-sucedida.

Vale a pena refletir sobre isso. Infelizmente os próprios economistas de Harvard perseguiram por muito tempo a idéia de que a economia de mercado é o que cada um quer quando pode fazê-lo. Isso é um mal-entendido devastador. A globalização só pode ser bem-sucedida se em toda parte são estabelecidas as condições fundamentais necessárias para tanto: o "Rule of Law", a segurança jurídica e uma economia nacional constituída democraticamente. A maioria dos desenvolvimentos falhos remonta ao fato de que isso não foi levado a sério. Não deveríamos simplesmente integrar em nosso sistema países-parceiros que não estão ainda maduros para isso. Precisamos respeitar as fases necessárias do desenvolvimento.

Um elemento decisivo da injustiça no sistema financeiro mundial são também os assim chamados centros offshore, *ou seja, as praças de evasão fiscal para os ricos. O que depõe contra a simples abolição das zonas de luz vermelha do capital?*

Nada; eles deveriam realmente ser abolidos. Está mais do que na hora de, sem piscar os olhos, forçá-los a cooperar ou excluí-los dos mercados financeiros.

Tal coisa não está nas mãos da própria indústria financeira? De fato, os centros offshore *são apenas zonas extraterritoriais nos discos rígidos dos bancos.*

Que seja. Se não praticamos isso, a concorrência o pratica. Os clientes querem fazer uso desses meios enquanto funcionar. Mas ficaríamos felizes se déssemos fim a esse absurdo com ações internacionais coordenadas. Na ligação com o terrorismo já vemos como são perigosas essas lacunas da ordem jurídica internacional. Depois do 11 de setembro, ninguém mais pode ter interesse nisso.

Além disso, os críticos da globalização reivindicam uma taxa sobre as transações financeiras internacionais. O senhor a apóia também?
Não. No fim ela somente acaba elevando os preços para os consumidores. Por que os senhores querem onerá-los mais uma vez?

Para criar mais justiça tributária. Para cada pãozinho temos de pagar impostos acumulados, por que não também para negócios com divisas? Isso só muito raramente atinge o consumidor comum.
Mas o que isso vai trazer?

Retornos tributários para tarefas internacionais e uma estabilização dos câmbios por meio do abafamento da especulação.
Ah, essa discussão toda não tem nenhum sentido, como se a troca financeira entre as nações fosse algo danoso.

Isso não, mas a entrada e saída rápidas da armada de negociantes geram câmbios excessivos, que danificam a economia real.
Não creio que desse modo se alcança algo diferente do que uma burocratização maior do comércio de divisas. Entre economistas modernos, a taxa Tobin está morta, porque ela começa por um ponto equivocado. Se o quadro jurídico e a política econômica estão corretos, também as variações cambiais permanecem limitadas.

No século passado a globalização econômica já fracassou duas vezes, em 1914 e em 1931, as duas vezes porque a política permane-

ceu restrita ao plano nacional, enquanto a economia se internacionalizou. Nós podemos evitar o fracasso desta vez?
É tolice quando se comete o mesmo erro repetidas vezes. Hoje temos, diferentemente de então, a possibilidade de controlar a globalização de modo que ela permaneça estável. Mas não podemos globalizar somente a circulação de mercadorias e de capitais; precisamos também propagar o Estado de direito, a democracia, as instituições controláveis. Sem isso a economia de mercado não pode funcionar.

Isso também dizem os críticos da globalização. Quando o senhor ingressa na ATTAC?
Eu usufruo muito o privilégio de poder me expressar individualmente de maneira muito pessoal. Isso me dispensa do esforço de ter de aceitar a pressão de um grupo voltado para a conformidade. Aliás, dou grande valor em manter distância clara em relação a tudo o que talvez não se afaste ainda de forma suficiente dos métodos militantes.

A CONSELHEIRA — SUSAN GEORGE

Susan George nasceu nos Estados Unidos e vive há mais de trinta anos em Paris. Ela é diretora substituta do Transnational Institute (TNI), em Amsterdã. Seus livros — *Como os outros morrem* (1976), *Eles morrem por causa de nosso dinheiro* (1988) e *O bumerangue das dívidas* (1993) — tematizam o nexo de mercado mundial, fome e miséria no Terceiro Mundo e se tornaram clássicos da política de desenvolvimento. Susan George foi consultora de diversas comissões das Nações Unidas, esteve até 1996 na presidência do Greenpeace International e é agora vice-presidente da ATTAC-França.

A senhora já vivenciou alguns movimentos sociais. O que é especial na ATTAC?

Susan George: Na realidade, com a ATTAC, está em jogo — e isso é o grandioso — a tentativa de estabelecer uma esfera pública internacional. É preciso democratizar as instituições internacionais, e por isso o movimento social precisa ser internacional. Essa é a idéia-diretriz.

A ATTAC *não deve em todo caso perseverar em sua tarefa central de esclarecer e de influenciar as instituições poderosas, principalmente os parlamentos?*

Naturalmente há sempre essa tendência de se preocupar com coisas demais e se dispersar. Com isso alguns pensam que nos preocupamos com problemas demais e não com os verdadeiros. Penso, por exemplo, que deveríamos dirigir muito mais atenção aos problemas ecológicos. Para alguns grupos da ATTAC, os da Tunísia e do Marrocos por exemplo, seria inimaginável não dizer nada sobre a Palestina em seus programas. Na França nós não o fazemos, já que neste, mas também em outros conflitos, nos reportamos a grupos que se preocupam com isso mais intensivamente. Não é nossa "vocação" assumir aqui a liderança.

Que valor tem o trabalho de lobby *nos parlamentos?*

Parlamentos ou deputados não são necessariamente o objetivo premente, não principalmente em um país como a França, onde eles não têm muito poder. Queremos suscitar medo no governo, um medo terrível. Sobretudo nesses governos de esquerda. É muito melhor estar contra um governo de esquerda. O governo francês esperneia muito no momento, não por causa dos direitos, mas porque ele tem a clara sensação de não ter satisfeito as expectativas dos próprios eleitores. E, em segundo lugar, somente os governos podem exercer influência em Bruxelas — o segundo objetivo principal de nossas intervenções. Também o Banco Mundial, o FMI, a OMC etc. só podem ser influenciados por governos nacionais. Não há nenhuma outra alavanca — fora naturalmente os protestos de rua, e isso não se pode fazer sempre, como agora em Doha, onde não deixaram entrar quase ninguém.

A ATTAC pode obter essa influência sobre os governos ainda que, a médio prazo, sem alianças com partes da socialdemocracia e sobretudo com os sindicatos?

Alianças ao menos com partes dos sindicatos são possíveis, algumas já existem. Outras nós não abordaríamos nem tapando o nariz, por exemplo a CFDT da França, que está mais do lado dos empresários do que dos trabalhadores. Mas os sindicatos são uma parte muito importante da sociedade civil. Alianças com partidos são mais complicadas. Eu seria contra toda cooperação formal com partidos, seja com a socialdemocracia ou com outros. Eles podem se juntar a nós a qualquer hora e à vontade, mas aqui temos de insistir em uma clara delimitação.

Formação e protesto, tudo bem, mas quando chega a hora em que é preciso tomar contato com o poder...

O trabalho de formação é o vínculo mais importante com a política. Por quê? Vinte anos atrás a política era muito mais simples. Só se precisava dizer: "Estados Unidos, fora do Vietnã" ou "Parem o *apartheid* agora". Todo mundo entendia essas coisas, seja a favor ou contra. Hoje a política é muito mais complicada. As decisões que afetam nossas vidas e principalmente as das pessoas do Sul são feitas por organizações muito complexas, com procedimentos não-transparentes. Se não se sabe como funcionam esses aparatos, não se tem nenhuma idéia clara de luta; no pior dos casos, bate-se em algo que nem mesmo existe.

A retórica da ATTAC não é de "esquerda", mas democrática.
Eu sei, muitos não gostam disso. Eles querem repetir as grandes narrativas do passado. Naturalmente a luta de classe está bem e saudável, mas cada vez mais as classes médias também são ameaçadas. Todas essas pessoas entendem que seus empregos estão em perigo, seu padrão de vida, a educação de seus filhos, suas pensões. E creio que não é muito útil quando se utiliza a retórica da luta de classes. Mas há ainda mais. As pessoas sentem que seus votos não contam mais. Pois atrás de todo governo que elas elegem encontra-se um governo de sombras, com o qual o governo tem o maior cuidado. Por isso democracia! Reiteremos a nós todos os direitos que já havíamos conquistado e que agora não estão mais em vigor. O outro lado nos transportaria, entusiasmado e sem nenhum escrúpulo, ao século XVIII, se ele o pudesse.

A inteligência de esquerda se tornou relativamente muda...
Sim. Depois da queda do muro houve uma chance de tentar algo novo. Um breve tempo, mas depois vieram o capitalismo desencadeado e a ideologia neoliberal. As coisas foram muito rápidas, o inimigo é mais bem organizado e estrategicamente astuto. E nós acabamos de acordar e estamos nos organizando. Espero que não tarde demais.

No Relatório Lugano,[13] a senhora descreveu um pesadelo: que o capitalismo sai vencedor e se livra dos supérfluos.

---

13. Susan George, *Der Lugano-Report. Oder: Ist der Kapitalismus noch zu retten?* Reinbek, Rowohlt, 2001.

Mas é o que já está acontecendo. Basta um exemplo: quando escrevi o livro, eu já sabia de fato das centenas de milhares de mortes causadas pela Aids, mas sem dúvida eu não havia contado com o fato de que 39 firmas farmacêuticas seriam tão mesquinhas a ponto de processarem a África do Sul por causa do uso de genéricos. É obsceno. Mas livrar-se dos supérfluos não é uma ação consciente, e também nunca o será. O obsceno não acontece conforme um plano, mas simplesmente por meio do *"business as usual"*. Eu queria mostrar isso: nenhuma sociedade mais é possível se 4/5 das pessoas são supérfluas e improdutivas, mas também nenhuma economia. Então é preciso se livrar dessas pessoas. E então é preciso realmente tomar decisões duras.

Continuar como até agora produzirá catástrofes globais. Suas conseqüências não seriam revoluções mas terrorismo, dissolução, caos...

Exato. Eu não vejo as possibilidades de qualquer "grande visão". Receio que as relações se tornem ou gradativamente melhores ou gradativamente piores. No caminho para baixo podemos aguardar uma série inteira de pontos de inflexão dramáticos, uma cadeia de eventos do tipo 11 de setembro, por assim dizer. Por outro lado, via de regra não se chega à euforia coletiva se de repente alguma coisa melhora decisivamente, contra as expectativas. E provavelmente por isso muitas pessoas perdem a coragem no meio do caminho. Com algumas centenas de terroristas é possível provocar devastações e desencadear uma "guerra de culturas" real. Mas, com milhares e milhares de membros da ATTAC, não se pode realmente de um dia para outro realizar uma melhora maior.

Contudo a senhora, depois do 11 de setembro, propôs um "pacto planetário", uma espécie de plano Marshall mundial ou keynesianismo global, para o financiamento da restauração ecológica, elimina-

ção da pobreza e democratização. *O dinheiro deve vir de uma série inteira de novos impostos globais; além disso, as dívidas do Sul devem ser anuladas e os paraísos fiscais, fechados...*

Essas crises já existiam antes do abominável 11 de setembro. Mas agora se juntaram ainda uma nova insegurança radical e o perigo de conflitos não-estatais. E, com isso, surgiu uma situação que se assemelha àquela nos anos 1940, quando as instituições do Bretton Woods e o plano Marshall foram concebidos — mas talvez justifique bem menos esperanças. É nossa responsabilidade contrapor ao desespero provocado pelo ódio e pelo terror um pacto de esperança e renovação. Ele é necessário e é factível. Os países ricos deveriam apresentá-lo aos pobres, já por interesse próprio, pois não há nenhum outro modo de enfrentar a "luta das culturas" que os terroristas desejam. É importante então que os Estados estabeleçam contratos vinculantes, nos quais todos os participantes possuem direitos, mas também responsabilidades. O Norte, a obrigação de aceitar o princípio de tributação global e de redistribuição. Os países pobres, a obrigação para com uma democracia real, em que as elites não tenham todos os proveitos do comércio ou as verbas de auxílio. E se eles não assumirem essas responsabilidades democráticas, então não podem realmente fazer parte desse pacto.

Não parece que atualmente essa proposta tenha alguma chance.

Eu me pergunto se o 11 de setembro bastou para introduzir uma reconsideração. O choque foi quase tão grande como aquele que desencadeou a Segunda Guerra Mundial, por isso não foi inteiramente irrealista supor que uma reconsideração pudesse principiar, que iria se refletir sobre uma nova arquitetura do mundo. Não por anseio de justiça, mas por interesse próprio. Mas para mim, no momento, o ensinamento do 11 de setembro é que o choque não foi grande o suficiente. Ao contrário. Receio bem mais que agora eles incriminem os críticos. Eles já o fazem. E as medidas dos Estados Unidos contra as liberdades pessoais me lembram muito a época de McCarthy. O espaço para debates que vão contra os dogmas dominantes se torna mais estreito, até na esquerda.

Mudanças substanciais na elite liberal podem ser aguardadas sem terremotos morais sérios? Qual é a tarefa da ATTAC *nesse aspecto?*
Sobretudo combater os padrões ideológicos e estabelecer novos paradigmas. Após a última guerra mundial, tornara-se impossível defender posições neoliberais. Até então os ideólogos de direita vinham matraqueando sua explicação do mundo. Aliás eles foram bem pagos por isso. Chamo esses caras de "direita gramsciana". Eles entenderam o que é hegemonia cultural e sabem bem que idéias têm conseqüências. Na época as esquerdas financiaram sobretudo "projetos". E agora nós arcamos com as conseqüências.

A senhora chamou a ideologia neoliberal de teologia...
Sim, e eu tomo isso ao pé da letra; é uma ideologia coerente. Quando é habitada, ela é quente e acolhedora, e não há mais questões desagradáveis. Acabei de ter uma longa conversa com Martin Wolfe, do *Financial Times*. Ele crê que com o tempo essa espécie de economia trará prosperidade a todos. Com o tempo a classe média se desenvolverá na China; na Índia já se vê um pouco disso, e depois a prosperidade incluirá a todos com o tempo e assim por diante. Naturalmente essa idéia é lixo. Mas essa gente crê realmente nisso, só que, como toda ideologia, ela serve também a seus próprios interesses.

Atualmente a União Européia é a única força política que poderia desafiar o fiador da ordem econômica mundial, os Estados Unidos. Isso não é uma razão, também no que diz respeito à ATTAC, *para colocar a unidade política da Europa na ordem do dia?*

Eu não vejo absolutamente desse modo. Na cúpula da OMC em Doha era visível que os Estados Unidos e a União Européia eram da mesma opinião em todas as questões. A União Européia segue a estratégia de continuar, tão rápido quanto permitam as circunstâncias, pelo caminho da privatização dos serviços públicos e da liberalização do comércio. E por isso a União Européia deveria ser o alvo prioritário de nossa luta.

Se se quer democratizar a ordem econômica mundial, a OMC, *o Banco Mundial e o* FMI *precisam ser reformados ou abolidos?*

Essa discussão toda não me interessa tanto. Creio que as coisas se passam de maneira diferente. De início, pequenos passos são dados para abolir o pior de tudo, e isso coloca em marcha um processo. E aí se trata de quem faz as regras e sob quais condições elas são feitas. O primeiro passo para a mudança seria que eles reconheçam: o nosso sistema não funciona. E com isso eles teriam acabado de começar.

Movimentos sociais podem produzir muita coisa, mas eles tendem à instabilidade. Se nos próximos cinco anos a ATTAC *não conseguir nenhuma de suas reivindicações centrais, ela será ameaçada pela decomposição.*

Certo, mas creio que ganharemos alguma coisa nos próximos cinco anos. Os governos do Norte compreenderão que não é de seu interesse que a instabilidade recrudesça. E não há só pressão de fora, há também de dentro. Aqui, nesse meio tempo, não são mais poucos e pequenos grupos que recolhem assinaturas para ajuda ao Sul. Aqui se unem muitas, muitíssimas pessoas para falar com uma só voz em uma só questão.

E se esse movimento social global não for o começo de uma nova época, mas sim a resistência, local e eventualmente eficaz, contra o desenvolvimento rumo a um capitalismo global, o qual, porém, não pode ser refreado como um todo.

Se for assim, terei de me retirar do mundo como uma fracassada. Mas penso que é o começo de alguma coisa. Pois dez anos atrás não existia ainda, nem mesmo cinco anos atrás. E, além disso, eu simplesmente me recuso a perder a esperança nas pessoas. Desse instinto fundamental de não matar, de não fazer coisas em comum com o poder. Para mim não se trata de otimismo nem de pessimismo, mas de esperança. Eu vivo disso. Naturalmente, não há nenhuma garantia. Mas não creio que nesse assunto já foi pronunciada a última palavra.

O VETERANO — DANIEL COHN-BENDIT

Daniel Cohn-Bendit, nascido em 1945 no Sul da França, tornou-se conhecido como "Danny le Rouge" nas revoltas dos estudantes de Paris, em maio de 1968. O engajamento no movimento estudantil prosseguiu em Frankfurt, onde iniciou sua íntima amizade política com Joschka Fischer. Seja como político do partido dos verdes, como redator do *Pflasterstrand* ou como chefe de seção para assuntos multiculturais em Frankfurt, Cohn-Bendit sempre teve faro para os processos sociais. Atualmente ele dirige a bancada verde no Parlamento europeu.

Senhor Cohn-Bendit, por que o senhor ingressou na ATTAC?
Daniel Cohn-Bendit: Porque considero correta a reivindicação de uma regulação do mercado mundial. E acho que se pode defender essa reivindicação e, apesar disso, deixar claro, ao mesmo tempo, que se é a favor do mercado e contra a ideologia socialista tradicional de uma economia planejada, seja de que gênero for.

Como explicar que, após anos de desânimo político e de silêncio por parte dos intelectuais, surja de repente um movimento com reivindicações maximalistas?
Com reivindicações minimalistas! A reivindicação central é sempre a taxa Tobin. E ela é inofensiva, reformista, ela se desenrola mais ou menos no mesmo nível que a elevação do imposto sobre herança.

Mas "uma outra globalização" — isso abrange muito mais. A taxa Tobin há muito tempo não é mais o único objetivo da ATTAC.
Quanto a tudo mais se fala com considerável vagueza. O que fazer, por exemplo, com a tão criticada OMC? A ATTAC é a favor de uma reforma ou de uma abolição? Tudo se mantém nublado, pelo menos na França. Mas se trata de uma decisão sobre a direção. Eu, por exemplo, sou a favor da reforma. O mundo precisa de um órgão de regulação. Este só não pode ter a mesma pretensão que a OMC tem hoje. Acho que todas as convenções internacionais existentes, do meio ambiente ao trabalho, precisam se tornar norma e atar a OMC. Uma possibilidade de ação judicial precisa ser instituída, e tudo ser colocado sob a responsabilidade organizatória da ONU. Para essas exigências é preciso suporte — e a ATTAC não se manifesta de maneira concreta.

Como o senhor explica a indecisão francesa no assunto OMC?

A ATTAC-França é ideologicamente marcada por três direções: uma tradicional posição de esquerda radical procura, com base na globalização, provar novamente que a superação do capitalismo é necessária. Uma outra quer, no fundo, atingir a União Européia com a crítica à globalização e retornar à república nacional soberana. Essas pessoas dizem, quando se quer adotar positivamente sua posição, que a democracia, a república, a defesa dos seres humanos conforme suas necessidades só poderiam ser organizadas democraticamente em escala nacional, e toda soberania supranacional seria não-democrática no fundo. A temática verde é a terceira perna de apoio ideológica. Na França há a total veneração de Bové. O agricultor José Bové representa a soberania alimentar. Isso é na França muito, muito popular. E agora eles vinculam isso a uma dimensão política correta para uma nova agricultura, inclusive no plano mundial. Eles lutam pelo direito de toda nação de dispor soberanamente de sua própria alimentação e produzi-la também.

Com isso é recuperado o movimento ecológico, que na França nunca foi tão forte como na Alemanha?

Exato. A carência de um movimento ecológico se expressa nos dois países de modo inteiramente distinto; acho sempre interessante quanto se sustentam aí as tradições nacionais. Para os franceses se trata, por exemplo, menos do medo da destruição ecológica, mas sim de que os tomates não sejam saborosos. Isto é, trata-se de qualidade. Na Alemanha se luta sempre muito mais contra a destruição das flores do que contra a destruição de seres humanos.

Voltando à crítica sobre o "minimalismo". Por um lado, o senhor disse no congresso da ATTAC *em Berlim que se o movimento não per-*

severar em sua reivindicação central, a saber, a taxa Tobin, então ele rapidamente será deixado de lado.

Eu não disse isso, mas sim que nesse caso se torna mais difícil para ele — porque as contradições internas se tornam visíveis. Uns identificam com a crítica à globalização um novo acesso ao socialismo, outros não querem ouvir falar nada disso. Assim que as pessoas se tornarem mais concretas e discutirem, por exemplo, quem ou que estrutura poderia impelir uma reforma da OMC, tudo se partirá. Bernard Cassen responderia com uma mudança da política do Estado nacional; outros, como eu, com uma reforma dos conteúdos políticos no plano europeu.

Apenas uma Europa que fale com uma só voz tem o poder de mudar alguma coisa nas estruturas globais.

Este é exatamente o ponto. Acho interessante que os manifestantes não tenham ficado muito distantes dessa percepção no encontro do conselho de ministros da União Européia em Laaken. A agressividade deles não foi comparável àquela dos manifestantes durante a cúpula do G-8. Mesmo que talvez não admitam, a União Européia tem para eles uma legitimidade.

O estabelecimento da taxa Tobin seria o estudo de caso prático sobre se em uma questão global pode ser atingida a unidade européia por meio dos parlamentos.

O Parlamento europeu tem até agora uma função apenas consultiva. De todo modo há um relatório do deputado socialista francês Harlem Désir que vai muito longe em relação à regulação. Mas nas declarações decisivas a respeito da taxa Tobin nós perdemos com dez, vinte votos.

Portanto se começa com os parlamentos nacionais e se eleva a pressão sobre a Europa.

Mas isso é preciso conseguir primeiro. Os franceses decidiram, é verdade, por uma taxa Tobin de 0,01%, numa iniciativa nacional independente. Mas no Parlamento alemão seria preciso trabalhar bastante nisso junto ao SPD e a uma parte dos verdes. Na Holanda você não consegue a maioria, na Itália também não, na Espanha também não. E a ATTAC, até agora, não fez muito para criar maiorias parlamentares.

Apesar disso, a taxa Tobin não teria sentido mesmo numa iniciativa européia independente — contra a resistência norte-americana previsível?

Isso tem mais sentido em termos ideológicos do que práticos, mas nem por isso seria equivocado. Pois seria uma declaração de guerra. A questão toda de como estruturar a globalização só estará sobre a mesa se a Europa se tornar realmente uma potência. Com tudo o que isso significa. Se a Europa se entender como projeto, como projeto social e ecológico, que contrapõe alguma coisa ao projeto neoliberal norte-americano.

Uma "guerra de culturas"?

É uma guerra de culturas que precisamos conduzir. Disso estou convencido. E isso os verdes, inclusive o Joschka, dito, de maneira simpática, pouco percebem; dito de maneira menos simpática, eles não o percebem absolutamente.

Certamente a taxa Tobin ou a reforma da OMC sozinhas não seriam politicamente muito carismáticas nessa "guerra de culturas".

Por isso defendo uma discussão a respeito da questão sobre o que seria uma sociedade autônoma, uma sociedade democrática, que pudesse superar a alternativa entre capitalismo e socialismo? Nós deveríamos falar da autonomia individual e coletiva. E eu acho que deveríamos retomar o debate sobre os modos de produção coletivos, mais precisamente sobre os modos de produção coletivos no mercado.

A ATTAC na Alemanha se tornará tão forte como na França?
Seja como for, no momento esse movimento sugere na Alemanha mais pretensão do que ele realmente pode desempenhar. Devo dizer, no Congresso de Berlim fiquei assustado. Se verdes puramente socialistas das antigas como Elmar Altvater se tornam o megafone da ATTAC, gente como Jean Ziegler ou Horst Eberhard Richter, então a coisa não irá muito além do que existe. Não é bom que em todos os movimentos sempre as mesmas pessoas imponham o mesmo discurso. Nesse caso, o impasse está pré-programado.

Cabeças mais jovens devem fazer nome primeiro.
Há esse problema, desde que existem os movimentos extraparlamentares. Os 68 foram o único movimento que produziu as próprias cabeças. É verdade que eles tinham também seu Marcuse, mas alguma coisa se desenvolveu em paralelo com isso. Diferentemente de todos os movimentos posteriores — e isso é um problema gigantesco.

Os verdes podem reconquistar a confiança, ou seus eleitores vão continuar voando para a ATTAC?
De maneira muito clara, durante o congresso da ATTAC, uma jovem mulher expressou o estado de espírito geral quando disse: estou cheia dessas lutas contra os verdes, eu quero discutir temas concretos, e depois se vê quem coopera e quem não. Pelo amor de

Deus, não quero estimular nenhuma discussão entre os verdes, sobre como eles devem se transformar para que se tornem compatíveis com esse movimento. Pois nesse caso eles deixam de ser politicamente compatíveis com outros eleitores. Minha luta argumentativa com esse movimento vai na seguinte direção: não ajam como se toda a Alemanha quisesse o mesmo que vocês! Ou toda a França. Vocês articulam a impaciência de uma minoria, e vocês forçam a sociedade da maioria a refletir sobre determinadas coisas. Isso altera as condições da política, e esta é a função de vocês.

Mas a maioria não é de modo algum tão ingênua ou tão ideologicamente desiludida com os verdes, como o senhor sugere. Ela critica falhas bem concretas. Por exemplo, que os verdes não tenham precisamente colocado na agenda política a temática da globalização.

Correto, isso eu não desmentiria, pelo amor de Deus. Essa crítica eu compartilho. As decisões dos verdes da Europa, empurrados pelos franceses e pelos belgas, vão muito mais longe do que aquelas dos verdes alemães. Visto que eles estão no governo, os verdes alemães são também, no entanto, forçados de um modo bem diferente a enfrentar determinados temas. A reforma da aposentadoria, por exemplo — com isso, aos olhos dos verdes franceses, eles deram uma guinada neoliberal. Eu não formularia isso dessa maneira; acho que as posições tradicionais dos verdes franceses na questão da aposentadoria são também disparates. Mas uma dimensão neoliberal há naturalmente já nessa guinada. Os verdes exageraram a dimensão da economia de mercado de tal forma que não viram mais que conseqüências essa economia de mercado tem no mundo. Ou digamos assim: eles vêem esse problema abstratamente, mas não fizeram dele um conteúdo de sua política. E foram criticados pela ATTAC com razão.

Os verdes precisam mudar, portanto.
Mas não no sentido de que devem se entregar a esse movimento. É preciso haver um arco tenso entre movimento e partido governista parlamentar.

Isso soa tão defensivo. No SPD, *por exemplo, os parlamentares se reúnem e dizem: que sorte que existe a* ATTAC; *com essa pressão externa as posições de crítica à globalização no partido são fortalecidas.*
Os socialdemocratas sempre gostam de dizer "Que sorte que existe o movimento", mas, quando se vai depois às decisões, elas são sempre tomadas em sentido contrário. É satisfação compensatória. Não sou defensivo; eu digo: é preciso haver tensão, ela precisa fazer parte do discurso público, e os verdes precisam suportá-la. Mas de resto o movimento tem a legitimidade de exigir tudo. Um movimento pode dizer: nós queremos tudo. Como os jovens em Gênova: nós não suportamos mais a pobreza, ela deve ser abolida imediatamente. A exigência é legítima. Mas que eles conseguiriam abolir imediatamente a pobreza se eles estivessem no governo, disso eu duvido. Mas este não é realmente o ponto. O ponto é: nós somos sensíveis o suficiente em relação à pobreza? Não, não somos. A política precisa agir com maiorias, movimentos têm de conquistar as cabeças.

A voz do Sul — Walden Bello

Walden Bello é diretor da organização Focus on the Global South e figura entre os coordenadores do Fórum Social Mundial de Porto Alegre. O sociólogo estudou em Princeton, lecionou na Universidade da Califórnia e dirigiu até 1994 o Institute for Food and Development Policy (Food First). Hoje ele é professor em universidades de Manila e Bangcoc.

Senhor Bello, que conseqüências teve o 11 de setembro para o movimento de crítica à globalização?

Walden Bello: De um lado, os atentados imperdoáveis e suas conseqüências fortaleceram mundialmente o movimento de crítica à globalização, pois agora ele vai junto com o movimento pacifista. De outro lado, o 11 de setembro foi para a América, de certo modo, também uma dádiva.

Uma dádiva? A que o senhor se refere?

Tornou-se mais difícil criticar os Estados Unidos. No mais tardar desde 1997, o sistema econômico neoliberal que os Estados Unidos disseminaram sobre o globo havia entrado em uma dramática crise de legitimação; uma crise não apenas do poder econômico, mas sobretudo da democracia. Isso estava inteiramente no pano de fundo. Em vez disso, os atentados parecem agora dar aos Estados Unidos a legitimação para sua nova doutrina colonialista, que afirma: nós interviremos sempre que considerarmos correto; nós vamos aonde quisermos. Essa foi a mensagem das bombas lançadas sobre o Afeganistão, da mesma maneira que, anteriormente, no Kuwait e em Kosovo. Nós bombardeamos um país, inclusive sua população civil, porque achamos que terroristas vivem lá. Nós definimos as sociedades como fracassadas e assumimos a administração. Como próximos candidatos depois do Afeganistão estão na lista o Iêmen, o Sudão, o Iraque, a Somália. E depois talvez a Colômbia. Os critérios se aplicariam também a esse país. Essa atitude dos norte-americanos desperta entre nós do Sul uma sensação perigosa de impotência.

Mas a América incluiu quase toda a comunidade das nações no combate ao terrorismo. Mesmo na Ásia praticamente todos os governos se alistaram.

Por oportunismo. Naturalmente as elites do Terceiro Mundo querem continuar a ter os créditos do FMI e do Banco Mundial. Mas mesmo nas camadas médias eu observo, nas Filipinas e na Tailândia, onde vivo, uma ambivalência. As pessoas estão assustadas com os atentados e têm uma grande simpatia para com as vítimas. Mas elas dizem ao mesmo tempo: os norte-americanos provocaram isso. E ainda que o governo de George W. Bush acentue em toda oportunidade que ele não conduz uma guerra contra o islã, vibra ali também um subtexto de superioridade cultural. O fundamentalismo entre os muçulmanos torna-se mais popular. A longo prazo, os americanos só vão conseguir que os ressentimentos aumentem.

O senhor emprega os termos América e globalização quase como sinônimos.
Certamente, também os conglomerados europeus merecem isso. Mas a maior parte do trabalho de relações públicas em favor do sistema comercial e financeiro mundial foi feita pelos norte-americanos.

Os globalizadores neoliberais não estão faz muito tempo em retirada desde Seattle, Gênova e a crise asiática e dispostos a conversar com seus críticos?
De fato a confiança dos economistas está seriamente debilitada. Prova disso é, não em último lugar, a entrega do prêmio Nobel para o ex-administrador do Banco Mundial, Joseph Stiglitz. Mas é preciso distinguir entre os ideólogos acadêmicos e aqueles que só mascaram com a retórica neoliberal os interesses políticos norte-americanos. Os últimos propagam o livre-comércio ou tarifas alfandegárias de proteção, acordos unilaterais ou multilaterais dependendo do que lhes beneficia na maior parte das vezes. Por exemplo,

os americanos pressionam em todo o mundo o desmonte das subvenções — mas seu próprio sistema de agricultura só pode ser chamada de economia planificada, 60% de sua receita o fazendeiro de lá retira do Estado. Tenho a impressão de que a liderança americana é pragmática na prática, mas neoliberal na ideologia. É uma combinação muito destrutiva.

A União Européia desempenha um papel de mediador entre o Norte e o Sul?

Em sua retórica os europeus são talvez menos neoliberais, mas seus atos não espelham isso. Onde estava a União Européia durante a crise financeira asiática, quando o FMI impingiu aos países atingidos uma desregulamentação radical e um "programa de estabilidade" que é talvez talhado para a economia norte-americana, mas que no Sudeste da Ásia piora tudo? Como potência consideravelmente forte no FMI, os europeus poderiam ter atuado de forma moderadora. Mas também nos Encontros de Cúpula Euro-Asiáticos (ASEM), a União Européia não contrapôs nada à política financeira de estilo americano. Por fim o apoio europeu para o Terceiro Mundo teria sido extremamente importante. Mas a União Européia, juntamente com os americanos, exerceu pressão para forçar uma nova rodada do comércio e um acordo sobre investimentos na OMC.

O senhor é um "antiglobalizador"?

A globalização pode ser muito positiva, e eu evidentemente sou a favor de uma cooperação racional entre as economias nacionais. Mas é fatal para os Estados do Terceiro Mundo uma integração sem amortecedor, a mais rápida possível, no mercado mundial, como ela é registrada no momento sob o nome de globalização. Na medida em que essa é a definição, eu já não gosto mais da palavra.

Porém um estudo do Banco Mundial descobriu recentemente que vão melhor justamente aqueles países do Terceiro Mundo que abriram seus mercados.
O contrário é que é verdade. O livre-mercado sem moldura política, como exigem a OMC e a política de ajuste estrutural do Banco Mundial agravou a desigualdade e a pobreza no Terceiro Mundo. Segundo um estudo do Center for International Economic Policy Research, em 77 Estados a renda média nos anos 1980 e 1990 só aumentou em 6% — comparada com 75% nos anos de protecionismo dos 1960 e 1970. Por sua vez, a United Nations Conference on Trade and Development chegou ao resultado de que a parcela da renda dos 20% mais ricos da população atingia 64% cerca de quarenta anos atrás — em 1991 eram 88%. Ou seja, o crescimento praticamente parou, a desigualdade cresceu. A maior parte dos bem-comportados países da África e da América Latina passaram por esse processo. A mesma coisa aconteceu com as Filipinas e os tigres asiáticos após o *crash* financeiro, quando o FMI lhes impôs seu ajuste estrutural neoliberal.

Em termos comparativos esses "tigres" — Coréia, Malásia, Tailândia e Taiwan — são ainda economicamente mais avançados.
Mas só porque eles protegeram inicialmente seus mercados nacionais e subvencionaram suas mercadorias de exportação. No começo não exerceram justamente nenhuma política de livre-comércio, mas sim mercantilismo. Esse foi o segredo de seu milagre econômico.

O senhor quer voltar ao protecionismo?
Sobretudo os Estados do Terceiro Mundo precisam subordinar sua política comercial, inclusive no futuro, à política nacional de desenvolvimento. Eles deveriam elevar as tarifas alfandegárias e

amortecer suas economias diante de oscilações da economia mundial; eles deveriam se defender da transferência brusca de capitais e ter liberdade para concentrar sua forças no mercado interno, em vez de ser nas exportações. Tudo isso já não é mais praticamente possível segundo as regras dessa globalização. Ela enfia em cada Estado do mundo o mesmo sistema de regras para a política e a economia. Mas o mesmo tamanho de roupa não convém a todo mundo. Os países pobres precisam impor as próprias noções de quanto Estado e quanto mercado eles querem possuir e de que valor vão atribuir aos princípios que não seguem a lógica do mercado. Por exemplo, a solidariedade.

O senhor prefere abolir a Organização Mundial do Comércio. Isso não é consideravelmente irrealista?

Mas a OMC tem poder demais, e é dominada, tanto quanto o FMI e o Banco Mundial, pelos interesses dos conglomerados e dos países ricos. Em todo caso, é realista o objetivo de impedir que a OMC se torne ainda mais poderosa, como ela planejou na última conferência do comércio mundial, em Doha. Ela tampouco pode ser competente para as condições de investimento, para os padrões mundiais de vida social, de trabalho e de meio ambiente.

Mas justamente as ONGs exigem padrões ecológicos e sociais na OMC.

Alguns sindicatos fazem isso, também algumas organizações em prol dos direitos humanos. Mas não as ONGs reais do Terceiro Mundo. Pois isso soa tão belo. Pode haver abusos de tais padrões também para fins protecionistas. Apelando para isso, os países do Norte podem defender seus mercados contra produtos oriundos dos países pobres.

Em muitos Estados do Terceiro Mundo não é concedido aos cidadãos nem sequer o direito de fundar sindicatos.
Isso precisa ser estabelecido, certamente — mas por que justamente por meio da OMC? Os trabalhadores do Sul poderão ser ajudados de maneira muito melhor se o Norte abrir seus mercados para os produtos dos países em desenvolvimento.

Em relação aos padrões ecológicos e sociais, ecologistas e sindicatos dos países industriais defendem interesses que estão em clara oposição àqueles do Sul. Essas contradições internas recalcaram até agora o movimento de crítica à globalização?
Visto que os pontos em comum são mais amplos e importantes, esse movimento é menos ideológico que os anteriores, ele é muito mais pragmático. Naturalmente há contradições, que tampouco são fáceis de resolver. Mas no momento nos concentramos naquilo que nos une.

Que discussão o movimento de crítica à globalização precisa conduzir agora?
Precisamos olhar para a frente. Como se configura um desenvolvimento econômico duradouro? E nós deveríamos falar sobre novas instituições para a *global governance*.

Como elas se configurariam?
O FMI deve ser substituído por uma nova instituição para as finanças mundiais. Ela deve ser construída de maneira descentrada. E integrada ao sistema das Nações Unidas.

Infelizmente a eficiência desse sistema é criticada muitas vezes.
Por isso defendo uma valorização clara das organizações existentes das Nações Unidas. Na ONU vale o princípio "Um país, um

voto" — ao passo que o poder no FMI e no Banco Mundial é distribuído em proporção com as contribuições de capital. A UNCTAD, o UNDP, a OIT e o UNEP [Programa das Nações Unidas para o Meio Ambiente] já desde muito tempo são competentes para as áreas políticas de comércio, desenvolvimento, trabalho e meio ambiente — as quais a OMC agora reivindica, sem fundamento democrático. É importante para a democracia no mundo possuir um amplo espectro de instituições que se controlem mutuamente. Não somente uma instância central. Quanto mais uniformizamos tudo, tanto mais suscetíveis são os sistemas. Tanto mais amplas são as conseqüências negativas. Tanto mais cedo se tornam perigosos, para todos.

Este livro, composto na fonte Fairfield
e paginado por Alves e Miranda Editorial,
foi impresso em pólen soft 80g na Imprensa da Fé.
São Paulo, Brasil, no outono de 2005.